# POWER WINDOWS

## FÜR FORTGESCHRITTENE

Gewidmet Maryellen,
meiner Mutter,
meiner Großmutter
und Duncan.

# POWER WINDOWS

## FÜR FORTGESCHRITTENE

Optimierung von Geschwindigkeit
und Leistungsvermögen bei Windows 2.0
und Windows/386

Übersetzt und bearbeitet von Christian Wildfeuer

VIEWEG

Dieses Buch ist die Übersetzung von
Jim Heid
Power Windows
Microsoft Press, A Division of Microsoft Corporation
160 11 NE 36th Way, Box 97017, Redmond, Washington 98073 9717
Copyright © 1988 by Jim Heid
Übersetzung aus dem Amerikanischen:
Christian Wildfeuer, München



Das in diesem Buch enthaltene Programm-Material ist mit keiner Verpflichtung oder Garantie irgendeiner Art verbunden. Der Autor, der Übersetzer und der Verlag übernehmen infolgedessen keine Verantwortung und werden keine daraus folgende oder sonstige Haftung übernehmen, die auf irgendeine Art aus der Benutzung dieses Programm-Materials oder Teilen davon entsteht.

ISBN 978-3-528-04663-7     ISBN 978-3-663-13981-2 (eBook)
DOI 10.1007/978-3-663-13981-2

# Inhalt

# Danksagungen

Ich möchte mich bei den vielen Leuten bedanken, die zur Realisierung dieses Buches beigetragen haben. Zu ihnen gehören John Butler, Tandy Trower, Phil Hermann, Don Hasson und Paul Grayson von Micrografx, und die Entwicklungsteams von Windows 2.0 und Windows/386. Bei Microsoft Press richtet sich mein Dank an Ron Lamb, Mike Halvorson, Roger Shanafelt und Susan Lammers für ihre Unterstützung und Hilfe.

Besonders bedanken möchte ich mich bei Maryellen Kelly, meiner lieben Frau, die mich beim Schreiben dieses Buches sehr unterstützt hat.

# Einleitung

Man kann die Grundlagen von Microsoft Windows an einem Tag lernen. Bis man allerdings jedes Detail beherrscht, vergeht einige Zeit. Hier setzt "Windows voll nutzen" an. Dieses Buch ist Ihr Wegweiser zur Beherrschung von Microsoft Windows 2.0 und Windows/386. Es ist gedacht für mittlere bis fortgeschrittene Anwender von Windows und setzt voraus, daß Sie mit Windows-Begriffen wie MS-DOS-Fenster, Sinnbild, Drop-Down Menü und mit Mausbegriffen wie Klick und Zweimalklick vertraut sind. Sind diese Begriffe für Sie unbekannt, lesen Sie sie im Microsoft Windows-Handbuch nach, bevor Sie mit diesem Buch beginnen.

Kapitel 1 befaßt sich mit der Geschichte und der Technologie, die Windows 2.0 zugrunde liegt, geht auf die Unterschiede zu Version 1.0 ein, und erklärt den Programmablauf unter Windows und dessen Interaktionen mit MS-DOS. Die Kapitel 2 bis 9 enthalten am Anfang jeweils eine inhaltliche Zusammenfassung. Dann folgt eine Reihe von Tips, die numeriert sind, damit man sich schnell darauf beziehen kann.

Kapitel 10 beschäftigt sich mit Überlegungen, die man bei der Hardware-Auswahl für einen effizienten Einsatz von Windows anstellen sollte. Kapitel 11 betrachtet bereits freigegebene und in Bälde zu erwartende Windows-Anwendungsprogramme. Kapitel 12 konzentriert sich auf die Unterschiede zwischen Windows 2.0 und Windows/386, die Windows-Version für 386-Rechner. Falls nicht anders angemerkt, beziehen sich die Aussagen in diesem Buch sowohl auf Windows 2.0 als auch auf Windows/386.

Ein Plus-Zeichen (+) zwischen zwei Tastenbezeichnungen bedeutet, daß die Tasten zur gleichen Zeit gedrückt werden. "Drücken Sie Alt+Tab" bedeutet dann zum Beispiel, daß Sie die Alt-Taste gedrückt halten, während Sie gleichzeitig die Tab-Taste betätigen, und daß Sie beide Tasten dann wieder loslassen.

Dieses Buch verwendet den Ausdruck "Richtungstasten" für die Tasten zur Cursorbewegung auf dem numerischen Tastenblock bzw. für die separaten Pfeiltasten auf erweiterten Tastaturen von IBM oder anderen Herstellern. Die linke Richtungstaste zum Beispiel ist die Taste, die den Cursor ein Zeichen nach links bewegt.

Zeichen, die vom Anwender eingegeben werden müssen, erscheinen kursiv.

Textanweisungen werden nicht tastatur- oder mausspezifisch formuliert. Anstatt zum Beispiel zu sagen: "Klicken Sie die Datei CLIPBRD.EXE zweimal an", verwenden wir die Formulierung: "Wählen Sie die Datei CLIPBRD.EXE".

Mit diesem Buch lernen Sie, wie Sie Windows schneller machen, wie Sie es Ihren persönlichen Bedürfnissen anpassen und wie Sie Programme kombinieren können, um in kürzerer Zeit mehr zu schaffen.

Jim Heid

Januar 1988

Mit diesem Buch lernen Sie, wie Sie Windows schneller machen, wie Sie es Ihren persönlichen Bedürfnissen anpassen und wie Sie Programme kombinieren können, um in kürzerer Zeit mehr zu schaffen.

# Kapitel 1

## Windows von innen

Windows' "Schwangerschaft" dauerte länger als Microsoft erwartet hatte - um so viel länger, daß Microsoft, als Windows 1985 endlich freigegeben wurde, bei der Comdex-Computermesse von den Kritikern durch den Kakao gezogen wurde und man sich über das Tempo der Windowsentwicklung lustig machte.

Der Grund für die Verspätung war eine Hindernisstrecke, die mit technischen Landminen gespickt war. Die Geschichte von Microsoft Windows ist gezeichnet von bemerkenswerten Programmierkunststücken und Durchbrüchen in der Interaktion von Mensch und Computer.

## Eine kurze Geschichte über die Entstehung von Windows

Die Geschichte beginnt nicht 1985 in Bellevue, Washington, sondern 1962 in Cambridge, Massachusetts. Dort entwickelte ein Doktorand mit Namen Ivan Sutherland für seine Dissertation am Massachusetts Institute of Technology (MIT) ein Zeichenprogramm namens Sketchpad. Damit konnte man mit einem Lichtgriffel gerade geometrische Formen ziehen, sie bewegen, verändern und aneinanderhängen.

Sketchpads grafische Darstellung und interaktive Betriebsweise unterschieden sich sehr von den damals üblichen Programmen, die ihre Anweisungen von gestanzten Karten erhielten und auf TTY-Terminals ihre Ergebnisse ausgaben.

Ein anderer bedeutender Schritt wurde 1964 in Stanford, Kalifornien, am Stanford Research Institute (SRI) gemacht, als Douglas Engelbart den "X-Y-Positionszeiger für ein Bildschirm-System", unsere heutige Maus, erfand. Die Geburt der Maus war Teil der SRI-Forschung über Büroautomatisierungssysteme, die Zeigergeräte und besondere Funktionstasten zur Erteilung von Befehlen benutzten, und die die Tastatur zur Eingabe von Information verwendeten.

Jene Konzepte beeindruckten andere, an neuen Entwicklungen interessierte Computerwissenschaftler, wie zum Beispiel Alan Kay, der zusammen mit dem Hardwaredesigner Edward Cheadle einen Desktop Computer mit der Bezeichnung FLEX baute. Diese Maschine arbeitete mit Fenstertechniken, einem Zeigergerät und Grafiken, und das im Jahre 1969. Kays Traum war der Bau des "Dynabook", eines 1000-Dollar-Computers von der Größe eines größeren Buches und der Leistung eines Großrechners. 1970 ging er an das neue Palo Alto-Forschungszentrum von Xerox (PARC). Am PARC überzeugte er Mitforscher, daß sein Traum die Forschung rechtfertige. 1971 formierte er dann seine Lern-Forschungsgruppe. Im nächsten Jahr schuf Kay die Smalltalk-Programmiersprache für Desktop Computer mit Zeigergerät und hochauflösender Grafik.

An anderer Stelle am PARC wurde von Forschern um Larry Tesler (der mit Kay an Smalltalk gearbeitet hatte) eine Version von Douglas Engelbarts Büroautomatisierungssystem für PARC-Computer geschaffen. Teslers Gruppe entdeckte, daß die vielen Befehlskürzel des Systems - zum Beispiel DW für den Wort-Löschen-Modus (DW: delete word) - dem schnellen Erlernen des Systems abträglich waren. Seine Lösung war bedeutsam: Statt daß die Anwender einen Befehl auswählen und dann die Information spezifizieren mußten, auf die sich der Befehl bezog, drehte er den Spieß um. Die Anwender markierten oder selektierten zuerst die Information (z.B. ein Wort, das gelöscht werden sollte) und wählten dann den Befehl aus einer vorgegebenen Liste aus.

Ein Ergebnis dieser Forschung war ein Computer namens Alto, der Smalltalk, hochauflösende Grafik, eine Maus und Xerox' Ethernet-Netzwerk kombinierte. Entwickelt von 1972 bis 1974, war Alto der erste Computer der neuen Rechnergeneration, die PARC verließ. Xerox verkaufte ein paar Rechner an Regierungsbehörden, einschließlich das Weiße Haus und den Kongress, der sie für Dokumentationszwecke einsetzte. Aber Alto war nie ein kommerzielles Produkt. Nur 2000 der 32000-Dollar-Maschinen wurden gebaut.

1977 wurde der Alto-Co-Designer David Liddle damit beauftragt, den Alto in ein kommerziell einsetzbares Produkt zu verwandeln. Charles Simonyi, ein in Ungarn geborener Wissenschaftler, der das Programmieren an einem russischen Röhrencomputer gelernt hatte, schloß sich dem Team an, das den Xerox Star, eine 16595-Dollar-Workstation, entwickelte.

## Grundsätze des Designs einer Benutzerschnittstelle

Alto und Star waren Höhepunkte der PARC-Forschung über die Mensch-Maschine-Interaktion, einer Forschung, die mehrere Grundsätze im Software-Design brachte. Einer dieser Grundsätze lautet, daß ein Computeranwender sich Befehle nicht merken oder diese eintippen soll, sondern sie aus Pull-Down- oder Pop-Up-Menüs auswählen kann. Ein anderes Prinzip besagt, daß der Anwender erst "selektiert und dann agiert". Ob Editieren von Text, Löschen von Dateien oder Aufrufen von Programmen, der Anwender soll erst die Information oder das Objekt auswählen, mit dem er oder sie arbeiten möchte, und dann dem Rechner sagen, was damit zu geschehen sei. Eine weitere Vorschrift besagt, daß Programme keine verschiedenen Arbeitsmodi haben sollten. Statt in einem bestimmten Modus zu arbeiten und zwischen den verschiedenen Modi hin- und herschalten zu müssen (Editiermodus, Eingabemodus, Druckmodus usw.), sollte der Anwender die Möglichkeit haben, jede Programmeigenschaft zu jedem Zeitpunkt nutzen zu können. Die Menschen arbeiten im wirklichen Leben normalerweise auch nicht in unterschiedlichen Modi; eine solche Anforderung im Umgang mit Computern stellt ein Hindernis auf dem Weg zur Beherrschung der Maschine dar.

Weil sie sicher waren, daß Computeranfänger das Erteilen von Kommandos und das Anschauen von Text auf dem Bildschirm für wenig vertraut halten würden, bahnten die PARC-Forscher den Weg zur Verwendung hochauflösender Grafiken, um Bilder oder Sinnbilder am Schirm darzustellen. Sinnbilder repräsentieren dabei auf bildhafte Weise Programmfunktionen oder Rechnerkomponenten. Ein ikonischer Ansatz ersetzt abstraktes Handeln, wie zum Beispiel das Eingeben eines Befehls zur Anzeige eines Plattenverzeichnisses durch den konkreteren Prozeß des Zeigens auf ein Laufwerkssymbol (vgl. Bild 1-1).

*Bild 1-1: Gestern versus heute: Zwei Ansätze, um ein Verzeichnis aufzulisten*

Hochauflösende Grafiken zeigen Text und Grafik auch ähnlich wie auf dem Papier - ein weiterer Ansatzpunkt, um den Computer zu einem weniger fremden Wesen zu machen.

Ein Punkt ist noch zu erwähnen. Da Menschen oft mit verschiedenen Schriftstücken zugleich zu tun haben, die sie in ihrer Arbeit hin- und herschieben, kamen die PARC-Forscher zu der Ansicht, daß der Computeranwender in der Lage sein sollte, mit zahlreichen Dateien gleichzeitig zu arbeiten, wobei jede ihren eigenen Sichtbereich bzw. Fenster hat.

## Die Vermarktung grafischer Benutzeroberflächen

Die Bedeutsamkeit der PARC-Durchbrüche bei der Benutzerschnittstelle und die gleichzeitige lawinenartige Entwicklung der Mikrocomputerindustrie garantierten, daß die PARC-Konzepte und die Mikros für den Massenmarkt bald zusammentreffen würden. Sie taten es auch, auf verschiedenen Wegen. Der Apple-Mitbegründer und damalige Vorsitzende Steve Jobs besuchte PARC 1979 mit mehreren Ingenieuren. Er sah den Xerox Star und Smalltalk in Aktion, und der Samen für die Lisa war gesät. Frustriert durch die seiner Meinung nach gleichgültige Haltung von Xerox gegenüber dem Personal Computer-Markt, ging Larry Tesler zu Apple und half den Samen heranreifen. So kam es dann auch, und 1983 wurde die 10000-Dollar-Lisa vorgestellt. Sie hielt sich an viele PARC-Vorschriften. Hochauflösende Grafik erlaubte die Bildschirmdarstellung von Dokumenten wie auf dem Ausdruck. Sinnbilder ersetzten getippte Befehle für die Platten- und Dateiverwaltung - der Anwender konnte zum Beispiel Dateien in ein Abfalleimersymbol "werfen", um sie zu löschen. Pull-Down-Menüs plazierten alle Befehle einer Anwendung nur eine Mausbewegung weit weg und läuteten die neue Ära der moduslosen Software ein. Und überlappende Fenster sowie ein Multitasking-Betriebssystem erlaubten das gleichzeitige Arbeiten mit mehreren Dokumenten und Anwendungen auf einem elektronischen Schreibtisch. Die Lisa wurde von den Experten mit Beifall begrüßt, war aber zu teuer und verkaufte sich schlecht. Der Macintosh, der die meisten Lisa-Eigenschaften besaß und nur 2495 Dollar kostete, kam ein Jahr später auf den Markt und wurde zum zweiten Standard der Mikrocomputerindustrie.

Inzwischen arbeiteten mehrere Softwarehäuser an einer PARC-ähnlichen Benutzeroberfläche für den ersten Standard: den IBM PC.


## Die Entwicklung von Windows

Microsoft kündigte Windows am 10. November 1983 an, aber die Arbeiten an der Umgebung hatten schon Ende 1982 begonnen, als Microsoft an einem Satz geräteunabhängiger Grafikroutinen, dem Computer Grafik-Interface (CGI), zu arbeiten anfing.

CGI sollte mit Microsofts Sprachcompilern vertrieben werden, damit Softwareentwickler Anwendungen schaffen konnten, die bei einer Vielzahl von Druckern vernünftige Ausdrucke erzeugen konnten. Die Entwickler sollten Hardware-unabhängige CGI-Befehle in ihren Programmen verwenden. CGI wiederum würde mit Gerätetreibern arbeiten, um diese Befehle in druckerspezifische Instruktionen zu übersetzen.

Kurz nach Aufnahme der Arbeiten am CGI, fing Microsoft an, über die Schaffung einer grafischen Benutzeroberfläche für MS-DOS-Rechner nachzudenken. Eine Reihe förderlicher Faktoren stand hinter diesen ersten Träumereien. Microsoft-Chef Bill Gates meinte, daß Mikrocomputer einfacher zu bedienen sein sollten und daß eine grafische Benutzerschnittstelle eine Möglichkeit sei, dies zu erreichen. Die Kunden des Microsoft-Betriebssystems begannen Interesse an Fensterumgebungen zu zeigen - besonders, nachdem ein anderes Softwarehaus, Visicorp, bekanntgab, an einer grafischen Benutzeroberfläche für MS-DOS-Computer namens VisiOn zu arbeiten. Diese Faktoren - Gates' Vision von der Zukunft und der wie immer heilsame Wettbewerbsdruck - kamen zusammen, und im Februar 1983 war die Aufgabe klar: Microsoft würde Windows machen.

Obwohl sich viele Aspekte des Windows-Designs sich in den nächsten Monaten änderten, standen einige konzeptionelle Ziele gleich von Anfang an unverrückbar fest. Windows sollte multitaskingfähig sein - das heißt, es sollte viele Anwendungen gleichzeitig abwickeln können. Windows sollte gerätunabhängig sein - es sollte mit einer Vielzahl unterschiedlicher Bildschirme und Drucker zusammenarbeiten. Und da man von den Anwendern nicht erwarten konnte, daß sie ihre alten Nicht-Windows-Applikationen aufgeben würden, sollten auch bestehende Anwendungen unter Windows lauffähig sein. Dieses letzte Ziel erwies sich als das entscheidende Hindernis.

## Die Windows-Herausforderung

Die Herausforderung, die Microsoft angenommen hatte, war beträchtlich: ein Singletasking-Betriebssystem für einen Computer ohne eingebaute Grafik, mit 640 KB-Speicherbarriere (eine typische Maschine hatte damals bloß 64 KB) und dem relativ langsamen 8088-Mikroprozessor auf ein Multitasking-, Speicherverwaltungs- und grafikorientiertes Betriebssystem auszudehnen. Und wegen der 640-KB-Grenze waren Maschinen mit Festplatten wesentlich weniger häufig als heute. Windows' Minimum-Hardwarevoraussetzungen sollten 256 KB RAM und zwei Diskettenlaufwerke sein.

Aber Microsoft stellte sich der Herausforderung. Die ernsthafte Arbeit an Windows begann Anfang 1983. Microsoft brachte eine Gruppe von Designern und Programmierern aus unterschiedlichen Teilen der Firma zusammen.

Mitte 1983 kam Scott McGregor zu Microsoft und wurde Chef der Interactive Systems Group, dem Team, dessen Aufgabe die Windowsentwicklung war. Als Veteran des Xerox-PARC-Forschungsinstituts sollte McGregor wesentlichen Einfluß auf die Windows-Benutzerschnittstelle nehmen. Es war McGregor, der die Kacheltechnik statt überlappender Fenster vorschlug. Statt wie bei der Lisa, dem Macintosh und den Pioniermaschinen von Xerox zu überlappen, sollten die Fenster schrumpfen oder sich ausdehnen, um sich, je nach Bedarf, an andere Fenster anzupassen - wie bei Viewers, einem Fenstersystem, das McGregor bei PARC entwickeln half. (Die ersten Windows-Prototypen, die in jenem Jahr später gezeigt wurden, ähnelten Viewers in der Tat stark.)

## Die Entwicklungsanstrengung zeigt Fortschritte

Bis September 1983 kam die Entwicklung von Windows mit Volldampf voran. Das Windows-Team war auf 15 Software-Designer und Programmierer angewachsen. Fast ein Dutzend Computerhersteller unterzeichneten Vereinbarungen für Windows-Versionen für ihre Maschinen, da Microsoft das Produkt aggressiv an OEMs vermarktete. Viele Hersteller stellten Ingenieure bei Microsoft ab, damit sie dort eng mit dem Windows-Team zusammenarbeiten konnten. Jeder arbeitete wild, um funktionierende und lauffähige Prototypen der Fenster-Software auf die Beine zu stellen. CGI war in die Testphase eingetreten, obwohl es zu dem Zeitpunkt schon kein eigenes Produkt mehr war. Es war in GDI - Graphic Device Interface (grafische Geräteschnittstelle) - umbenannt worden und wurde der Windowsteil, der Routinen enthielt, die Entwickler nicht nur zum Ausdrucken, sondern auch zur Bildschirmdarstellung von Text und Grafik benutzen. Um diesen neuen Anforderungen gerecht zu werden, fügte die Windowsmannschaft ein großes Vokabular an typografischen Routinen hinzu, ebenso Routinen zur Manipulation von Bildgrafiken.

Microsoft gelang es, einen Prototypen zur November-Comdex fertigzustellen. Diese frühe Windows-Version wurde bei der Messe und von der Computerpresse gut aufgenommen. Softwareentwickler schätzten die Tatsache, daß sie Windowsprogramme auf einem IBM-PC schreiben konnten; Visicorps VisiOn benötigte im Gegensatz dazu ein teures DEC-VAX-System.

Die Zeitschrift BYTE beschrieb Windows in seiner Dezemberausgabe 1983 als "bemerkenswert offen, rekonfigurierbar und portabel sowie als Produkt mit nur bescheidenen Hardwareanforderungen zu einem günstigen Preis". Aber jene bescheidenen Anforderungen lösten auch etwas Skepsis aus. Im gleichen Artikel schrieb BYTEs West Coast-Redakteur Phil Lemmons: "Es stellt sich die natürliche Frage, ob die Fähigkeit von Microsoft Windows, mit begrenztem Speicher und ohne Disketten zu laufen, nicht zu spürbaren Verzögerungen bei der Programmausführung führen wird." Lemmons spekulierte allerdings nicht darüber, ob jene Eigenschaften zu spürbaren Verzögerungen bei der Windowsentwicklung führen würden. Genau dies war in vielerlei Hinsicht die Frage, die Microsoft nicht genug bedacht hatte.

## Drehungen und Wendungen auf dem Entwicklungspfad

Bei der Vorstellung von Windows auf der Comdex versprach Microsoft die Auslieferung für Mai 1984. Im Frühling 1984 wurde das Auslieferungsdatum auf November verschoben. Im November änderte sich das Lieferdatum erneut, auf Juni 85. Eine endgültige Windowsversion ging dann in diesem Monat tatsächlich an Entwickler und Hardwareanbieter. Programmierer meinten, daß das Produkt die Verzögerung wert sei. Die Endkundenversion von Windows erreichte den Handel erst am 18. November.

Eine Kombination von Faktoren und Ereignissen verursachte die Verschiebungen. Alle lassen sich aber davon ableiten, daß Microsoft eine saubere Version herausbringen wollte. Obwohl die Firam von der Fachpresse und einigen Entwicklern auch kritisiert wurde, war man entschlossen, die beste Grafikumgebung für MS-DOS-Maschinen auf den Markt zu bringen. Der Zeitplan mußte sich den Qualitätsanforderungen beugen.

Im Februar 1984 war Microsoft Gastgeber des ersten Windowsentwicklerseminars - ein Symposium, bei dem Programmierer lernen konnten, wie man Applikationen für Windows schreibt. Bill Gates stellte seine Vorstellungen für zukünftige MS-DOS-Benutzeroberflächen vor. Mehrere Mitglieder

der Windowsmannschaft diskutierten das Windows-Multitasking und die Speicherverwaltungseigenschaften und erklärten die Funktionsweise der Windows-Grafikeigenschaften. Die Entwickler waren beeindruckt, und bis Juni 1984 hatte Microsoft fast 300 Kopien einer Vorversion des Windows-Softwareentwicklungskits ausgeliefert.

Beim Arbeiten der Entwickler mit Windows halfen deren Erfolge und Mißerfolge Microsoft dabei, die Stärken und Schwächen von Windows kennenzulernen. Viele Programmierer hatten Schwierigkeiten, sich an die neuen Programmierkonzepte anzupassen, die eine grafische Benutzerschnittstelle mit sich brachte. Sie waren daran gewöhnt, ihre eigenen Benutzerschnittstellen zu schaffen. Die Idee, eine Bibliothek von eingebauten Routinen für die Benutzeroberfläche zu verwenden, war für sie fremd. Das Windowsteam beobachtete die Schwierigkeiten der Programmierer und wertete deren Rückmeldungen aus. Dadurch war es in der Lage, das Produkt und seine Anforderungen an Programme zu verbessern.

Ein Beispiel für die Rückmeldungen an die Windowsmannschaft war die wichtige Bedienung von Windows und Windowsapplikationen über die Tastatur. Neben dem Vorteil, daß auf eine Maus verzichtet werden konnte, erlaubte das Tastaturinterface dem Anwender, bei eingabeintensiven Aufgaben seine oder ihre Hände auf dem Keyboard zu lassen, ohne zwischen Tastatur und Maus hin- und herwechseln zu müssen. Die Flexibilität derartig ausgestatteter Prototypen war sofort offensichtlich, und so wurde die heute vertraute ALT+Taste-Windowskombination geboren.

Unmittelbar nach der Einführung des Mac im Januar 1984 stießen mehrere Programmierer der Mac-Anwendungsgruppe zum Windowsteam, und einige Aspekte des Windowsdesigns änderten sich aufgrund ihres Einflusses. Die Windowsmannschaft war in der Lage, zu entscheiden, was in einer Fensterumgebung funktionierte und was nicht - auf der Grundlage eines vollständig implementierten Produktes. So erwog das Team zum Beispiel kurz eine dahingehende Änderung der Benutzeroberfläche, daß immer nur eine Menüleiste auf dem Bildschirm dargestellt werden würde, anstatt jedem offenen Anwendungsfenster seine eigene Menüleiste zu geben. Die Monomenüleiste hätte die Menüs für die gegenwärtig aktive Anwendung enthalten und sich geändert, wenn der Anwender von einer Applikation zur anderen schaltet. Dieser Ansatz wurde als zu umständlich für eine Oberfläche verworfen, die mehrere Anwendungen gleichzeitig kontrolliert.

Ironischerweise verzögerte der Macintosh die Entwicklung von Windows weniger als die existierenden MS-DOS-Applikationen. Windows die Unterstützung von Standardanwendungen zu ermöglichen, erwies sich als viel zeitaufwendiger und komplexer als ursprünglich angenommen. Einer der MS-DOS-Programmierer kam Ende 1984 zum Windowsteam und begann die Entwicklung eines Klassifizierungssystems für Standardprogramme. Der Platz eines Programms innerhalb dieser Einteilung sollte bestimmen, ob diese auf dem Bildschirm mit Windowsanwendungen koexistieren kann und ob Benutzer zwischen ihr und anderen laufenden Anwendungen hin- und herschalten können. Nach einer Untersuchung des Formats der Programminformationsfiles (PIFs), die zu IBMs Topview-Umgebung gehörten, beschlossen die Windowsentwickler, das Topview-PIF-Format zu übernehmen, statt ein eigenes zu entwickeln. Dies erlaubte ein Zusammenarbeiten von Topviews PIFs mit Windows.

Eine weitere Hürde für Microsoft war die Entscheidung über die richtige Programmierumgebung. Die Windowsmannschaft benutzte zuerst Microsoft Pascal, dann Lattice C und schließlich Microsofts C-Compiler, der zur gleichen Zeit in Entwicklung war. Man legte sich schließlich auf Microsoft C fest. Dies verursachte aber weitere Verzögerungen, mußte man doch Software mit Software entwickeln, die selbst noch im Entwicklungsstadium und nicht stabil war.

Die bedeutsamsten Faktoren bei der Verzögerung waren aber Microsofts Unterschätzung von Umfang und Komplexität des Windowsprojektes und die weitere Veränderung des Marktes. Windows war aus einem Satz treiberunabhängiger Grafikroutinen zu einer vollen grafischen Benutzerumgebung geworden. Mehr noch, da MS-DOS keine Multitasking- und Speicherverwaltungseigenschaften besitzt, mußten diese Eigenschaften in Windows eingebaut werden.

Das wiederum war ein dorniges Problem für Microsofts Marketinganstrengungen, die jetzt vor der Herausforderung standen, den IBM-PC-Anwendern eine Nicht-IBM-Betriebssystemerweiterung zu verkaufen. Diese Herausforderung wurde noch größer, als IBM sich weigerte, eine Windowsversion zu entwickeln und zu vermarkten, und stattdessen die Vermarktung seiner eigenen Benutzerumgebung Topview beschloß. Microsoft nahm die Dinge selbst in die Hand und schuf eine Endkundenversion von Windows für MS-DOS. Um das Paket für die Anwender attraktiver zu machen, entwickelte man Write, Paint und die Windows-Desktop-Applikationen.

Die Endkundenversion von Windows kam schließlich im November 1985 auf den Markt. (Einige Anwender bekamen ihren ersten Eindruck von Windows schon einige Monate vorher, als Micrografx, ein Pionier in der Entwicklung von Windows-Applikationen, seine In-A-Vision-Zeichenapplikation herausbrachte, die eine spezielle Windowseinzelprogrammversion enthielt.)

Zwischen 1985 und 1987 wurde Windows' volles Potential jedoch nicht ausgeschöpft. Da nur wenige Windows-Anwendungen verfügbar waren, benutzten die meisten Anwender Windows primär, um schnell zwischen Standardanwendungen hin- und herzuschalten - Anwendungen, die vor Windows geschrieben worden waren, wie zum Beispiel Microsoft Word und Lotus 1-2-3. Eine Microsoft-Umfrage enthüllte in der Tat, daß 51,5 % der Windowsanwender das Paket kauften, um zwischen Applikationen umzuschalten. Nur 11,4 % schafften es wegen seiner grafischen Benutzeroberfläche an. Weniger als sechs Prozent kauften Windows wegen Write, Paint und den Desktopanwendungen. Windows war im wesentlichen zunächst also eine grafische Benutzerumgebung, die hauptsächlich dazu eingesetzt wurde, um zwischen textorientierten Programmen umzuschalten.

Dies änderte sich 1987. Aldus Corp. gab eine Windowsversion seiner außerordentlich beliebten Pagemaker-Desktop Publishing-Software frei. IBM fügte Windows und Pagemaker seinem Desktop-Publishing-Komplettpaket hinzu. Microsoft brachte eine Windowsversion von Excel heraus, einem mächtigen Tabellenkalkulations- und Grafikprogramm, das sich beständig unter den zehn am besten verkauften Macintosh-Programmen befindet. Micrografx ergänzte Windows Graph, ein Businessgrafikprogramm, zu seiner wachsenden Reihe von Windowsanwendungen. Schließlich wurden Programme verfügbar, die das Leistungsvermögen von Windows voll ausschöpften.

## Was Windows bietet

Windows gibt MS-DOS-Computern eine grafische Benutzeroberfläche auf der Basis der PARC- und SRI-Forschung, ähnlich der von Apple Lisa und Macintosh. Dies leistet aber auch eine andere MS-DOS-Betriebssystemumgebung: Digital Researchs GEM. Warum ist Windows besser?

**Multitasking.** Windows kann zahlreiche Programme gleichzeitig laufen lassen und ermöglicht ein Umschalten zwischen den Programmen über Tastatur oder Maus. Ihr Computer kann zeitraubende Arbeiten wie Drucken, Daten sortieren oder Übertragen einer Datei durchführen, während Sie mit anderen Programmen arbeiten.

**Datenaustausch.** Windows kann Text oder Grafik zwischen Applikationen über seine Zwischenablage austauschen und erlaubt auf diese Weise die Schaffung eines eigenen integrierten Arbeitsplatzes, der die von Ihnen benutzten Programme enthält. Windows' Fähigkeit zum dynamischen Datenaustausch (erörtert in Kapitel 5) kann sogar Information aktualisieren, die Sie in ein Programm gefügt haben, wenn sich die Information in dem Programm, von dem es kommt, ändert.

**Treiberunabhängigkeit; kein Veralten von Software.** Windows ist dafür konzipiert, mit einer großen Vielzahl von Bildschirmen, Druckern und Zeigegeräten zusammenzuarbeiten, und paßt sich auch dem technologischen Fortschritt an. Computer werden schneller, Bildschirme schärfer, Drucker leistungsfähiger, Zeigegeräte reaktiver. Wenn dem so sein wird, werden auch Ihre jetzigen Windowsanwendungen schneller laufen, schöner aussehen und bessere Ausdrucke erzeugen.

**Verbindung zu MS-DOS.** Windows' MS-DOS-Fenster läßt Sie Platten, Dateien und Verzeichnisse verwalten, ohne daß Sie sich mit der Syntax der DOS-Kommandozeile herumschlagen müssen. Sie können aber auch den COMMAND.COM-Befehlsinterpreter in einem Fenster geladen haben und über direkte Befehlseingabe mit MS-DOS kommunizieren.

**Weitreichende Softwarekompatibilität.** Viele der heute am leistungsfähigsten Anwendungsprogramme wurden auf Windows ausgerichtet, einschließlich Microsoft Excel, Aldus Pagemaker und Micrografx Designer.

**Anknüpfungspunkte an die Vergangenheit.** Der Einsatz von Windows bedeutet nicht den Verzicht auf vertraute MS-DOS-Anwendungen, auf die man sich mittlerweile verlassen kann. Ganz im Gegenteil, Windows führt auch hier zu Verbesserungen: Sie können mehr als eine Anwendung zur gleichen Zeit laufen lassen, mit einem Tastendruck oder Anklicken per Maus von einer Anwendung zur anderen schalten und Daten zwischen beiden austauschen.

**Basis für die Zukunft.** Windows legt den technischen Grundstein für die Programme von morgen. Es enthält eine vollständige Toolbox von Routinen, die Programmierer anzapfen können, um Anwendungen zu schreiben, die die Multitasking-Fähigkeit und konsistente Benutzeroberfläche von Windows ausnutzen. Bei einer konsistenten Benutzeroberfläche brauchen Sie nicht zu lernen, wie man Befehle gibt, und müssen Sie sich nicht jedesmal durch ein neues Programm durchquälen, bevor Sie dessen Eigenschaften beherrschen. Lernen Sie den Umgang mit einer Windowsapplikation, dann beherrschen Sie auch schnell den Umgang mit allen anderen Anwendungsprogrammen. Und wenn Sie in der Zukunft auf Microsofts OS/2-Betriebssystem umsteigen, fühlen Sie sich bei dessen Windows-ähnlichem Presentation Manager gleich wie zu Hause.

Man braucht nicht zu wissen, wie Windows funktioniert, wenn man es benutzen will. Hat man aber grundsätzlich die Funktionsweise von Windows und seinen Anwendungsprogrammen verstanden, schätzt man das zugrundeliegende Konzept besser und kann seine Windowssitzungen effizienter abwickeln.


# Die Installation von Windows

Die Arbeit mit Windows beginnt beim Installationsprogramm, das Informationen über die Hardware benötigt und Windows dann entsprechend anpaßt. Hierbei müssen zahlreiche Dateien von der Windowsinstallationsdiskette zu Files kombiniert werden, die zusammen eine installierte Kopie von Windows bilden (s. Bild 1-2). Diese Dateien enthalten die Gerätetreiber, die Windows benötigt, um mit Bildschirm, Maus und Drucker umgehen zu können.

KERNEL.EXE
  Zuständig für Taskhandling,
  Speicherverwaltung und
  das Laden von Ressourcen und Segmenten
GDI.EXE
  Stellt Grafikressourcen und Routinen
  zum Zeichnen und Ausfüllen von Bögen,
  Linien, Vielecken und Kreisen bereit;
  lädt Grafiktreiber
USER.EXE
  Enthält den Code der Benutzeroberfläche
  zum Kreiern von Fenstern, Ikonen,
  Cursorn, Dialogboxen und Menüs;
  reagiert auf Tastatur- und Mausaktivität          WIN200.BIN
WINOLDAP.MOD                                        WIN200.OVL
  Enthält den Code zum Ablauf von Stan-             WIN.COM
  dardanwendungen; transferiert Code                WIN.INI
  zwischen Speicher und Platte, wenn                WINOLDAP.MOD
  zwischen Standardanwendungen und Windows          WINOLDAP.GRB
  hin- und hergeschaltet wird                       MSDOS.EXE
WINOLDAP.GRB
  Enthält Code zum Festhalten von Bild-
  schirminhalten aus Standardanwendungen,
  die nicht in einem Fenster laufen
  können
DISPLAY.DRV
KEYBOARD.DRV
SYSTEM.DRV
FONT*.FON (viele Zeichensatzfiles)
MSDOS.EXE
SOUND.DRV
COMM.DRV
MOUSE.DRV


*Bild 1-2: Windowsdateien vor und nach der Installation*


Gerätetreiber sind Programme, die Windows darüber informieren, auf welche Befehle die Hardware reagiert und welche Merkmale sie hat. Sie erreichen, daß Windows mit unterschiedlichen Hardwarekonfigurationen zurechtkommt.

Man braucht etwas Hintergrundwissen, um die lebenswichtige Aufgabe der Windowstreiber richtig einschätzen zu können. Viele Nicht-Windowsapplikationen wie Wordstar und Lotus 1-2-3 umgehen DOS und greifen direkt auf Hardwarekomponenten wie den Monitor zu. Dadurch wird die Videoausgabe beschleunigt. Dies hat aber seinen Preis. Es besteht die Gefahr, daß solche

Programme auf nicht hundertprozentig IBM-kompatiblen MS-DOS-Rechnern nicht laufen. Außerdem arbeiten sie manchmal nicht mit speicherresidenter Software zusammen, die auf vielerlei Weise ebenfalls direkt auf die Hardware zugreift. Und schließlich benötigen sie eine lange Installationsprozedur, die sie auf die gegebene Hardware einstellt.

Eine Windowsapplikation greift nie direkt auf die Hardware zu - dank der Treiber und Windows' Grafischer Geräteschnittstelle (GDI). GDI stellt einen vollständigen Befehlssatz zur Textdarstellung und Auswahl aller Schriftarten bereit, die Sie in den unterschiedlichsten Ausformungen und Punktgrößen installiert haben können. GDI sagt einer Windowsanwendung auch, wie sie Linien, Kreise oder andere Figuren ziehen muß. Wenn ein Windowsprogramm Information an den Bildschirm oder Drucker senden muß, macht es dies mit GDI-Befehlen. Windows schickt diese Befehle an den Treiber, der sie wiederum in jene spezifischen Befehle übersetzt, die die Hardware versteht.

Dieser Ansatz hat den großen Vorteil, daß eine Windowsapplikation nicht wissen muß, welche Hardware zugrundeliegt. Ein Nutzen, der sich daraus ableitet, ist das Entfallen langwieriger Installationsprozeduren bei jeder neuen Applikation. Ein anderer liegt darin, daß Ihre Windowsanwendungen und die Dokumente, die damit erstellt werden, niemals veralten. Wenn Sie eine neue Maus bekommen oder jenen hyperscharfen Bildschirm, den Sie dringend haben wollten, installieren Sie einfach Windows neu, und Sie können sofort loslegen. Bei einem neuen Drucker ist es noch leichter, da Sie dessen Treiber über die Systemsteuerung hinzufügen können. (Der Grund, warum man keine Zeigegeräte und Bildschirme mit der Systemsteuerung ändern kann, wird in Kapitel 8 erörtert.)

## Arbeiten mit Windows

Wenn Sie Windows starten, bringt ein Programm namens WIN.COM das Microsoft-Logo und die Windowsversionsnummer auf den Schirm und lädt einen Teil des Windowscode sowie die Treiber für Monitor und Zeigegerät. Als nächstes liest Windows die WIN.INI-Konfigurationsdatei. WIN.INI informiert Windows, welche Drucker an welchem Ausgang angeschlossen sind, welche Anwendungen laufen oder geladen werden sollen (wenn überhaupt), gibt über die Bildschirmfarben Bescheid und darüber, welche Dateinamenerweiterung jede Anwendung verwendet, und vieles mehr. (Kapitel 8 behandelt WIN.INI im Detail.)

Nach einer Pause von wenigen Sekunden, weicht Windows' Eröffnungsschirm einem Bildschirm, der einem leeren Schreibtisch ähnelt, da das MS-DOS-Fenster gestartet wird. Das MS-DOS-Fenster ist nicht Windows selbst; es ist eine Windowsanwendung, die den Aufruf von Programmen ermöglicht, die Verwaltung von Dateien, Verzeichnissen und Festplatten. Es ist Ihre Verbindung zu MS-DOS. (Macintosh-Anwender könnten ihn für ein grobes Äquivalent zum Finder halten.) Eine der ersten Aufgaben des MS-DOS-Fensters ist das Lesen des aktuellen Verzeichnisses und die Darstellung seines Inhalts. Ist das geschehen, ist Windows einsatzklar.

An dieser Stelle meint man, daß nichts geschieht. In Wirklichkeit hat das MS-DOS-Fenster viel Arbeit - sozusagen in Kreisen laufend. Jede Windowsanwendung hat eine Hauptereignisschleife, auch Meldungsschleife genannt. Während dieser Schleife wartet die Applikation auf Meldungen von Windows, daß etwas geschehen ist - die Maus hat sich bewegt, eine Schaltfläche wurde gedrückt oder eine Taste betätigt. Wenn so etwas passiert, schickt Windows eine Meldung zu einem Wartebereich, der Programmschlange genannt wird.

Die Programmschlange ist wie eine Warteschlange in einer Bank: Ereignisse reihen sich wie Kunden aneinander und warten darauf, daß eine Anwendung sagt: "Wer ist der nächste?". Jede Anwendung macht in periodischen Abständen genau das und verhält sich entsprechend dem gemeldeten Ereignis. Da sich die Meldungen hintereinander aufreihen, muß man nicht warten, bis eine Anwendung eine Operation abgeschlossen hat (zum Beispiel Speichern einer Datei), bevor man Text eingeben oder andere Befehle geben kann. (Natürlich hat eine Warteschlange eine endliche Kapazität. Die Anwendungsschlange hat Platz für acht Meldungen; die Systemschlange, die die Meldungen entdeckt und an die Anwendungsschlange weiterleitet, faßt 24. Sind Sie auf der Tastatur sehr schnell oder der Computer ist mit einer besonders langwierigen Operation beschäftigt, kann es vorkommen, daß die Schlange überläuft und Tastatureingaben oder Mausbewegungen verloren werden.)

Dieses kontinuierliche Abfragen nach Ereignissen, in Verbindung mit der Tatsache, daß alle Befehle einer Anwendung in Drop-Down-Menüs vorgehalten werden, sorgt dafür, daß sich Windowsanwendungen an einen Grundsatz im Softwaredesign halten, der bereits angesprochen wurde, daß ein Programm nämlich nicht in verschiedenen Modi laufen, sondern jede Eigenschaft jederzeit verfügbar haben sollte. Statt zu sagen: "Das dürfen Sie jetzt machen", sagen Windowsanwendungen: "Hier sind die Dinge, die ich kann. Wählen Sie aus."


## Multitasking

Ständiges Aufpassen auf Ereignisse klingt hart genug, aber Windows verdient sich seinen Lebensunterhalt erst wirklich, wenn Sie seine Multitasking-Eigenschaften anzapfen und mehrere Anwendungen zur gleichen Zeit ablaufen lassen.

Jede laufende Applikation heißt Task; zahlreiche Tasks können gleichzeitig ablaufen, indem sie sich die Ressourcen des Computers teilen. Wenn Sie eine Anwendung starten, lädt sie Windows von der Festplatte in den Arbeitsspeicher und erzeugt dort einen Datenbereich für die Anwendung, der ein Teil des Arbeitsspeichers ist und die Daten der Applikation aufnimmt. Der Datenbereich von Paint, zum Beispiel, enthält einen Teil des Bildes, das Sie zeichnen. Der

Datenbereich für Write enthält einen Teil des Dokumentes, das Sie bearbeiten. (Ich sage in beiden Fällen einen "Teil", weil beide Programme nur einen Teil ihrer Dokumente im Speicher halten und den Rest zwischen Platte und Speicher je nach Bedarf hin- und herschaufeln, um Speicherplatz zu sparen.) Nach der Schaffung des Datenbereichs, läßt Windows das Programm seine Fenster öffnen und andere Anfangsarbeiten durchführen, wie das Erzeugen temporärer Arbeitsdateien.

Wie verteilt Windows die Zeit zwischen gleichzeitig laufenden Anwendungen? Das Geheimnis liegt im ereignissammelnden Prozeß, den ich vorhin beschrieben habe. Wenn ein Programm die Ereignisschlange nach einem Ereignis kontrolliert, tritt es anderen Anwendungen die Kontrolle ab. Es ist, als ob Windows sagt: "Während Du nach Meldungen kontrollierst, geben wir doch dieser zweiten Anwendung eine Chance." Die zweite Anwendung checkt dann ebenfalls nach Ereignissen und ermöglicht dabei einer dritten Applikation (oder der ersten), aktiv zu werden.

Windows' Multitaskingansatz ist also ein Zusammenspiel aller laufenden Applikationen. Solange jedes Programm in regelmäßigen Abständen nach Ereignissen kontrolliert - und sie muß es, denn nur so kann es auf die Aktivitäten des Anwenders reagieren - solange hat jede Anwendung eine Chance, dran zu kommen. Windows' Multitaskingansatz heißt nicht-unterbrechendes Multitasking, da Windows ein Programm nie unterbricht, um ein anderes laufen zu lassen. Jede Anwendung hat nur dann eine Chance zu laufen, wenn andere es erlauben.

## Multitasking von ein und derselben Anwendung

Windows ist insofern unter Betriebssystemumgebungen einzigartig, als es die gleiche Anwendung in mehr als einem Fenster ablaufen läßt. Autoren können diese Fähigkeit dazu benutzen, um mehrere Write-Dokumente zur gleichen Zeit zu bearbeiten; wer Desktop Publishing macht, kann mit mehreren Pagemaker-Dokumenten gleichzeitig arbeiten und dabei Dokumentteile beliebig hin- und her kopieren. Man kann sogar mehr als einen Ausschnitt mit dem MS-DOS-Fenster laufen lassen, um gleichzeitig den Inhalt verschiedener Festplatten oder Verzeichnisse anzuschauen. (Sie werden das in Kapitel 2 sehen.)

Windows' Fähigkeit, die gleiche Anwendung in mehr als einem Fenster laufen zu lassen, wird auf eine raffinierte Weise erreicht. Wenn ein Programm in einem zweiten Fenster läuft, lädt Windows nicht noch einmal den gesamten Programmcode. Dies würde Speicherplatz verschwenden und die Zahl lauffähiger Anwendungen erheblich verringern. Stattdessen teilt sich die zweite "Variante" des Programms den Programmcode und Ressourcen wie Menüs, Dialogboxen und Sinnbilder mit der ersten. Jede Programmvariante hat jedoch ihren eigenen Datenbereich (jener Speicherbereich, der die sich ändernden Daten speichert). Es ist, als würde Windows sagen: "Ich habe diesen Programmcode schon einmal geladen. Ihr zwei (oder drei oder mehr) Varianten müßt ihn euch jetzt teilen. Ich werde aber jedem von euch seinen eigenen Datenbereich geben."

Sie können dies selbst ausprobieren, indem Sie ein Programm wie Pagemaker in mehr als einem Fenster laufen lassen und den

"Über"-Befehl im Dateimenü des MS-DOS-Fensters verwenden, um herauszufinden, wieviel Speicher nach dem mehrmaligen Start derselben Anwendung verfügbar ist. Die Ergebnisse finden Sie in Bild 1-3.

Wie Sie sehen, brauchen aufeinanderfolgende gleiche Programme viel weniger Speicherplatz als das erste geladene Programm - im Falle von Pagemaker etwa ein Drittel weniger - was beweist, daß jede nachfolgende Programmvariante den Programmcode und die geladenen Ressourcen mit dem zuerst gestarteten Programm teilt. Wenn Sie das selbst ausprobieren, werden Ihre Ergebnisse wahrscheinlich aufgrund der komplexen Natur der Windowsprogramm- und speicherverwaltungstechniken geringfügig abweichen.

| | Freier Speicher | Speicherverbrauch |
|---|---|---|
| Beim Start von Windows | 357 KB | - |
| Nach dem Start von Pagemaker | 255 KB | 102 KB |
| Nach dem zweiten Start von Pagemaker | 190 KB | 65 KB |
| Nach dem dritten Start von Pagemaker | 125 KB | 65 KB |

*Bild 1-3: Die Auswirkung des mehrmaligen Startens einer Anwendung auf den Arbeitsspeicher*

## Speicherverwaltung

Seine Fähigkeit, mehrere Anwendungen zur gleichen Zeit laufen zu lassen, hat für Windows die Konsequenz, daß es ständig aufpassen muß, wieviel Speicher noch verfügbar ist. Wenn eine Anwendung geschlossen wird, muß es in der Lage sein, den entsprechenden Speicherbereich für andere Programme frei zu machen. Wenn Sie ein Programm zu starten versuchen, muß Windows bestimmen, ob dafür genug Speicher zur Verfügung steht. Eine Windowskomponente namens Memory Manager (Speicherverwalter) erfüllt diese und andere Aufgaben. Der Memory Manager kontrolliert, wohin die Programme gehen, so daß sie den Speicher des Computers effizient nutzen - ähnlich einem Hotelmanager, der leere Zimmer zuteilt und darauf achtet, daß die geräumten für neue Gäste vorbereitet werden. Ein Teil dieses Vorgangs ist die Verwaltung der Segmente eines Programms.

Wenn ein großes Windowsprogramm entwickelt wird, teilen es die Programmierer in Segmente auf - in Programmcodeabschnitte, die bestimmte Aufgaben erfüllen. Sie müssen sich jedes Segment als Aufgabenspezialist vorstellen. Ein Segment von Microsoft Excel, zum Beispiel, enthält den Code, der Makros aufzeichnet, ein anderes den Code zur Erzeugung von Grafiken. Wieder ein anderes erfüllt Druckaufgaben. Wird der Programmcode in Segmente aufgeteilt, lädt Windows nur die Segmente, die zur Ausführung der Aufgabe, die gerade in Arbeit ist, notwendig sind. Wenn Sie einen Befehl oder eine Option auswählen, wofür ein Segment gebraucht wird, das sich nicht im Speicher befindet, lädt Windows das Segment von der Festplatte und entfernt unter Umständen andere Segmente aus dem Speicher, wenn der Platz für alle nicht ausreichen sollte. Beim Entfernen eines Segments behält Windows aber genügend Informationen, um es wieder zu laden, wenn das Segment wieder gebraucht wird.

Die Speicherverwaltungstechniken von Windows werden auch verwendet, wenn Sie eine Standardanwendung einsetzen - ein Programm also, das nicht für Windows entwickelt wurde. In der Tat stellen Standardanwendungen besondere Herausforderungen an Windows. Schauen wir uns einmal an, wie Windows zwischen Programmen der Vergangenheit und der Zukunft hin- und herjongliert.


## Der Betrieb von Standardanwendungen

Wenn Sie eine Standardanwendung starten, sucht Windows nach der Programminformationsdatei (PIF) der Anwendung im Anwendungsverzeichnis. Die PIF versorgt Windows mit Informationen zum wirksamen Betrieb der Anwendung. (Die Einträge in einer PIF werden zusammen mit Windows' PIF-Editorprogramm in Kapitel 9 behandelt.) Windowsapplikationen brauchen keine PIFs, da die Information, die Windows zu ihrem Betrieb benötigt, direkt in deren Dateien enthalten ist. Findet Windows keine PIF für die Standardanwendung, erscheint eine Meldung mit der Frage, ob Windows bestimmte Annahmen über das Programm treffen soll. Soll Windows das Programm unter diesen Annahmen laufen lassen, müssen Sie die Schaltfläche Ja wählen. Wenn Sie auf Abbrechen drücken, startet Windows die Applikation nicht.

Findet sich aber eine PIF oder wählen Sie die Ja-Schaltfläche in der Dialogbox, tritt eine Windowsdatei namens WINOLDAP.MOD in Aktion. WINOL-DAP.MOD schiebt zuerst den Code von Windows sowie laufende Anwendungen aus dem Arbeitsspeicher zur Festplatte und macht so Speicher für die Standardanwendung frei. Wenn die Standardanwendung in einem Fenster laufen kann, erzeugt WINOLDAP.MOD für die Anwendung ein Fenster und startet dann das Programm. Das Steuermenü für das Fenster eines Standardprogramms enthält zusätzliche Befehle - Markieren, Kopieren und Einfügen - die aus solchen Programmen heraus für begrenzten Zugang zur Zwischenablage sorgen. Diese Befehle werden in Kapitel 5 näher besprochen.

Wenn eine Standardanwendung läuft, die den Bildschirm übernimmt, lädt Windows die Datei WINOLDAP.GRB zusätzlich zu WINOLDAP.MOD.

                                                                    

WINOLDAP.GRB erlaubt Windows das Speichern und Wiederherstellen des Programmbildes, wenn dieses weg- oder zugeschaltet wird. WINOLDAP.GRB enthält auch die Software, um den Bildschirminhalt einer Vollbildstandardanwendung festzuhalten (und in der Zwischenablage zu plazieren). Man muß dazu die Tastenkombination ALT+Druck benutzen.

Wenn Sie aus einer Standardanwendung zurück zu Windows schalten, holt WINOLDAP.MOD den notwendigen Windowscode von der Festplatte in den Arbeitsspeicher und befördert den Code der Standardanwendung zur Festplatte zurück. Die Zeitdauer für dieses Diskswapping hängt von der Größe von Anwendungsprogramm und Arbeitsspeicher und der Arbeitsgeschwindigkeit von Festplatte und Computer ab.

# Windows 2.0

Windows 2.0 ist die zweite Generation der Benutzeroberfläche. Die Familienähnlichkeit ist offensichtlich, aber Windows 2.0 ist eine wesentliche Verbesserung.

2.0 unterscheidet sich von seinem Vorgänger in vielfältiger Weise, die kosmetischen Veränderungen merkt man allerdings zuerst. Windows 2.0 verzichtet auf Kacheln zugunsten überlappender Fenster. Der Bildschirmschreibtisch ist einem echten ähnlicher; man kann Fenster hin- und herschieben und stapeln wie

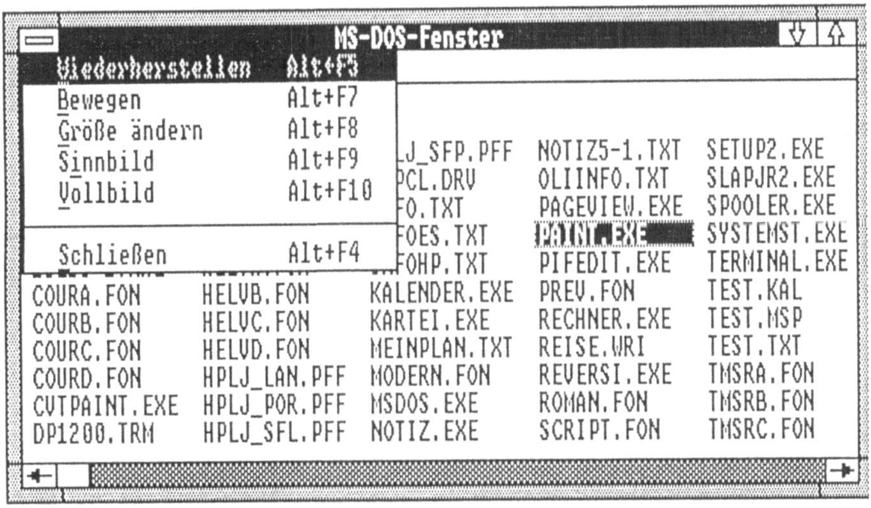

*Bild 1-4: Sinnbilder, Rahmen und Befehle zum Ändern der Fenstergröße*

Papier. Wie Bild 1-4 zeigt, können die meisten Fenster in ihrer Größe durch Verschieben der Begrenzungen verändert werden; man kann sie sogar so groß wie der gesamte Bildschirm werden oder aber zu Symbolen schrumpfen lassen. Dies geschieht durch Anklicken ihrer Verkleinerungs- und Vergrößerungssinnbilder, die sich in der oberen rechten Ecke jedes Fensters befinden, oder durch Auswahl der Verkleinern- und Vergrößern-Befehle im Befehlsmenü (das bei Windows 1.0 Systemmenü heißt). Überlappende Fenster machen auch das Arbeiten mit mehreren Anwendungen angenehmer. Statt den Bildschirm in kleine Kacheln aufzuteilen, stapelt Windows 2.0 einfach die Anwendungsfenster übereinander.

Microsoft stieg aus mehreren Gründen auf überlappende Fenster um. Zum einen ist die Leistung verbessert worden. Die schnellere Hardware und die schnelleren Grafikroutinen in Windows 2.0 ermöglichen heute ein schnelleres Aktualisieren oder Neuzeichnen verdeckter Fenster. Die neue Grafikhardware erzeugt außerdem schärfere Bilder und macht dadurch überlappende Fenster übersichtlicher und attraktiver. Ein anderer Grund für den Umstieg ist die Gewährleistung visueller Gleichartigkeit mit dem Windows-ähnlichen Presentation Manager, der Benutzeroberfläche von Microsofts OS/2-Betriebssystem (Version 1.1). Zu guter letzt bleibt noch anzuführen, daß die Windowsanwender überlappende Fenster wollten. Zumindest die meisten: Ein Mitglied der Windowsentwicklungsmannschaft erzählte mir einmal: "Kachelfenster sind bei Businessanwendungen überlegen. Sie werden ein Comeback der Kacheln sehen, sobald der erste Händler eine Million Dollar verliert, weil die entscheidende Information hinter einem Pop-Up-Fenster verborgen war." Das ist natürlich eine Übertreibung. Jener mystische Händler könnte genauso gut mit Kachelfenstern eine Million Dollar verlieren, wenn er ein Fenster zu klein macht, um die wichtigen Zahlen zu sehen.

Der Streit um Kachel- oder überlappende Fenster geht unter den Gurus grafischer Benutzeroberflächen weiter, niemand kann aber die Verbesserung der Benutzeroberfläche von Windows 2.0 leugnen. Die Auswahl der Befehle ist schneller und leichter, ob Sie Windows jetzt mit der Maus oder per Tastatur bedienen. Wenn Sie eine Menüüberschrift anklicken oder ALT und einen der hervorgehobenen Buchstaben drücken, erscheint das Menü und bleibt sichtbar, wobei der erste Befehl ausgewählt ist. Sie können dann den Befehl mit einem anderen Mausklicken oder der Enter-Taste auslösen. Um einen anderen Befehl auszuwählen, bewegen Sie den Mauszeiger darauf und klicken Sie den Befehl an, oder drücken Sie die Taste mit dem entsprechend hervorgehobenen Buchstaben.

In Windows 1.0 ist die Befehlsauswahl per Tastatur manchmal recht unhandlich. Das Problem liegt darin, daß Menüs oft Befehle enthalten, die mit dem gleichen Buchstaben anfangen. Betrachten Sie nur das "Liste"-Menü des MS-DOS-Fensters. Um in Windows 1.0 den "Nach Erweiterung"-Befehl zu erreichen - der vierte Befehl, der mit einem N beginnt - muß die N-Taste viermal gedrückt werden oder einmal und dann dreimal die Abwärtspfeil-Taste. In beiden Fällen muß man mehr tun, als man eigentlich sollte.

Bei Windows 2.0 hat jeder Menübefehl eine Direktzugriffstaste, signalisiert durch einen Buchstaben, der im Namen des Befehls oder der Option unterstrichen ist und in Zusammenarbeit mit der ALT-Taste eine schnelle Befehlsauswahl ermöglicht, wie Bild 1-5 zeigt.

Direktzugriffstasten werden durch den Entwickler einer Applikation zugewiesen. Wenn ein von Ihnen benutztes Programm keine hat, ist es wahrscheinlich für Windows 1.0 entwickelt worden und besitzt deshalb keine definierten Direktzugriffstasten. Wenn dem so ist, können Sie dennoch Befehle auswählen und mit Dialogboxen kommunizieren, indem Sie das Tastaturverfahren von Windows 1.0 verwenden. Viele Anwendungen, egal ob für 1.0 oder für 2.0, haben Abkürzungstasten, die eine Befehlsauswahl über Tastenkombinationen ermöglichen. (Bei einigen Programmen heißen solche Abkürzungstasten auch Schnelltasten.)

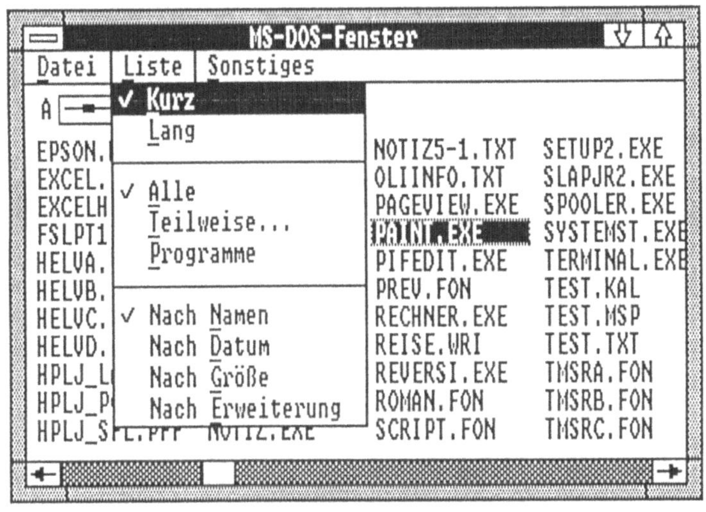


*Bild 1-5: Das MS-DOS-Fenster-Listenmenü bei Windows 2.0*

Mit den größeren Veränderungen bei der Benutzeroberfläche gingen auch kleinere einher. Der "Über"-Befehl, der über eine Anwendung informiert, befindet sich nicht mehr im Systemmenü, sondern im äußersten linken Menü eines Programms (normalerweise das "Datei"-Menü). Das Menü von Windows 2.0-Programmen, das sich links befindet, enthält jetzt auch einen "Ende"-Befehl, mit dem das Programm verlassen werden kann. Die Tastaturkurzwege für das Editiermenü und die Größer/Kleiner-Funktionen haben sich verändert, wie Bild 1-6 zeigt.

| | Windows 1.04 | Windows 2.0 |
|---|---|---|
| **Editiermenü** | | |
| Löschen | Entf | Umschalt + Entf |
| Kopieren | F2 | Strg + Einfg |
| Einfügen | Einfg | Umschalt + Einfg |
| **Steuer (System) Menü** | | |
| Wiederherstellen | Nicht anwendbar | ALT + F5 |
| Bewegen | ALT + Leertaste + M | ALT + F7 |
| Größe ändern | ALT + Leertaste + S | ALT + F8 |
| Sinnbild | ALT + Leertaste + I | ALT + F9 |
| Vollbild | ALT + Leertaste + Z | ALT + F10 |
| Schließen | ALT + Leertaste + C | ALT + F4 |

*Bild 1-6: Zusammenfassung geänderter Abkürzungstasten*

Diese kosmetischen Verbesserungen sind bedeutend, aber sie stellen nur einen Aspekt der Entwicklung von Windows dar. Windows 2.0 prahlt mit verbesserter Performance und Speicherverwaltung, die den Eindruck eines schnellen und reaktiven Programms hinterlassen, besonders bei Rechnern auf Basis der Intelchips 80286 und 80386. Diese Verbesserungen schließen ein:

**Schnellere Bildschirmausgabe.** Ich habe vorhin schon erwähnt, daß die grafische Geräteschnittstelle (GDI) von Windows entscheidend an der Bildwiedergabe beteiligt ist. In Windows 2.0 ist die GDI, je nach Operation, zwei bis zehn mal so schnell. Text kommt dank eines neuen Zeichensatzformates, das Zeichen effizienter darstellt, schneller auf den Schirm. Linien und geometrische Figuren werden schneller gezeichnet. Grau hinterlegter Text, den Windows benutzt, um Befehle und Dialogboxoptionen anzuzeigen, die im Augenblick nicht verfügbar sind, erscheint vier mal so schnell. Eine neue GDI-Eigenschaft läßt Anwendungsprogramme den Bildschirmteil, der von einer Dialogbox verdeckt wird, separat abspeichern und blitzschnell wiederherstellen, wenn die Dialogbox verschwindet.

**Bessere Expanded Memory-Unterstützung.** Expanded-Memory-Karten wie das Intel-AboveBoard vergrößern den Speicher von MS-DOS-Computern um Megabytes, was Windows 1.0 aber nicht voll ausnutzen kann. Man kann zwar den Zusatzspeicher für eine blitzschnelle RAM-Disk verwenden; dies nützt aber wenig, wenn die gefürchtete Meldung *Nicht genügend Speicherkapazität* erscheint. Windows 2.0 kann diese Megabytes einsetzen und verwendet zum Abspeichern von Windowsprogrammen einen technischen Trick namens Bank Switching. Durch sein SMARTDrive-Dienstprogramm kann Windows auch Extended Memory (Speicher über 640 KB in einem 80286-PC) für Disk-Caching-Zwecke benutzen. Diese Techniken und ihre Performancevorteile werden in Kapitel 10 genau beschrieben.

**Die Mehrfachdokument-Schnittstelle.** Anwendungsprogrammierer können für Windows 2.0 Programme schreiben, die mehr als ein gleichzeitig geöffnetes Dokument unterstützen. Programme, die dieses "Multitasking" mit Dokumenten erlauben, stellen einen Arbeitsraum bereit, in dem Dokumentfenster geöffnet, geschlossen, bewegt und in der Größe verändert werden können. Dabei kommen die gleichen Techniken wie beim Umgang mit Anwendungsfenstern zum Einsatz. Die neue Schnittstelle für mehrere offene Dokumente ermöglicht eine neue Generation mächtiger Windowsanwendungen - z.B. Programme wie Microsoft Excel und Blyth Softwares Omnis Quartz Datenbankmanager. Selbst bei einer Anwendung, die die Mehrfachdokument-Schnittstelle nicht benutzt, ist es dennoch möglich, mit mehreren Dokumenten gleichzeitig zu arbeiten, wenn man die Anwendung in mehreren Fenstern laufen läßt.

In der ersten Generation war Windows ein bedeutender erster Schritt in Richtung auf eine neue Art und Weise der Bedienung von MS-DOS-Computern. Mit Version 2.0 geht Windows noch weit darüber hinaus. Es arbeitet und reagiert schnell und ist vielseitig. Und es ist viel attraktiver als die MS-DOS-Kommandozeile.

# Kapitel 2

## Die Bedienung des MS-DOS-Fensters

Im Alltag ist ein Fenster ein Gegenstand, durch den man hindurchschauen kann, um etwas anderes zu sehen. Bei Software versteht man unter Fenster ein grafisches Mittel zur optimalen Bedienung eines Computers. In beiden Fällen ist es Mittel zum Zweck und stört einen nicht. Ein gutes Softwarefenster läßt einen so arbeiten, wie es zur Erreichung jeweiliger Zwecke am produktivsten ist.

Windows' MS-DOS-Fenster erfüllt diese Anforderungen. Die meisten Windows-Anfänger benutzen das MS-DOS-Fenster zum Aufrufen von Anwendungsprogrammen und für einfache Plattenverwaltungsaufgaben wie das Kopieren oder Löschen von Dateien. Dieses Kapitel erkundet einige Tricks und Raffinessen des MS-DOS-Fensters und zeigt, wie man sie zur Straffung der eigenen Platten- und Dateiverwaltung verwendet. Viele Abschnitte enthalten ein oder zwei Übungen, die Sie machen können; zu diesem Zweck sollten Sie dieses Kapitel neben Ihrem Computer lesen und Windows auf der Maschine geladen haben.

### Tip 1: Aufruf von Windows und einer Anwendung

Dieser Tip gilt für die Fälle, wenn man Windows nur aufruft, um unmittelbar danach eine spezifische Windowsanwendung zu starten, mit der man arbeiten möchte. Statt Windows zu starten und anschließend die Anwendung, kann man beides gleichzeitig tun, indem man den Anwendungsnamen als Parameter an den Windowsaufruf anhängt. Geben Sie also beim MS-DOS-Aufforderungszeichen (Prompt) *win* ein, anschließend ein Leerzeichen und dann den Anwendungsnamen. Um zum Beispiel Windows und Excel zu starten, geben Sie *win excel* ein und drücken Sie die Enter-Taste. Wenn Sie bereits ein Dokument mit dieser Anwendung erstellt haben, können Sie auch den entsprechenden Dokumentnamen in die Befehlszeile aufnehmen. Die Eingabe von *win excel amort* mit anschließender Betätigung der Enter-Taste startet zum Beispiel Windows, ruft Microsoft Excel auf und lädt ein Arbeitsblatt namens AMORT. Sie können den Namen der Anwendung weglassen, wenn Sie die Erweiterung der Dokumentbezeichnung hinzufügen, wie in *win amort.xls*. Die Erweiterung informiert Windows, daß Excel zu starten ist. In beiden Fällen müssen Sie *win* eingeben;

wenn Sie nur den Namen der Applikation eingeben, bekommen Sie die Meldung *This program requires Microsoft Windows.*

Ein anderer Hinweis: Wenn Sie sich beim Namen des Programms vertippen oder ein Programm oder Dokument aus einem anderen Verzeichnis spezifizieren, auf das Sie nicht über einen MS-DOS-Pfad verwiesen haben, fordert Sie Windows auf, die Diskette mit dem Anwendungsprogramm oder dem Dokument in Laufwerk A einzulegen. Das bedeutet, daß Windows das von Ihnen genannte Programm nicht finden konnte. Klicken Sie "Abbrechen" an oder drücken Sie die Esc-Taste. Dabei erscheint das MS-DOS-Fenster. Damit Windows ein Programm findet, das sich nicht im aktuellen Verzeichnis befindet, ändern Sie Ihren DOS-Pfad und ergänzen Sie dort den Namen dieses Verzeichnisses. (Mehr Informationen über DOS-Pfade finden Sie in Kapitel 4.)

# Tip 2: Programmaufruf als Sinnbild

Als erfahrener Windowsanwender wissen Sie, daß Sie ein Windowsprogramm vom MS-DOS-Fenster aus durch Zweimalklicken des Dateinamens oder Auswahl mit dem Balkencursor und Drücken von Enter starten können. Sie wissen aber vielleicht nicht, daß ein Anwendungsprogramm auch als Sinnbild geladen werden kann, wenn man die Umschalttaste gedrückt hält und den Dateinamen doppelklickt oder Enter eingibt. Wenn Sie das jetzt ausprobieren wollen, vergewissern Sie sich, daß das MS-DOS-Fenster aktiv ist (klicken Sie innerhalb, wenn es nicht der Fall ist); verändern Sie dann seine Größe so, daß das MS-DOS-Fenster nur die rechte Hälfte Ihres Bildschirms einnimmt.

Suchen Sie als nächstes den Dateinamen für das Uhr-Programm (UHR.EXE), und starten Sie es wie sonst auch. Nun aktivieren Sie das MS-DOS-Fenster wieder. Um die Uhr als Sinnbild mit der Maus zu starten, drücken Sie die Umschalttaste und klicken Sie UHR.EXE zweimal. Per Tastatur: Wählen Sie UHR.EXE aus, und drücken Sie gleichzeitig die Umschalt- und Entertaste. Das Uhrsinnbild erscheint jetzt im Sinnbildbereich am Boden des Schirms. Wenn Sie das Uhrsymbol bei Ihrer Arbeit sichtbar haben wollen, können Sie diese Technik dazu verwenden, die Uhr zu starten, ohne sie in der Größe verändern oder bewegen zu müssen.

Ein Programm als Sinnbild zu starten hat andere Zwecke. Wenn Sie wissen, daß Sie zwischen zwei Anwendungen (oder zwei Duplikaten der gleichen Anwendung) umschalten werden, starten Sie die zweite Anwendung oder das Duplikat (zu dem Sie schalten werden) als Sinnbild. Wenn Sie dann mit dieser zweiten Anwendung weitermachen wollen, läßt sie sich schnell durch Zweimalklicken ihres Sinnbildes öffnen. Wenn Sie mit der Tastatur arbeiten, drücken Sie ALT und dann die Tab-Taste, und lassen Sie diese gedrückt, bis das Uhrsinnbild ausgewählt wird. Gehen Sie dann auch von der ALT-Taste herunter.

Durch den Programmaufruf als Sinnbild brauchen Sie nicht zum MS-DOS-Fenster zurückkehren, Ihr Schirm bleibt geordnet, und Sie sparen Zeit, wenn Sie das Programm benutzen wollen, weil sich der größte Teil des Codes schon im Arbeitsspeicher befindet.

## Tip 3: Programmaufruf mit Parametern

Einige Anwendungsprogramme akzeptieren oder erfordern beim Start zusätzliche Information - Optionen, Argumente oder Parameter genannt. Beim Arbeiten mit dem MS-DOS-Prompt geben Sie einen Parameter ein, indem Sie ihn zwischen den Dateinamen des Programms und Enter setzen. Der Befehl *word /l*, zum Beispiel, startet Microsoft Word und lädt das letzte Dokumente, das Sie editiert haben. Viele MS-DOS-Dienstprogramme, die zusätzliche Parameter benötigen, werden in Kapitel 4 erörtert.

Beim Programmaufruf durch Doppelklick oder über die Enter-Taste können keine Parameter mit eingegeben werden, unter Verwendung der Befehle Laden oder Ausführen im Dateimenü dagegen schon. "Ausführen" ruft die Anwendung in einem Fenster auf, "Laden" als Sinnbild. Wenn Sie den Dateinamen eines Programms auswählen und auf Laden oder Ausführen drücken, erscheint eine Dialogbox mit dem hinterlegten Namen dieses Programms. Um einen Parameter einzugeben, bewegen Sie den Mauszeiger hinter das letzte Zeichen des Programms, und klicken Sie, oder drücken Sie einfach die Ende-Taste, dann ein Leerzeichen und den Parameter, schließlich noch OK.

Der Ausführen-Befehl enthält eine Option, die interessant ist, auch falls Sie nie einen Parameter beim Programmaufruf verwenden: Wenn Sie die Checkbox "MS-DOS-Fenster auf Sinnbild verkleinern?" anklicken, die Bestandteil der Ausführen-Dialogbox ist, wird das MS-DOS-Fenster beim Programmaufruf auf sein Sinnbild reduziert.

## Tip 4: Der Umgang mit Unterverzeichnissen

Die Einrichtung und Verwendung von Unterverzeichnissen über den MS-DOS-Prompt kann mit Befehlen wie MKDIR (Verzeichnis einrichten) und CHDIR (Verzeichnis wechseln) zermürbend sein, da man sich die Befehle merken und sie jedesmal korrekt eintippen muß. Außerdem müssen Sie lange Pfadnamen eingeben, die MS-DOS sagen, in welchen Unterverzeichnissen bestimmte Dateien zu finden sind. Das MS-DOS-Fenster vereinfacht den Umgang mit Unterverzeichnissen, indem es die Befehle im Menü Sonstiges bereitstellt und zusätzlich einige Kurzformen der Unterverzeichnismanipulation erlaubt.

Die Standardmethode zum Wechseln von Unterverzeichnissen mit dem MS-DOS-Fenster ist die Auswahl des Befehls "Verzeichnis wechseln" im Menü Sonstiges, Eingabe des Pfadnamens und Abschluß mit Enter. Es gibt aber mehrere Kurzformen, um diesen Befehl zu umgehen und in Verzeichnissen mit der Tastatur, der Maus oder einer Kombination aus beidem entlangzulaufen. Die Maus ist bei den meisten Verzeichnisoperationen am schnellsten, aber auch die Abkürzungen mit der Tastatur sind schneller als die Verwendung des Verzeichnis erstellen-Befehls. Ich werde die Kurzformen zusammenfassen und einige Übungen vorstellen, die Sie ausprobieren können.

## Hinablaufen des Verzeichnisbaums

Um den Verzeichnisbaum nach unten zu laufen, d.h. vom aktuellen Verzeichnis in ein Verzeichnis darin zu wechseln, klicken Sie einfach den Verzeichnisnamen im Arbeitsbereich zweimal. Oder wählen Sie das Verzeichnis mit den Pfeiltasten des Keyboards aus, und drücken Sie anschließend Enter. Sie können Maus und Tastatur auch kombinieren: Selektieren Sie das Verzeichnis mit der Maus und drücken Sie Enter, um dort hinein zu wechseln. Dieses Vorgehen ist besonders effektiv, wenn Sie die Maus mit der linken Hand bedienen.

## Hinauflaufen des Verzeichnisbaums

Um den Verzeichnisbaum nach oben zu laufen - zu Verzeichnissen näher der Wurzel - brauchen Sie nur die Rücklauftaste zu betätigen. Das bringt Sie eine Ebene näher an das Wurzelverzeichnis. Mit der Maus können Sie in das gewünschte Verzeichnis durch Zweimalklicken des Pfadnamens rechts neben den Laufwerkssinnbildern wechseln. Ist für den Pfad rechts neben den Laufwerks-symbolen nicht genügend Platz, erscheint er darunter. (Wenn Sie glauben, daß Sie nicht schnell genug zweimal klicken können, benutzen Sie SYSTEMST.EXE, die Systemsteuerungsdatei, um die Zweimalklick-Geschwindigkeit zu verändern. Und wenn Sie lieber den rechten statt den linken Mausknopf drücken, benutzen Sie den Mausbefehl von SYSTEMST.EXE im Menü Einstellung.) Wenn Sie einen Verzeichnisnamen einmal anklicken, erscheint die Verzeichnis ändern-Dialogbox.

Um die Tastenkurzwege auszuprobieren, wählen Sie als erstes den Befehl Verzeichnis ändern aus, und wechseln Sie durch Eingabe des Backslash (\) und Enter in das Basisverzeichnis. Sie wollen in das Windows-Verzeichnis und dann in das PIF-Verzeichnis gehen. Steht Ihnen eine Maus zur Verfügung, klicken Sie zweimal den Verzeichnisnamen WINDOWS im Arbeitsbereich an. Dann klicken Sie zweimal PIF an. Nun befinden Sie sich im PIF-Verzeichnis - so einfach ist das. Wenn Sie mit der Tastatur arbeiten, gehen Sie auf den Namen WINDOWS und drücken Sie Enter. (Manchmal müssen Sie sich nicht auf diese Weise zu WINDOWS vorkämpfen. Drücken Sie einfach die Taste W. Das MS-DOS-Fenster wählt dann den ersten File oder das erste Verzeichnis aus, das mit W anfängt. Wenn mehr als eins mit W anfangen, drücken Sie weiter W oder benutzen Sie die Abwärts-Taste, um zu WINDOWS zu kommen.) Schließlich wählen Sie PIF aus und drücken Enter.

Gehen Sie jetzt zurück in das Wurzelverzeichnis. Mit der Tastatur geht das einfach mit der Backspace-Taste, bis Sie im Stammverzeichnis angelangt sind. Bevor Sie es mit der Maus versuchen, machen Sie einen Schritt zurück, um herauszufinden, wie man Verzeichnisnamen beim Anzeigen von Pfadnamen selektiert. Bringen Sie den Zeiger auf den PIF-Verzeichnisnamen in der Pfadnamenanzeige und drücken Sie anschließend den Mausknopf, *lassen Sie ihn aber nicht los!* (Wenn Sie den Knopf loslassen und die Verzeichnis ändern-Dialogbox erscheint, drücken Sie einfach Esc, um die Box wieder los zu werden). Sie sehen, wie der ganze Pfadname ausgewählt wird. Während Sie also jetzt den Mausknopf gedrückt halten, bewegen Sie den Zeiger nach links. Wenn er den Namen WINDOWS erreicht, wird PIF abgewählt. Erreicht er den Backslash des Wurzelverzeichnisses, wird WINDOWS abgewählt. Gehen Sie links und rechts und über den Pfadnamen, um zu sehen, wie das MS-DOS-Fenster Verzeichnisnamen auswählt; dann bringen Sie den Zeiger vom Pfadnamen weg und lassen den Knopf aus. (Wenn Sie den Mausknopf auslassen, bevor Sie den Zeiger vom Pfadnamen wegbewegen, erscheint die Verzeichnis ändern-Dialogbox. Esc storniert den Vorgang wieder.)

Da Sie jetzt wissen, wie man Verzeichnisnamen in der Pfadnamenanzeige auswählt, klicken Sie zweimal WINDOWS an, um in dieses Verzeichnis zu gelangen. Dann klicken Sie zweimal den Backslash des Wurzelverzeichnisses an, um dorthin zu wechseln.

## Der Zugriff auf Verzeichnisse aus einer Dialogbox heraus

Wie Sie gesehen haben, bietet das MS-DOS-Fenster leichten visuellen Zugang zu Verzeichnissen. Das MS-DOS-Fenster ist nicht der einzige Ort, von dem man aus seine Verzeichnisse einsehen kann. Viele Windowsprogramme haben in ihren Dateimenüs einen Laden-Befehl. Bei der Auswahl dieses Befehls erscheint eine Dialogbox, die die Dateien im aktuellen Verzeichnis auflistet (s. Bild 2-1). Die Dateiliste enthält auch Anzeigen für die Laufwerke Ihres Systems, für alle Verzeichnisse innerhalb des aktuellen Katalogs und für das Elternverzeichnis, d.h. das Verzeichnis eine Ebene über dem aktuellen Katalog. Sie können aus der Dialogbox heraus durch doppeltes Klicken dieser besonderen Anzeigen in Unterverzeichnisse gehen.

Wenn Sie das selbst austesten, vergewissern Sie sich, daß das WINDOWS-Verzeichnis der aktuelle Katalog ist (falls nicht, gehen Sie ins WINDOWS-Verzeichnis), und rufen Sie dann den Notizblock (NOTIZ.EXE) auf. Sie wollen einen kurzen Textfile erzeugen und im PIF-Unterverzeichnis abspeichern. Tippen Sie ein paar Wörter Ihrer Wahl ein und wählen Sie dann den Speichern-Befehl im Dateimenü aus. Wenn die Speichern-Dialogbox erscheint, geben Sie *pif\test* ein und drücken Sie Enter. Schalten Sie ins MS-DOS-Fenster zurück und gehen Sie ins PIF-Unterverzeichnis, um sicher zu sein, daß die Datei dort ist. Dann holen Sie das Notizblock-Fenster zurück und wählen Sie Laden im Dateimenü.

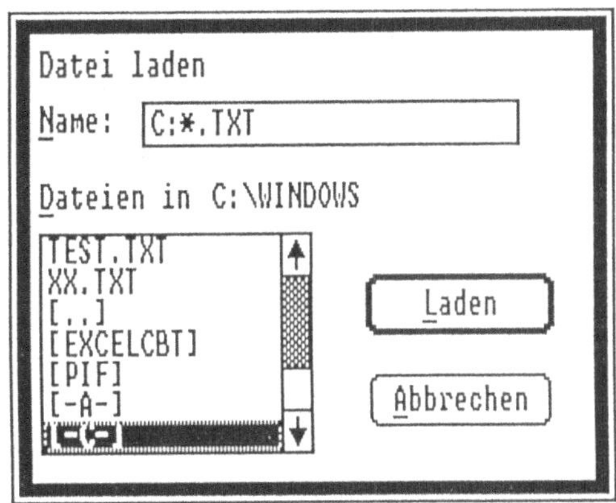


*Bild 2-1: Dialogfeld Laden*

Wenn die Dialogbox erscheint, listet Sie alle Dateien im WINDOWS-Verzeichnis mit der Erweiterung TXT auf. Zum Laden von TEST.TXT haben Sie zwei Alternativen. Sie könnten in der Textbox einfach den Pfadnamen eingeben: *pif\test.txt*. Oder Sie könnten über die Datei- und Verzeichnisbox ins PIF-Verzeichnis gehen. Probieren Sie letzteres. Klicken Sie zweimal den Eintrag *[PIF]* in der Datei- und Verzeichnisbox an (vielleicht müssen Sie das Fenster rollen, um ihn zu sehen). Die Datei- und Verzeichnisbox verändert sich, um den Inhalt des PIF-Unterverzeichnisses anzuzeigen (s. Bild 2-2).

Sie können *TEST.TXT* sehen. Öffnen Sie die Datei aber noch nicht. Klicken Sie stattdessen zweimal das Symbol für das Elternverzeichnis an - die zwei Punkte in Klammern (*[..]*). Sie bewegen sich dadurch einen "Zweig" im Verzeichnisbaum nach oben, zu WINDOWS. Gehen Sie jetzt ins PIF-Verzeichnis zurück und klicken Sie zweimal *TEST.TXT* an.

Das gleiche Ergebnis erhalten Sie auch mit einer anderen Technik. Wählen Sie nochmal Öffnen und klicken Sie dann *[..]*, um nach oben ins WINDOWS-Verzeichnis zu kommen. Jetzt wählen Sie den Text mit der Datei laden-Textbox aus, indem Sie mit dem Mauszeiger darüber fahren. Sie erreichen das gleiche mit der Tastatur, wenn Sie die Umschalt- und die Tabulatortaste (Shift + Tab) drücken. Dann geben Sie *pif* ein und drücken Enter. Schauen Sie in die Datei- und Verzeichnisbox und auf die Anzeige des Pfadnamens darüber. Wie Sie sehen, sind Sie ins PIF-Verzeichnis hinuntergelangt. Wählen Sie den Text in der Datei laden-Textbox erneut, und geben Sie dann *\windows* und Enter ein. Dieses mal bewegen Sie sich nach oben zu WINDOWS. Die Regel lautet: Wenn man den Teil eines Dateinamens in einer Laden-Dialogbox spezifiziert, zeigt die Dialogbox den Inhalt des durch den Pfadnamen spezifizierten Verzeichnisses an.

Sie müssen nicht ausschließlich Laufwerks- und Verzeichnisanzeigen zweimal anklicken. Sie können auch die Tastatur verwenden, um zwischen Laufwerken und Verzeichnissen hin- und herzuschalten, wenn Sie nämlich den Balkencursor auf das gewünschte Laufwerk- oder Verzeichnissymbol stellen und Enter eingeben. Schließlich besteht auch noch die Möglichkeit der Kombination von Maus und Tastatur: Laufwerk- oder Verzeichnissymbol einmal anklicken und dann auf Enter drücken.

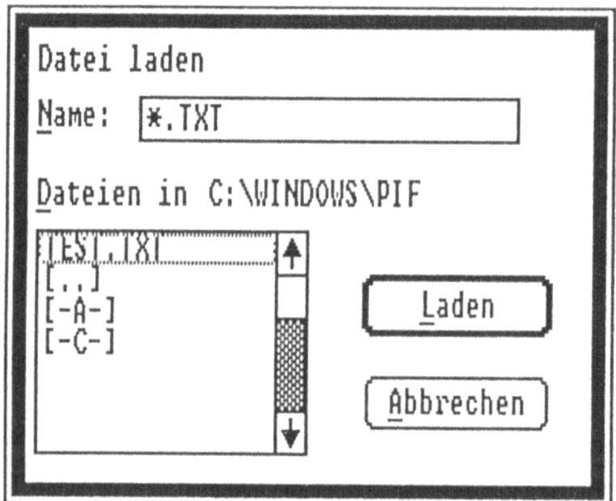


*Bild 2-2: Dialogfeld Laden nach Wechsel in das PIF-Unterverzeichnis*

## Tip 5: Die Auswahl von mehr als einem Dateinamen

Als erfahrener Windowsanwender wissen Sie, wie man einen Dateinamen im MS-DOS-Fenster auswählt. (Mit Maus klickt man die Datei an; mit Tastatur bewegt man über die Pfeiltasten den Balkencursor darauf.) Man kann aber auch mehr als einen Dateinamen gleichzeitig auswählen. Dafür stehen zwei Möglichkeiten zur Verfügung: Erweiterung der Auswahl oder die Bildung einer unzusammenhängenden Selektion. Erweiterung der Auswahl bedeutet die Hinzufügung von Dateinamen unmittelbar oberhalb oder unterhalb der zuerst ausgewählten (vgl. Bild 2-3). Die Bildung einer unzusammenhängenden Selektion bezieht sich auf die Auswahl zusätzlicher Dateien, die nicht neben den bereits ausgewählten stehen (vgl. Bild 2-4). Diese Möglichkeiten sind hilfreich, wenn es darum geht, mehrere Dateien zu kopieren, zu löschen oder Informationen darüber zu gewinnen.

Beim Einsatz einer Maus wird beides mit der Kombination Umschalttaste + Anklicken durchgeführt. Das geht folgendermaßen: Sie halten die Um-

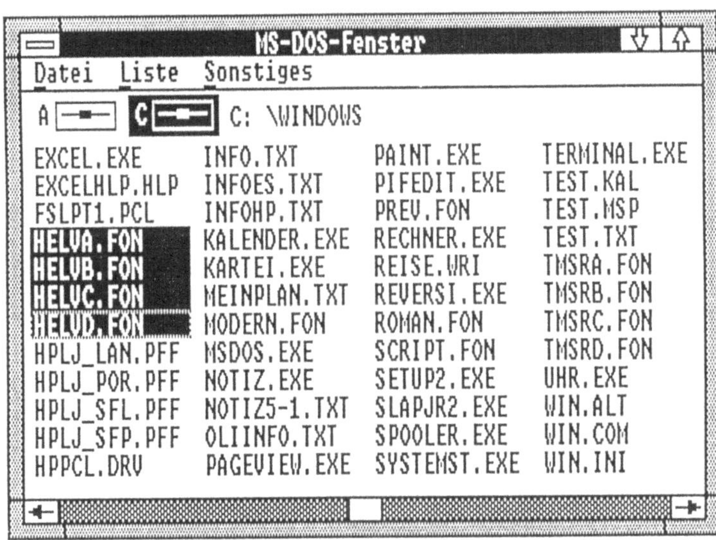

*Bild 2-3: Eine erweiterte Auswahl im MS-DOS-Fenster*

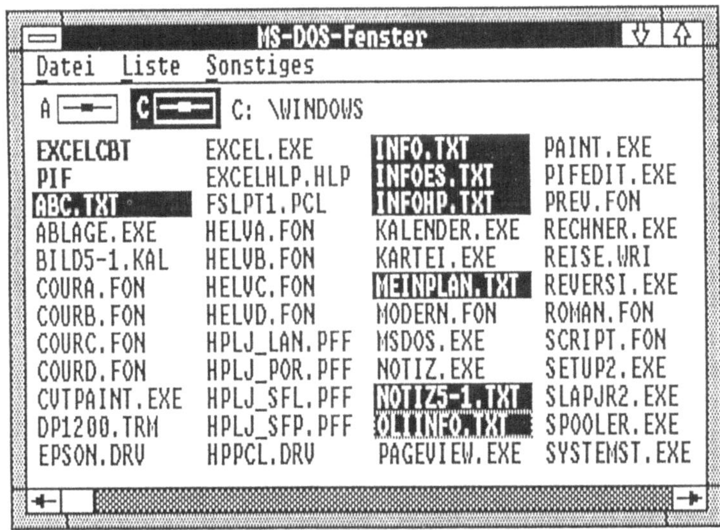

*Bild 2-4: Eine unzusammenhängende Auswahl im MS-DOS-Fenster*

schalttaste (Shift) gedrückt und klicken jeden zusätzlichen Dateinamen, den Sie auswählen wollen, an.

Um die Dateiauswahl per Tastatur zu erweitern, halten Sie die Umschalttaste gedrückt und betätigen Sie eine Richtungstaste. Soll die Auswahl unzusammenhängende Dateien betreffen, halten Sie die Steuerungstaste (Strg) gedrückt und betätigen Sie ebenfalls eine Richtungstaste. Wenn Sie bei der nächsten zur Auswahl anstehenden Datei ankommen, drücken Sie die Leertaste und halten Sie die Steuertaste nieder.

## Tip 6: Der Betrieb von mehreren MS-DOS-Fenstern

Windows' Fähigkeit, mehrere identische Programme gleichzeitig laufen zu lassen, bezieht sich auch auf das MS-DOS-Fenster. Beim gleichzeitigen Betrieb mehrerer MS-DOS-Fenster können Sie den Inhalt zweier verschiedener Laufwerke oder Verzeichnisse zur gleichen Zeit sehen. Ist ein MS-DOS-Fenster aktiv, klicken Sie zweimal auf MS-DOS.EXE oder WIN.COM; dies führt zu gleichen Ergebnissen. In kurzer Zeit erscheint ein zweites MS-DOS-Fenster (s. Bild 2-5).

Dieses zweite MS-DOS-Fenster können Sie genauso wie das erste verwenden - um Anwendungen aufzurufen oder Laufwerke und Dateien zu verwalten. Es ist aber am nützlichsten zum Einsehen eines anderen Laufwerks oder Verzeichnisses. Gestalten Sie beide MS-DOS-Fenster in Größe und Positionierung so, daß sie nebeneinander erscheinen, und gehen Sie dann in ein anderes Verzeichnis (s. Bild 2-6).

Die Möglichkeit, den Inhalt von zwei oder mehr verschiedenen Laufwerken oder Verzeichnissen gleichzeitig zu sehen, ist ein Geschenk des Himmels, wenn Sie mit einer komplexen Dateikopieraktion kämpfen und Sie sehen wollen, wo die Dateien sind und wohin Sie gehen. (Um die Ergebnisse einer Kopieraktivität zu sehen, müssen Sie dem MS-DOS-Fenster aber sagen, daß es sein dargestelltes Verzeichnis aktualisieren soll. Dies geht mit der Maus durch einfaches Anklicken des Symbols für das aktuelle Laufwerk. Bei Verwendung der Tastatur drücken Sie Strg und den Buchstaben für das Laufwerk.) Das Anschauen mehrerer Verzeichnisse ist auch praktisch, um herauszufinden, welche von zwei Dateien, die sich in zwei unterschiedlichen Verzeichnissen befinden, die aktuellere ist. Sie können die ausführlichere Fassung jedes Verzeichnisses aktivieren (Auswahl des Befehls Lang im Menü Liste) und das jeweilige Datum nach der letzten Änderung vergleichen, oder jede Datei auswählen und ihre Attribute mit dem Befehl Information überprüfen.

Jedes MS-DOS-Fenster braucht sechs bis acht KB Arbeitsspeicher. Dies ist ein kleiner, aber nicht unbeträchtlicher Wert. Wenn Sie ein Fenster nicht mehr brauchen, schließen Sie es, um den Arbeitsspeicherraum wieder frei zu machen. Denken Sie daran, daß beim Versuch, das letzte verbleibende MS-DOS-Fenster

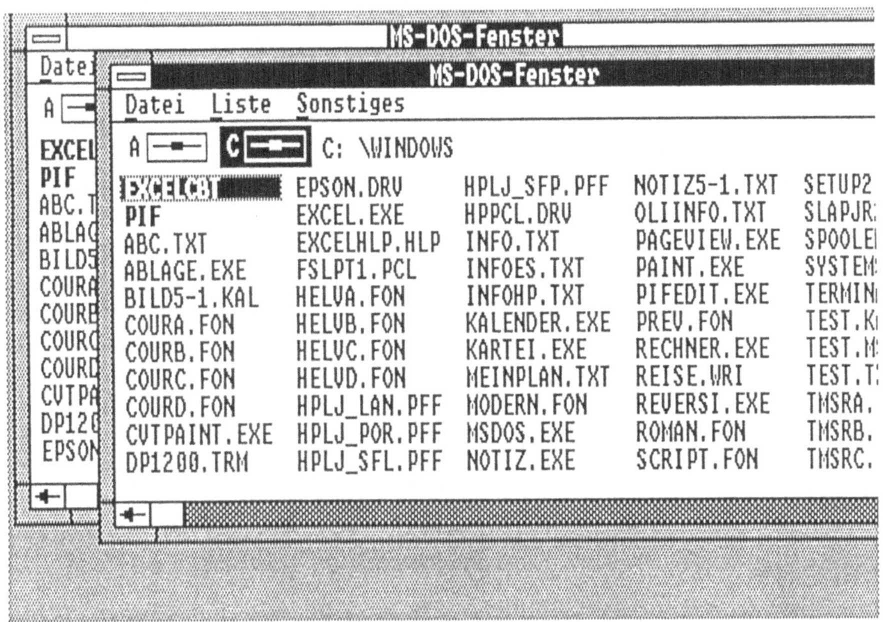

*Bild 2-5: Ein zweites MS-DOS-Fenster*

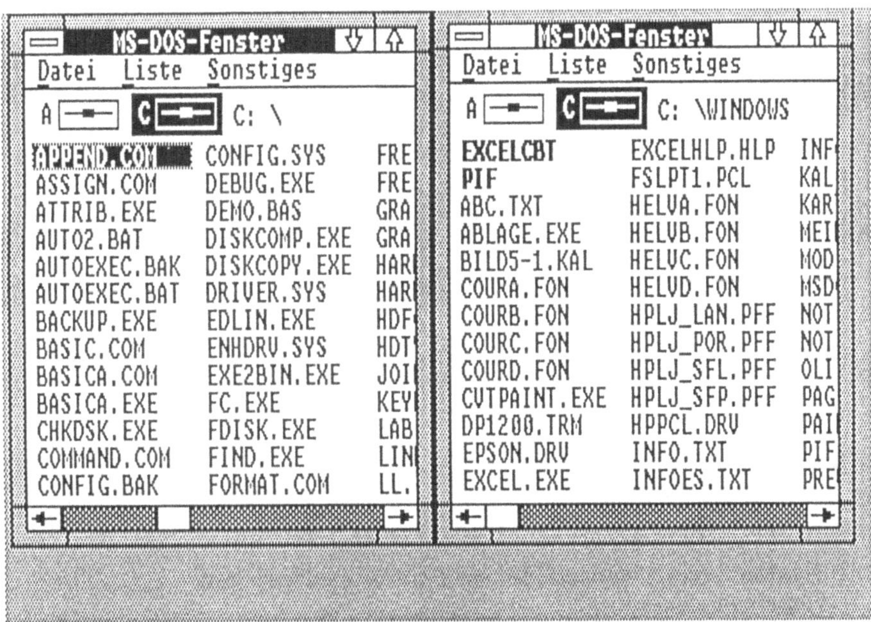

*Bild 2-6: Zwei Verzeichnisse gleichzeitig anschauen*

zu schließen, Windows die Meldung *Hiermit beenden Sie Ihre Windows-Sitzung* ausgibt.

## Tip 7: Die Verwendung des Kopieren-Befehls

Mit der Verwendung von Jokerzeichen und der Mehrfachselektion von Dateien stellt das MS-DOS-Fenster ausreichend Kopieroptionen für jede Dateiverwaltungsaufgabe bereit. Aber wir müssen noch zwei weitere Kopierkonzepte anschauen. Sie können den Kopieren-Befehl auf vielfältige Art und Weise nutzen, je nach Ihrer Position im Verzeichnisbaum. Angenommen, Sie kopieren die Datei *LETTER* aus dem \WINDOWS\WINAPPS-Verzeichnis nach \WORK\ WRITE (s. Bild 2-7). Sie können dies aus den unterschiedlichsten Positionen

\ (Wurzel)

WINDOWS

  **WINAPPS**

    PIF

DOS

WORK

  PAGEMAK

  EXCEL

  **WRITE**

*Bild 2-7: Position von Quell- und Zielverzeichnis innerhalb des Verzeichnisbaums*

des DOS-Baums heraus machen, egal in welchem Verzeichnis Sie stehen. Die zweite Kopieroption betrifft das Kopieren aller Dateien des Verzeichnisses. Sie haben dafür zwei Möglichkeiten: in das Verzeichnis wechseln und die Jokerzeichen *.* verwenden, oder einfach den Verzeichnisnamen auswählen.

## Tip 8: Dateizugriff per Tastatur durch Eingabe des ersten Buchstabens

Wahrscheinlich wissen Sie schon, daß Sie eine Datei im MS-DOS-Fenster durch Eingabe des ersten Buchstabens hinterlegen können. Sie können diese Eigenschaft des MS-DOS-Fensters dazu verwenden, um schnell ein häufig benutztes Dokument zu laden, indem Sie das Dokument neu benennen und eine Zahl zwischen 1 und 9 an den Anfang des Namens stellen. (Natürlich muß der ursprüngliche Dateiname weniger als acht Zeichen enthalten.) Wenn Sie also zum Beispiel ein Microsoft Excel-Dokument namens BIZPLAN.XLS laden, vergeben Sie für dieses Dokument einen neuen Namen mit einer Zahl am Namenanfang, wie in 1BIZPLAN.XLS. Nach der Umbenennung können Sie die Datei durch Eingabe von 1 und Enter laden.

Diese Technik erlaubt auch einen Zweitastenzugriff auf Anwendungsprogramme. Wenn Sie zum Beispiel häufig Write und Paint verwenden, benennen Sie die Dateien um und versehen Sie sie mit einer Zahl am Namenanfang, wie in 4WRITE.EXE und 5PAINT.EXE. Die Sache hat allerdings einen Haken: Der [Erweiterungs]-Abschnitt (.xxx) der WIN.INI-Konfigurationsdatei erwartet den Namen eines Anwendungsprogramms in einer bestimmten Form und benutzt diesen Namen, um eine Applikation zu starten, wenn Sie ein Dokument dieser Anwendung auswählen. Wenn Sie ein Anwendungsprogramm umbenennen und es dann durch die Auswahl eines seiner Dokumente zu starten versuchen, kann Windows das Programm nicht finden und gibt eine Fehlermeldung mit dem Inhalt aus, daß es das gewünschte Dokument nicht laden kann. Die Lösung liegt darin, den [Erweiterungs]-Abschnitt (.xxx) von WIN.INI zu editieren und den Dateinamen des Programms zu aktualisieren. (Kapitel 8 enthält mehr Informationen über den [Erweiterungs]-Abschnitt (.xxx) von WIN.INI.)

# Kapitel 3

## Tastatur oder Maus?

Windows gibt Ihnen für jede Aufgabe die Wahl zwischen Tastatur- und Mauseinsatz. In diesem Kapitel erhalten Sie Richtlinien, um zu entscheiden, was für eine bestimmte Aufgabenstellung am besten ist: Tastatur, Maus oder eine Kombination aus beiden. Die Tips in diesem Kapitel spiegeln meine eigenen Vorlieben. Als erfahrener Windowsanwender haben Sie wahrscheinlich Ihre eigenen. Vielleicht kleben Sie lieber mit den Händen an der Tastatur, oder Sie holen ohne Rücksicht auf Verluste alles aus der Maus heraus. Probieren Sie trotzdem die Tips in diesem Kapitel aus; vielleicht erscheinen Ihnen einige angenehmer als Ihre gegenwärtige Arbeitsweise.

## Grundlagen der Tastatur

Die Tastatur eignet sich am besten zur Auswahl von Befehlen, wenn Sie in einer eingabe-intensiven Anwendung stecken, wenn von einer Anwendung zur anderen schalten wollen oder wenn Sie den Cursor über kurze Entfernungen steuern.

### Die Befehlsauswahl über die Tastatur

Windows erlaubt die Auswahl jedes Menübefehls und jeder Dialogboxoption über die Tastatur (obwohl nur ein Masochist oder fanatischer Maushasser dies tun würde).

Um einen Befehl mit der Tastatur auszuwählen, gibt es zwei Methoden: ALT-Taste + Richtungstasten oder Alt-Taste + eine Direktzugriffstaste. (Einige Befehle bieten eine dritte Methode an: Abkürzungstasten, auch Schnelltasten genannt.)

Die ALT- und Richtungstastenmethode ist die langsamste, aber sicherste Methode. Daher eignet sie sich am besten für unerfahrene Windowsanwender.

1.  Drücken Sie kurz die ALT-Taste, um Windows zu sagen, daß Sie einen Befehl auswählen wollen. Windows hinterlegt das ganz links befindliche Menü des Anwendungsprogramms, in den meisten Fällen das Dateimenü. Befindet sich der gewünschte Befehl nicht dort, drücken Sie die Pfeil Links- oder Pfeil Rechts-Taste, bis das gewünschte Menü hinterlegt wird. Schießen Sie über das Menüs hinaus, benutzen Sie die Pfeil Links-Taste, um zu Ihrem Menü zurückzukommen.

2.  Drücken Sie die Pfeil Abwärts-Taste, um ein Menü anzuzeigen. Um ein anderes Menü zu sehen, drücken Sie die Pfeil Links- oder Rechts-Taste.

3.  Drücken Sie die Pfeil Abwärts-Taste, um den Balkencursor die Befehlsliste entlang nach unten auf den gewünschten Befehl zu setzen. Kommen Sie zu weit, gehen Sie mit der Pfeil Aufwärts-Taste wieder nach oben zurück, bis Sie mit dem Cursor auf dem Befehl stehen.

4.  Ist der Befehl durch den Cursor hinterlegt, drücken Sie Enter.

Die Direktzugriffsmethode ist schneller. Die Direktzugriffstaste ist die Taste, die dem unterstrichenen Buchstaben im Menü- oder Befehlsnamen auf dem Bildschirm entspricht. Diese Methode zur Auswahl eines Menübefehls ist ein dreistufiger Prozeß:

1.  Drücken Sie kurz ALT, um Windows zu sagen, daß Sie einen Befehl auswählen wollen. Windows hinterlegt das äußerste linke Menü, bei den meisten Programmen das Dateimenü.

2.  Drücken Sie auf die gewünschte Direktzugriffstaste des Menüs, um es zu öffnen. Wenn Sie die falsche Taste erwischen und das falsche Menü öffnen, drücken Sie Esc, und versuchen Sie es nochmal, oder benutzen Sie die Pfeil Links- oder Rechts-Taste, um zum richtigen Menü zu kommen.

3.  Drücken Sie die Direktzugriffstaste des gewünschten Befehls.

Nehmen wir den Speichern-Befehl als Beispiel her. Sie tippen gerade fleißig in Windows Write und fassen den weisen Beschluß, Ihre Bemühungen auf Platte zu speichern. Greifen Sie nicht zur Maus - drücken Sie stattdessen ALT, dann D und schließlich S. ALT+D holen das Dateimenü; S wählt den Speichern-Befehl aus. Wenn Sie das Dokument bisher nicht abgespeichert haben, erscheint eine Dialogbox mit der Frage nach dem Dateinamen. Geben Sie einen ein und drücken Sie Enter.

Die schnellste Befehlsauswahl läuft über die Abkürzungstasten, vorausgesetzt, ein Befehl besitzt eine solche. Bei einer Schnelltastenkombination werden gewöhnlich eine Manipulationstaste (Umschalttaste, Strg oder ALT) und eine zweite Taste benötigt. Die Schnelltastenkombination für den Sinnbild-Befehl des Steuermenüs lautet zum Beispiel ALT+F9. In allen Anwendungen für Windows 2.0 lautet die Abkürzungskombination für den Ausschneiden-Befehl im Bearbeiten-Menü Umschalttaste (Shift) + Entf (Del).

Da die Anwendungsentwickler entscheiden, welche Befehle (wenn überhaupt) Schnelltastenkombinationen haben, variieren die entsprechenden Kombinationen oft zwischen den Anwendungen. Glücklicherweise kann man die Schnelltastenkombinationen eines Programms leicht durch Herunterziehen seiner Menüs herausfinden. Die Schnelltasten werden rechts neben ihren zugeordneten Befehlen aufgelistet.

## Die Auswahl von Dialogboxoptionen über die Tastatur

Man kann die Direktzugriffstasten von Windows 2.0 auch zur Auswahl von Optionen einer Dialogbox mit Hilfe der Tastatur benutzen. Um auf einen Satz Optionen zu kommen, drücken Sie ALT und die Direktzugriffstaste der Option. Wenn Sie schon mit Windows 1.0 gearbeitet haben, ist Ihnen bereits vertraut, daß man mit der Tab-Taste von einem Satz Optionen zum nächsten kommt. Das geht auch jetzt noch, ist aber offensichtlich langsamer als der Einsatz der Direktzugriffstasten. Bild 3-1 zeigt die Dialogbox zur Einstellung von Kommunikationsparametern im Windowsprogramm Terminal. In Windows 1.0 mußte die Einstellung des Handshakes durch viermaliges Betätigen der Tab-Taste und anschließende Benutzung der Pfeil Links- oder Rechts-Taste bewerkstelligt werden. In Windows 2.0 bewegt die Kombination ALT+H den Cursor unmittelbar zur aktuellen Einstellung innerhalb der Handshake-Optionenliste.

Um eine Option zu ändern, benutzen Sie die Pfeiltasten, um eine bestimmte Einstellung auszuwählen.

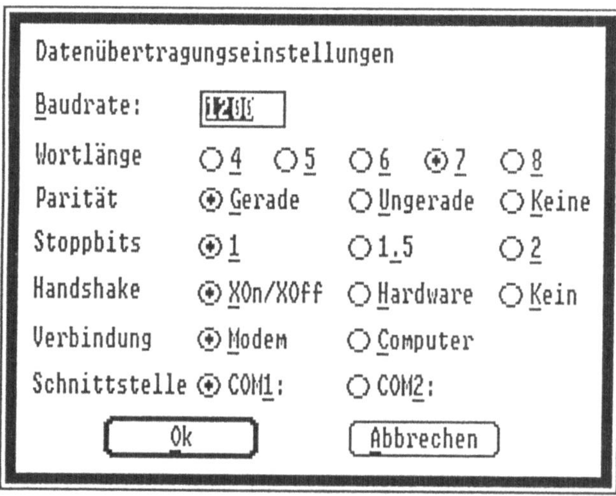


*Bild 3-1: Dialogfeld Datenübertragungseinstellungen*

Die Maus bleibt ganz klar die beste Möglichkeit, eine Dialogbox voller Optionen zu zähmen. Mit der Maus zeigen Sie einfach auf die gewünschte Einstellung und klicken sie an.

## Hin- und Herschalten zwischen Anwendungen mit der Tastatur

Um zwischen Anwendungen mit der Tastatur hin- und herzuschalten, drücken Sie ALT+Esc oder ALT+Tab. Mit ALT+Esc aktivieren Sie das nächste offene Programm. Windows wählt die Fenster oder Symbole von Anwendungsprogrammen in der Reihenfolge des Aufrufs aus. Man kann die Reihenfolge aber mit ALT+Umschalttaste+Esc umdrehen. Im Gegensatz zur Auswahl eines Menübefehls erfordert das Umschalten zwischen Fenstern ein Gedrücktlassen der ALT-Taste, während Tab oder Esc betätigt werden.

Wenn Sie Windows 1.0 benutzt haben, kennen Sie die Kombination ALT+Tab zum Umschalten zwischen Programmen. Diese Kombination arbeitet auch bei Version 2.0, hat aber nicht mehr den gleichen Effekt. Wenn Sie ALT+Tab verwenden, um ein Sinnbild auszuwählen, wird das Sinnbild an der gleichen Stelle und in der gleichen Größe wie vorher wiederhergestellt, sobald Sie die ALT-Taste wieder loslassen. (Starteten Sie ein Programm als Sinnbild, hat es keine "vorherige" Größe oder Position. In diesem Fall nimmt es die Größe wie beim normalen Aufruf an.) Benutzen Sie ALT+Esc zur Auswahl eines Sinnbildes, wird das Sinnbild nicht wiederhergestellt; stattdessen erscheint der Name des Programms einfach unter seinem Sinnbild. Um das Sinnbild wiederherzustellen, müssen Sie das Steuermenü des Programms öffnen und den Befehl "Wiederherstellen" auswählen.

Sie können alle offenen Fenster Ihres "Schreibtisches" vorher anschauen (Preview-Funktion), wenn Sie ALT und wiederholt Tab drücken. Windows aktiviert dann jedes offene Fenster, aber es zeichnet nicht noch einmal das gesamte Fenster, d.h. es zeigt keine Fensterteile, die von anderen Fenstern verdeckt waren. Wenn Sie aber mehrmals ALT+Esc drücken (oder wenn Sie ALT+Esc drücken und dann die ALT-Taste gedrückt lassen, während Sie mehrmals Esc auslösen), zeichnet Windows immer jedes Fenster neu. Die Benutzung von ALT+Tab zum Durchblättern durch offene Fenster kann viel Zeit sparen, wenn Sie mit Grafik- oder Desktop Publishing-Programmen arbeiten, die mehrere Sekunden brauchen, um ein komplexes Bild neu zu zeichnen.

## Maus-Grundlagen

Die Maus eignet sich am besten zum Zeichnen, Bewegen oder Neudimensionieren eines Fensters oder eines anderen Objektes, zum Herstellen von Voll- und Sinnbildern, zur Befehlsauswahl in maus-intensiven Applikationen oder zur Positionierung eines Cursors an einem bestimmten Platz.

Bisher haben wir fast ausschließlich mit der Tastatur gearbeitet. Ist eine Maus bei Windows wirklich eine so unbedeutende Figur? Kaum. Zwei ihrer Spezialitäten sind die Redimensionierung von Fenstern oder Tabellenkalkulationsspalten und die Optionsauswahl in einer großen Dialogbox. Eine andere ist die Versetzung von Fenstern: Anklicken und Ziehen eines Fensters ist leichter als die Auswahl des Bewegen-Befehls aus dem Steuermenü, das Klopfen auf Pfeiltasten und das Eingeben von Enter. Und der augenfälligste Einsatzbereich für die Überlegenheit der Maus ist Desktop Publishing oder Grafik. Zeichnen per Tastatur bei Microsoft Paint oder Micrografx Designer erfordert die Geduld und Geschicklichkeit eines Hirnchirurgen. Aldus Pagemaker erhebt nicht den Anspruch, überhaupt per Tastatur bedienbar zu sein; man kann Pagemaker-Befehle- und Dialogboxoptionen mit der Tastatur auswählen, aber weder Text noch Grafik positionieren oder mit den Linealhilfen arbeiten.

Autoren diskutieren oft den Wert einer Maus in einem Textverarbeitungsprogramm wie Microsoft Windows Write Tastaturanhänger behaupten, daß es ablenke, die Tastatur zur Cursorsteuerung zu verlassen; Mausanhänger sagen, daß die Maus am besten beim Textrollen oder Neupositionieren der Einfügungsstelle

sei. Beide Gruppen haben recht. Die Richtungstasten der Tastatur eignen sich am besten zur Cursorsteuerung während des Schreibens, wenn man im allgemeinen nur einige wenige Wörter oder Zeilen weit zur Veränderung eines Satzes gehen muß. Die Maus glänzt dagegen beim Bearbeiten, wenn man in einem Dokument herumspringt und schnell Text auswählen und den Cursor über große Strecken bewegen muß.

## Tip 1: Eingabe, während Windows am Arbeiten ist

Wenn Sie etwas eingeben und Windows zur gleichen Zeit mit einer anderen Aufgabe beschäftigt ist (zum Beispiel mit dem Laden eines Anwendungsprogramms), werden Ihre Eingaben in der Ereignisschlange abgespeichert, die in Kapitel 1 erörtert wurde. Sobald eine Anwendung geladen wird, sucht Windows die Ereignisschlange nach Meldungen ab, stellt fest, daß Eingaben auf ihre Ausführung warten und interpretiert diese. Wenn die Eingaben während des Ladens des Programms richtig eingetippt wurden, wird Ihr Befehl so bald wie möglich ausgeführt.

Um es selbst auszuprobieren, laden Sie Write aus dem MS-DOS-Fenster heraus. Während des Ladevorgangs drücken Sie ALT, F und A - die Direktzugriffskombination für die Schriftartendialogbox. Sobald Write geladen ist, übersetzt es Ihre Eingaben, bringt die Dialogbox auf den Bildschirm und wartet auf die Auswahl einer Schriftart für das neue Dokument. Um ein anderes Beispiel auszuprobieren, verlassen Sie Write: Drücken Sie Esc, um die Schriftendialogbox zu schließen, und geben Sie dann ALT, D und E ein, um das Programm abzubrechen. Jetzt rufen Sie Write erneut auf und drücken während des

Ladens ALT, T und dann L - die Tastenfolge für den Lineal ja-Befehl im Dokumentenmenü.

## Tip 2: Anklicken, während Windows am Arbeiten ist

Windows speichert auch Mausklicks in seiner Ereignisschlange. Aber es ist etwas schwierig, abzuschätzen, wo die Befehle und Menüs eines Programms auf dem Schirm erscheinen werden. Dennoch hat das Vorherklicken einen Wert - wenn Sie wissen, wo Sie klicken müssen. Wenn ein Anwendungsprogramm zum Beispiel geladen ist und das MS-DOS-Fenster überdeckt, können Sie das Programm schließen und Ihre Windows-Sitzung durch doppeltes Zweimalklicken des Steuermenüsinnbildes der Anwendung beenden. Das erste Zweimalklicken schließt die Anwendung (die Sie nötigenfalls zur Abspeicherung von Änderungen auffordert); das zweite Zweimalklicken führt zur MS-DOS-Fenster-Meldung *Hiermit beenden Sie Ihre Windows-Sitzung*. Von hier aus bringt Sie ein kurzes Antippen der Leertaste zum MS-DOS-Prompt.

## Tip 3: Verwendung der Maus zum Redimensionieren und Bewegen von Fenstern

Wenn Sie eine Maus besitzen, sollten Sie damit Fenster redimensionieren und bewegen. Diese Aufgaben erfordern zu häufiges Klopfen auf die Richtungstasten, um von einer Tastatur effizient gelöst zu werden. Ein Vollbildfenster läßt sich auf zwei Wegen herstellen: durch Anklicken seiner Vollbildbox oder durch Zweimalklicken innerhalb der Namenleiste. Wenn Sie innerhalb der Namenleiste eines Fensters zweimalklicken, das bereits als Vollbild dargestellt wird, wird es in seiner vorherigen Position wiederhergestellt.

## Tip 4: Verwendung der Tastatur zur Erzeugung von Voll- und Sinnbild und zum Schließen von Fenstern

Die Tastatur ist effizient beim Erzeugen von Voll- und Sinnbildern, zum Wiederherstellen von Fenstern in ihrer ursprünglichen Größe und zum Schließen der Fenster. Jedes Windowsprogramm hat ein Steuermenü, dessen Sinnbild links oben im Programmfenster erscheint. (Wenn Sie ein Standardprogramm in einem Fenster laufen lassen, besitzt es ebenfalls ein Steuermenü.) Das Steuermenü ist der Schlüssel zum Verändern der Fenstergröße, zum Zoomen, zum Bilden von Voll- und Sinnbildern zwecks Ausfüllen des Bildschirms oder Schrumpfung zu Sinnbildern und zum Schließen der Fenster.

Wenn die Funktionstasten auf Ihrer Tastatur in zwei vertikalen Reihen auf der linken Tastaturseite angeordnet sind, können Sie ein Fenster durch Drücken von ALT mit dem Zeigefinger und F9 oder F10 mit dem kleinen bzw. Ringfinger blitzschnell in ein Voll- oder Sinnbild verwandeln. Bei einer Tastatur mit horizontal auf der Oberseite des Keyboards angeordneten Funktionstasten fällt es Ihnen dagegen wahrscheinlich leichter, die Direktzugriffskombination zu verwenden: ALT, Leertaste und dann i für Sinnbilder und ALT, Leertaste und V für Vollbilder.

Gelegentlich schalten die Voll- und Sinnbildbefehle hin und her. Zum Beispiel füllt der Vollbildbefehl den Bildschirm ganz mit einem Fenster aus, wenn das Fenster kleiner als dieser ist, und stellt das Fenster in seiner ursprünglichen Größe wieder her, wenn auf Vollbild eingestellt ist. Der Sinnbildbefehl schaltet dagegen zwischen Sinnbild und ursprünglicher Fenstergröße der Anwendung um. Wie bereits erwähnt, hat das Sinnbild keine ursprüngliche Größe, wenn Sie das Programm als Sinnbild gestartet haben. In diesem Fall bewirkt der Sinnbildbefehl die Sinnbildgröße, die einem normalen Programmaufruf entspricht.

Um ein Programm zu verlassen und Änderungen an einem bereits mit Namen versehenen Dokument abzuspeichern, benutzen Sie die Schnelltastenkombination des Speichern-Befehls: ALT, Leertaste, S, und dann wieder Leertaste. Das letzte Klopfen auf die Leertaste entspricht dem Antworten mit "ja" auf die Änderungen speichern-Dialogbox des Programms. Wenn Sie das Dokument bisher nicht gespeichert haben, erscheint nach dem zweiten Drücken der Leertaste eine Dialogbox, die nach dem Dateinamen fragt. Geben Sie einen ein und drücken Sie anschließend Enter.

Mit der Eingabe dieser Kombination im MS-DOS-Fenster verlassen Sie auch Windows selber auf einen Schlag. Die zweite Betätigung der Leertaste entspricht der OK-Eingabe auf die Meldung *Hiermit beenden Sie Ihre Windows-Sitzung.* Und wenn irgendwelche benannten, aber nicht abgespeicherten Dokumente in anderen Programmen offen sind, können Sie weiter auf die Leertaste drücken, um sie zu speichern. Oder Sie drücken N, um die Änderungen zu stornieren.


## Tip 5: Die Verwendung der ALT-Taste

Wenn Ihre Tastatur ein großes IBM-101-Tasten-Keyboard ist oder vom Design her mit diesem identisch - es hat auf jeder Seite der Leertaste eine ALT-Taste - können Sie mit beiden Händen Befehle noch schneller als mit nur einer Hand auswählen. Um zum Beispiel ein Dokument abzuspeichern, drücken Sie die rechte ALT-Taste mit der rechten Hand, und klopfen Sie auf D und S mit der linken. Oder drücken Sie die linke ALT-Taste mit dem kleinen Finger und drücken Sie D und S mit Zeige- und Ringfinger. Statt ALT können Sie auch die F10-Taste verwenden, obgleich ALT komfortabler ist, da diese Taste näher an den darauf zu drückenden Tasten sitzt.

# Tip 6: Kombinierte Verwendung von Tastatur und Maus zur Befehlsauswahl

Zwei Eingabemedien sind besser als eins. Das verbesserte Menü-Interface in Windows 2.0 ermöglicht die kombinierte Verwendung von Tastatur und Maus zur Auswahl von Befehlen. Der Trick liegt darin, die Maus zum Öffnen eines Menüs zu benutzen und dann mit Schnelltasten den gewünschten Befehl auszuwählen. Um zum Beispiel den Ändern-Befehl in Write auszuwählen, klicken Sie die Titelleiste des Suchen-Menüs an, und drücken Sie dann die Taste Ä für ändern. Um Schriftarten zu ändern, klicken Sie das Schriften-Menü an, und drücken Sie dann a für Schriftarten. Bei jedem Programm mit einem Speichern-Befehl im Dateimenü klicken Sie dieses an, und drücken Sie dann S zum Speichern eines Dokuments.

Diese Technik funktioniert, weil ein Windows 2.0-Menü offen bleibt, wenn man seinen Titel anklickt. Ist ein Menü offen, können Sie darin eine Schnelltastenkombination zur Befehlsauswahl verwenden. Wird eine solche Kombination unmittelbar nach dem Anklicken eines Menütitels gedrückt, können Sie Befehle in kürzerer Zeit geben, als es dauern würde, die Maus auf den gewünschten Befehl zu führen. Diese Technik arbeitet sowohl bei linkshändiger als auch bei rechtshändiger Mausbenutzung.

Zur Abwechslung versuchen Sie einmal, mit der Enter-Taste den ersten Befehl in jedem Menü auszuwählen. Wenn Sie ein Menü anklicken, öffnet Windows nicht nur das Menü, sondern selektiert auch den ersten Befehl. Drücken Sie dann die Enter-Taste, um den Befehl auszuwählen. Bei den meisten Windowsprogrammen ist der erste Befehl eines Menüs der am häufigsten benutzte. Das macht die Klick-Enter-Kombination in jedem Programm zu einem nützlichen Werkzeug.

# Tip 7: Kombinierte Verwendung von Tastatur und Maus in anderen Fällen

Man kann Maus und Tastatur vielfältig kombinieren. Fans von Reversi, des Spiels, das zum Windows-Lieferumfang gehört, können zu einem Quadrat gehen, indem sie mit der Maus darauf zeigen und dann Enter eingeben. Um ein Programm zu verlassen, klicken Sie zweimal dessen Steuermenübox an und geben dann J ein, um Änderungen abzuspeichern oder N, wenn Sie die Änderungen in der Datei nicht festhalten wollen.

Um eine Windows-Sitzung zu beenden, klicken Sie zweimal die Steuermenübox im MS-DOS-Fenster an und drücken dann die Leertaste. (Als Alternative zum zweimaligen Klicken der Steuermenübox können Sie auch nur einmal klicken und dann S eingeben.)

Um ein als Sinnbild laufendes Programm schnell zu schließen, klicken Sie das Sinnbild an und drücken S. Wollen Sie mehrere Sinnbilder schließen, wiederholen Sie diese Kombination und arbeiten Sie sich dabei durch die aufeinanderfolgenden Sinnbilder durch, wie wenn Sie auf Zielscheiben schießen würden. Enthält ein Programm nichtgesicherte Dokumente, bleiben solange Dialogboxen mit der Meldung *Änderungen abspeichern?* auf dem Bildschirm, wie Sie andere Sinnbilder schließen. Wenn Sie mit dem Sinnbilder-Schließen fertig sind, antworten Sie auf die Proteste wie erforderlich.

# Kapitel 4

## Die Verbindung zu MS-DOS

Windows' MS-DOS-Fenster vereinfacht die Laufwerks- und Dateiverwaltung stark, indem es die Konventionen und Syntax von MS-DOS umgeht. Einige Aufgaben gehen aber über die Fähigkeiten des MS-DOS-Fensters hinaus oder lassen sich nur mit der MS-DOS-Kommandozeile lösen. Durch die Verbindung der Leistungsfähigkeit der Kommandozeile mit der Eleganz von Windows verbinden Sie die Vorteile beider Systeme. Das folgende Kapitel erörtert die Verbindung von Windows zu MS-DOS.

Viele Computeranfänger sind schon an der kommandoorientierten

Arbeitsweise von MS-DOS verzweifelt, besonders wenn sie oft mit der Fehlermeldung *Bad command or file name* konfrontiert werden. Aber befehlsorientierte Betriebssysteme haben ihre Vorteile. Einer ist die Stapeldatei (batch file), eine Textdatei, die eine Liste von Befehlen enthält. Wenn Sie eine Stapeldatei starten, muß MS-DOS diese Befehle einen nach dem anderen ausführen, als wenn Sie jeden Befehl über die Tastatur eingegeben hätten. Eine Stapeldatei ist ein mächtiges Werkzeug zur Automatisierung häufiger Routinen, die mehr als einen MS-DOS-Befehl zur Ausführung benötigen. Wir werden in diesem Kapitel untersuchen, wie sich Stapeldateien dazu verwenden lassen, Windows auf verschiedenste Art zu starten, und wie man häufig wiederholende Aufgaben damit automatisieren kann.

Wir werden auch erforschen, wie MS-DOS-Befehle direkt innerhalb von Windows mit COMMAND.COM, dem Befehlsprozessor von MS-DOS in einem Fenster eingegeben werden können.

### Tip 1: Verwendung einer Stapeldatei zum Starten von Windows

Wenn Sie nicht schon eine Stapeldatei verwenden, rufen Sie Windows wahrscheinlich durch folgende Eingabe auf:

```
cd \windows
```

```
win
```

Wenn Sie diese Befehle in einer Stapeldatei plazieren (einer Textdatei mit der Erweiterung BAT), können Sie Windows einfach durch die Eingabe des Namens der Stapeldatei aufrufen. Um dies auszuprobieren, starten Sie Windows und dann den Notizblock (NOTIZ.EXE). (Da der Notizblock Textdateien erzeugt, ist er ein ideales Werkzeug zum Erzeugen und Editieren von Stapeldateien.) Wenn das Notizblockfenster erscheint, geben Sie die vorherigen Befehle ein und beenden dabei jede Zeile mit Enter. (Bei Verwendung von Windows/386 ersetzen Sie *win* durch *win386*.) Dann wählen Sie den Speichern-Befehl im Dateimenü aus, geben \w.*bat* ein, und drücken Enter. Vergessen Sie nicht den Backslash; er weist den Notizblock an, die Datei im Wurzelverzeichnis der Festplatte abzuspeichern. Die BAT-Erweiterung informiert MS-DOS, daß es sich um eine Stapeldatei handelt. Nach dem Abspeichern der Datei verlassen Sie den Notizblock und anschließend Windows. Wenn der MS-DOS-Prompt wieder erscheint, gehen Sie ins Wurzelverzeichnis zurück, indem Sie *cd* \ und Enter eingeben.

Versuchen Sie jetzt die Stapeldatei. Tippen Sie w und Enter. Ihre Befehle erscheinen auf dem Schirm, während die Stapeldatei MS-DOS ausführt und Windows startet. Ab jetzt können Sie Windows in Windeseile einfach durch w und Enter starten.

## Tip 2: Ergänzung einer Stapeldatei durch einen variablen Parameter

Sie erinnern sich vielleicht aus Kapitel 2, daß man Windows und ein Anwendungsprogramm durch Tippen des Programmnamens nach der Eingabe von *win* starten kann. Durch Hinzufügen zweier spezieller Codes in die Stapeldatei W.BAT, die wir im Tip 1 dieses Kapitels behandelt haben, können Sie diese Eigenschaft beibehalten. Rufen Sie den Notizblock auf, und laden Sie W.BAT. (Der schnellste Weg, die Datei zu laden, besteht darin, den Laden-Befehl des Notizblocks mit der Befehlsfolge ALT+D und dann L auszuwählen. Dann geben Sie \w.*bat* und Enter ein.) Ist die Datei geladen, setzen Sie den blinkenden Cursor hinter das n in *win*, tippen ein Leerzeichen (Blank), gefolgt von %1 ein, dann ein zweites Leerzeichen und schließlich %2 ein. Ihr Schirm sieht jetzt wie in Bild 4-1 aus. Prüfen Sie es nach, speichern Sie die Datei, und verlassen Sie den Notizblock und Windows.

Wenn der MS-DOS-Prompt wieder erscheint, gehen Sie ins Wurzelverzeichnis zurück (*cd* \ und Enter eingeben), tippen Sie dann *w write uebung* und schließen Sie mit Enter ab. Die Stapeldatei fügt den Text *write uebung* an den *win*-Befehl hinzu, als hätten Sie *win write uebung* eingegeben. Das Geheimnis hinter diesem Trick ist ein Stapeldateikonzept namens Variabler Parameter. Die Codes %1 und %2 sind im wesentlichen Platzhalter; jeder steht für einen potentiellen Parameter. Wenn Sie nach dem Namen der Stapeldatei ein Leerzeichen, gefolgt von zusätzlichem Text, eingeben, ersetzt MS-DOS die Codes durch Ihre Eingabe. Wenn Sie keine zwei Parameter einsetzen - Sie tippen zum Beispiel nur *w write* - ignoriert MS-DOS den zweiten Platzhalter. Und Vergessen Sie nicht, daß der erste Parameter der Name eines Windowsprogramms oder einer Standardanwendung wie Microsoft Word sein kann.

*Bild 4-1: Geänderte Datei W.BAT*

# Tip 3: Verwendung des MS-DOS-Pfadbefehls

Da sich einige der Stapeldateibeispiele im restlichen Teil dieses Kapitels auf den MS-DOS-Pfadbefehl beziehen, sollten wir uns diesen einmal kurz anschauen. (Leser, die mit dem Pfad-Befehl vertraut sind, können zum nächsten Tip springen.) Der Pfadbefehl erzeugt einen Suchpfad, den MS-DOS dazu verwendet, um nach Programmen und Stapeldateien zu suchen, die es im aktuellen Verzeichnis nicht findet. Um einen Suchpfad zu erzeugen, geben Sie einen Pfadbefehl nach dem MS-DOS-Prompt ein, zum Beispiel:

*C>path c:\;c:\windows;c:\dos;c:\windows\winapps*

Der Strichpunkt (;) dient als Trennzeichen zwischen Verzeichnispfaden. Unser Beispiel sagt MS-DOS folgendes: "Wenn Du kein Programm im aktuellen Verzeichnis findest, suche im Wurzelverzeichnis von Laufwerk C, in C:\WINDOWS, in C:\DOS und in C:\WINDOWS\WINAPPS." Findet DOS kein Programm in einem der angegebenen Verzeichnisse, bringt es die Fehlermeldung *Bad command or file name* auf den Bildschirm. MS-DOS verlangt nicht, daß Sie vor jedem Pfadeintrag das Laufwerk mit angeben, die Angabe schließt aber jede Doppeldeutigkeit aus. Das ist besonders wichtig im Netzwerk, bei Verwendung einer RAM-Disk oder bei partitionierten Festplatten. In solchen Fällen, könnten sich Ihre Anwendungen in zahlreichen logischen Laufwerken befinden. Die Angaben des Laufwerksnamens im Pfadbefehl stellt sicher, daß MS-DOS und Windows sie finden.

Zwei Szenarios sollen diesen Vorgang verdeutlichen.

Szenario Eins:
Sie geben den soeben beschriebenen Pfadbefehl ein und wechseln ins Unterverzeichnis C:\DOS, um ein Verzeichnislisting anzuschauen. Danach starten Sie
Windows. Während Sie sich noch im C:\DOS-Verzeichnis befinden, geben Sie
*win* und Enter ein. MS-DOS sucht zunächst im aktuellen Verzeichnis (C:\DOS)
nach der Datei. Danach folgt es den angegebenen Pfaden, wobei es zuerst im
Wurzelverzeichnis von Laufwerk C und dann in C:\WINDOWS sucht. Dort
findet es WIN.COM und startet die Datei. Frage: Welches Verzeichnis wird als
aktuelles im MS-DOS-Fenster aufgelistet? Antwort: Das C:\DOS-Verzeichnis.
Warum? Weil C:\DOS das aktuelle Verzeichnis bei der Eingabe von *win* war
und weder Sie noch der Suchpfad haben irgendetwas daran geändert.

Szenario Zwei:
Sie speichern Ihre Windowsanwendung, einschließlich Microsoft Excel im
Verzeichnis C:\WINDOWS\WINAPPS. Sie sind in einem anderen Verzeichnis
- sagen wir C:\123, was im Pfadbefehl nicht angegeben war - und wollen Windows und Excel aufrufen. Sie geben *win excel* und Enter ein. MS-DOS sucht
zunächst im aktuellen Verzeichnis nach WIN. Da es nicht fündig wird, fängt es
an, den Suchpfad zu nehmen und überprüft dabei zuerst das Wurzelverzeichnis
von Laufwerk C und dann C:\WINDOWS, wo es WIN.COM findet und aufruft
und dabei Windows startet. Windows prüft nach, ob Sie einen Parameter an den
Windows-Startbefehl angehängt haben. Es findet *excel* und sucht danach, zuerst
im Wurzelverzeichnis. Unter Verwendung des Suchpfads durchsucht es der
Reihe nach das Stammverzeichnis von C, C:\WINDOWS, C:\DOS und
C:\WINDOWS\WINAPPS, wo es schließlich EXCEL.EXE findet und dieses
startet.

Die beiden Szenarios illustrieren den Nutzen des Pfadbefehls: Er erlaubt den
Aufruf eines Programms, das sich nicht im aktuellen Verzeichnis befindet. Wie
das zweite Szenario zeigt, ist ein Suchpfad besonders dann nützlich, wenn Sie
Windows mit einer Applikation starten wollen. WIN.COM und die Applikation, die Sie starten, können sich in ihren jeweiligen Verzeichnissen befinden,
solange beide Verzeichnisse im Pfadbefehl angegeben sind.

Findet Windows EXCEL.EXE in keinem der Verzeichnisse, kommt eine Fehlermeldung, die Sie anweist, eine Diskette mit EXCEL.EXE in Laufwerk A zu
schieben. Wenn das geschieht, klicken Sie einfach Abbrechen an, oder drücken
Sie Esc, damit das MS-DOS-Fenster wieder erscheint. Von da aus können Sie
ins Verzeichnis wechseln, das Microsoft Excel enthält, und das Programm
"manuell" starten.


# Tip 4: Verwendung der Datei AUTOEXEC.BAT

Der Pfadbefehl ist zwar nützlich, die Eingabe einer langen Verzeichnisliste jedesmal zu Beginn der Arbeit am Computer erscheint Ihnen vielleicht aber nicht
besonders zeitsparend. Glücklicherweise muß dies auch nicht sein. Sie können

einen Pfadbefehl in einer Stapeldatei plazieren, so daß Sie ihn einfach durch Eingabe des Namens der Stapeldatei geben können. Noch besser ist aber die Plazierung des Befehls in einer Stapeldatei namens AUTOEXEC.BAT. Jedesmal wenn MS-DOS startet, sucht es im Stammverzeichnis nach einer Datei solchen Namens; wenn es einen findet, führt es die darin enthaltenen Befehle der Reihe nach aus.

Wenn Sie bereits einen AUTOEXEC.BAT-File verwenden, können Sie einen Pfadbefehl hinzufügen. Wenn Sie keine AUTOEXEC.BAT-Datei haben, können Sie eine mit dem Notizblock erzeugen.

Um mit Windows herauszufinden, ob Sie schon eine AUTOEXEC.BAT-Datei haben, stellen Sie sicher, daß das MS-DOS-Fenster aktiv ist, und drücken Sie dann die Backspace-Taste, bis das Wurzelverzeichnis dargestellt wird. Wenn Sie einen AUTOEXEC.BAT-File haben, erscheint sein Name in der Dateiliste, kurz nach dem letzten Verzeichnisnamen.

Um eine solche Datei zu erzeugen oder einen Befehl hinzuzufügen, starten Sie den Notizblock und tippen Sie die Befehle von Bild 4-2 ein, wobei Sie das Ende jeder Zeile mit Enter abschließen. Wenn Ihr Computer eine batteriegepufferte Uhr/Kalender besitzt (wie die PS/2-Maschinen von IBM), können Sie den Zeit- und Datumbefehl weglassen. Haben Sie schon eine AUTOEXEC.BAT-Datei, laden Sie diese. Fügen Sie dann den Pfadbefehl in Bild 4-2 an das Ende der Datei. Enthält Ihre AUTOEXEC.BAT schon einen Pfadbefehl (einige Programme plazieren manchmal bei der Installation einen solchen), ergänzen Sie einfach den Text \;C:\WINDOWS am Ende des Befehls. (Passen Sie auf, daß Sie den Strichpunkt und die Backslashes nicht vergessen.)

*Bild 4-2: Eine AUTOEXEC.BAT-Datei*

Nach der Eingabe der neuen Datei oder der Veränderung der bestehenden speichern Sie die Datei. Verlassen Sie anschließend den Notizblock und Windows. Wenn der MS-DOS-Prompt wieder kommt, starten Sie Ihren Computer mit Strg+ALT+Entf neu. Kurz darauf sehen Sie die Befehle in der AUTOEXEC.BAT auftauchen. Nach ihrer Ausführung, tippen Sie *path* und

Enter. Das veranschaulicht eine andere Verwendung des Pfadbefehls. Wenn Sie nur das Wort *path* selbst eingeben (ohne Verzeichnisnamen), zeigt MS-DOS den aktuellen Suchpfad an. Existiert keiner, berichtet MS-DOS "No path".

Jedoch sehen Sie natürlich eine Pfadliste, darunter das \WINDOWS-Verzeichnis. Tippen Sie *win* und Enter. Windows startet, und das MS-DOS-Fenster zeigt an, daß das aktuelle Verzeichnis das Basisverzeichnis ist. Dank dem Pfadbefehl können Sie Windows ab sofort vom Basisverzeichnis aus starten. Natürlich können Sie es nach wie vor von \WINDOWS aus aufrufen. Oder Sie können die Stapeldatei W.BAT, die im Tip 1 dieses Kapitels vorgestellt wurde, verwenden. Wenn Sie Windows immer nach dem Booten starten, hängen Sie die Befehle von W.BAT an das Ende Ihrer AUTOEXEC.BAT-Datei. Von da an startet Windows immer beim Starten des Systems. (Um eine Stapeldatei zu verlassen, bevor MS-DOS all ihre Befehle ausgeführt hat, drücken Sie und halten Sie Strg+C nieder, während die Stapeldatei ausgeführt wird und tippen Sie j, wenn MS-DOS frägt: "*Stapeljob beenden?*")

## Tip 5: Verwendung einer Stapeldatei zum Aufruf von Microsoft Excel

Wenn Sie den Pfadbefehl verwenden, öffnen Sie Türen für andere nützliche Stapeldateien, wie der in Bild 4-3. Wenn diese vom MS-DOS-Befehlsprozessor ausgeführt wird, wechselt diese Stapeldatei, die ich WXL.BAT nenne, in ein Unterverzeichnis namens C:\EXCELDAT (wo, nehmen wir einmal an, Sie Ihre Microsoft Excel-Dokumente stehen haben), und startet dann Windows und Microsoft Excel. Wenn Sie einen Dokumentnamen nach *wxl* eingeben, reicht ihn MS-DOS weiter und veranlaßt Microsoft Excel, das Dokument zu laden.

*Bild 4-3: WXL.BAT-Datei*

## Tip 6: Erzeugung eines Heims für Stapeldateien

Stapeldateien sind so nützlich, daß Sie wahrscheinlich viele davon erzeugen werden. Statt ihnen zu erlauben, Ihr Basisverzeichnis vollzustopfen, machen Sie ein Verzeichnis namens BATCH und speichern Sie sie dort. Dann verweisen Sie in Ihrem Pfadbefehl auf das BATCH-Verzeichnis (*c:\batch*).

Um das Stapeldateienverzeichnis mit dem MS-DOS-Fenster zu machen, wählen Sie den Befehl Verzeichnis erstellen im Menü Sonstiges aus, und tippen Sie dann *batch* und Enter. Als nächstes wechseln Sie, falls notwendig, ins Wurzelverzeichnis, und kopieren Sie die Stapeldateien mit dem Kopieren-Befehl im Dateimenü, wobei Sie **.bat* in der Box "Text kopieren" und *batch* in der Box "Nach" eingeben. Löschen Sie schließlich alle Stapeldateien im Basisverzeichnis außer AUTOEXEC.BAT, das im Basisverzeichnis bleiben muß. (Das Sternchen ist ein Jokerzeichen, das für eine beliebige Zahl erlaubter Zeichen, in jeder Kombination, steht. Die Verwendung des Sternchens kopiert auch AUTOEXEC.BAT ins C:\BATCH-Unterverzeichnis. Wenn Sie die zusätzliche Kopie von AUTOEXEC.BAT nicht wollen, wechseln Sie zu C:\BATCH, und löschen Sie dort die Kopie.)

## Tip 7: Einsatz einer Stapeldatei innerhalb Windows

Stapeldateien sind vielseitige Werkzeuge zum vielfältigen Starten von Windows, aber das ist nicht ihre einzige Anwendung. Man kann eine Stapeldatei auch innerhalb Windows einsetzen. Dabei gelten die gleichen Prinzipien wie beim Einsatz einer Anwendung.

Eine Stapeldatei, die ich innerhalb Windows oft einsetze, zeigt Bild 4-4. Diese Datei gibt die Parameter an, die das Format-Dienstprogramm von MS-DOS benötigt, um eine 720-KB-3,5-Zoll-Diskette zu formatieren. Wenn Sie Windows auf einem IBM PS/2-Rechner laufen lassen (außer Modell 30), erzeugt der Diskette formatieren-Befehl im Sonstiges Menü des MS-DOS-Fensters eine 1,4-MB-Diskette. Um eine 720-KB-Diskette zu erzeugen - eine Diskette, die Ihnen den Datenaustausch mit Laptop-Computern erlaubt, die mit 720-KB-Diskettenlaufwerken ausgestattet sind - müssen Sie sich ins MS-DOS-Handbuch vertiefen, um die richtigen Parameter für das Format-Programm zu finden. Damit man sich die Parameter nicht merken und jedes mal zum Formatieren einer 720-KB-Diskette *format a: /n:9 /t:80* eingeben muß, habe ich die einzeilige Stapeldatei in Bild 4-4 geschrieben und FORMAT720.BAT genannt.

Um diese Stapeldatei zu verwenden, müssen Sie auch eine Programminformationsdatei (PIF) für das Format-Programm erzeugen. Verwenden Sie das Windowsprogramm PIFEDIT (im WINDOWS-Unterverzeichnis), um die Datei zu erzeugen, und geben Sie ihr die in Bild 4-5 gezeigten Parameter. Speichern Sie

PIF als FORMAT.PIF im PIF-Unterverzeichnis. (PIFs und PIFEDIT werden in Kapitel 9 näher erläutert.) Um eine 720-KB-Diskette zu machen, klicken Sie einfach zweimal auf den Namen der Stapeldatei, wenn Sie zum Formatieren einer 720-KB-Diskette bereit sind.

*Bild 4-4: Stapeldatei FORM720.BAT*

*Bild 4-5: PIF-Einträge für das MS-DOS-Dienstprogramm FORMAT*

# Tip 8: Verwendung einer Stapeldatei zum Wechseln zwischen zwei WIN.INI-Dateien

Bild 4-6 zeigt eine Stapeldatei, die zwischen zwei WIN.INI-Konfigurationsdateien hin- und herwechseln läßt, eine davon namens WIN.ALT. (*ALT* steht für alternativ.) Um WIN.ALT zu erzeugen, laden Sie WIN.INI unter Verwendung des Notizblocks, und verändern Sie diese Datei nach Gutdünken. (Ein Vorschlag kommt im nächsten Abschnitt.) Als nächstes, wählen Sie den Speichern unter-Befehl im Dateimenü aus, tippen Sie *win.alt* und anschließend Enter. Die Stapeldatei benennt den aktuellen WIN.INI-File in TEMP um und dann den alternativen WIN.INI-File (der im Augenblick WIN.ALT heißt) in WIN.INI. Schließlich wird noch die TEMP-Datei in WIN.ALT umbenannt. Jedesmal beim Aufruf der Stapeldatei schaltet diese zwischen den beiden Dateinamen um; WIN.ALT wird WIN.INI und umgekehrt.

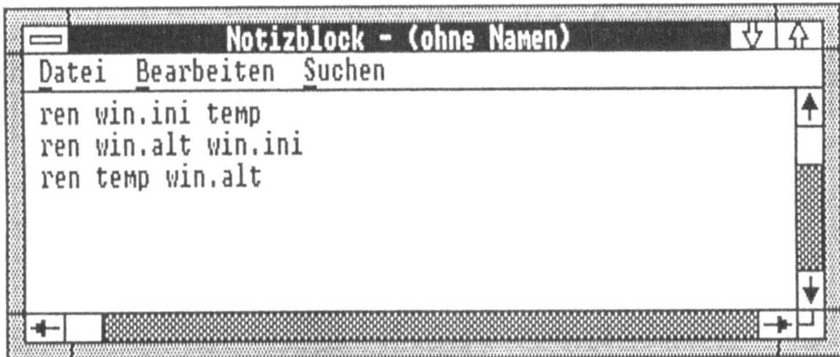


*Bild 4-6: Eine Stapeldatei zum Ändern von WIN.INI-Dateien*

Sie wollen vielleicht zwischen zwei WIN.INI-Dateien hin- und herschalten, wenn Sie bei bestimmten Programmen verschiedene Farbenkombinationen haben wollen. Zum Beispiel benutzte ich, als ich die Abbildungen für dieses Buch machte, eine Farbenkombination, die eine Schwarz-weiß-Installation von Windows simuliert, ziehe aber eine farbige Windowsinstallation im täglichen Gebrauch vor. Die Stapeldatei besorgt mir ein blitzschnelles Umschalten zwischen beiden WIN.INI-Dateien. Sie werden in Kapitel 8 noch andere Gründe für die Verwendung und Umschaltung zwischen unterschiedlichen WIN.INI-Dateien kennenlernen.

Noch ein Hinweis: Sie können diese Datei aus Windows heraus aufrufen, müssen aber Windows verlassen und neu starten, um die Einstellungen der jeweiligen WIN.INI-Datei in Kraft treten zu lassen.

## Tip 9: Einsatz von COMMAND.COM in einem Fenster

Wenn Sie eine Stapeldatei in Windows starten, startet Windows seinerseits den MS-DOS-Kommandoprozessor COMMAND.COM. Der Kommandoprozessor ist der Teil von MS-DOS, der nach dem MS-DOS-Prompt eingegebene Befehle interpretiert und darauf reagiert. Stellen Sie sich COMMAND.COM als primitive Version des MS-DOS-Fensters vor.

Sie können MS-DOS-Befehle direkt in Windows eingeben, wenn Sie COMMAND.COM aufrufen. Dazu muß das MS-DOS-Fenster aktiv sein. Drücken Sie die Backspace-Taste, bis Sie im Stammverzeichnis sind. Gehen Sie auf COMMAND.COM und starten Sie ihn. Ein neues Fenster öffnet sich mit dem MS-DOS-Prompt (vgl. Bild 4-7). An dieser Stelle können Sie MS-DOS-Befehle wie Directory (*dir*) und Copy eingeben, oder ein Anwendungsprogramm starten. Weil Windows bereits läuft, ist es in der Tat möglich, den Namen eines Windowsprogramms einzugeben, ohne die Fehlermeldung *This program requires Microsoft Windows* zu erhalten.

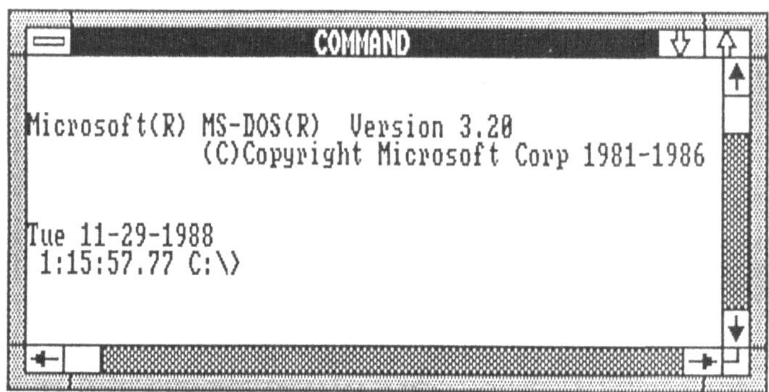


*Bild 4-7: COMMAND.COM in einem Fenster*

Um COMMAND.COM zu verlassen und das Fenster zu schließen, tippen Sie nach dem Programm *exit*, und wählen Sie dann im Steuermenü den Schließen-Befehl aus.

COMMAND.COM hat Eigenschaften, die dem MS-DOS-Fenster fehlen. Zum Beispiel können Sie mit dem Type-Befehl den Inhalt *jeder* Datei anschauen. Der Type-Befehl ist am nützlichsten bei ASCII-Textdateien (wie WIN.INI und Stapeldateien); er ist aber auch beim Anschauen von Windows Write-Dokumenten und selbst bei Anwendungsprogrammen zu gebrauchen. Nicht-ASCII-Dateien dagegen produzieren eine Menge Kauderwelsch auf dem Schirm und lösen manchmal sogar einige Piepstöne des Computers aus. Der Notizblock eignet sich besser zum Inspizieren von Textdateien, weil man die Dateien editieren und lange rollen kann. Ist COMMAND.COMs Fenster aber schon offen, und Sie wollen einfach wieder schnell wissen, wofür manch geheimnisvoll benannte Stapeldateien gut sind, verwenden Sie den Type-Befehl.

Mit COMMAND.COM können sie aus Windows heraus auf die Sammlung der externen MS-DOS-Befehle- und Dienstprogramme zugreifen, ohne daß Sie zum MS-DOS-Prompt zurückkehren müßten. Hier einige Beispiele für Dienstprogramme, die Sie vielleicht von innerhalb Windows aus benutzen wollen.

**Attrib.** Dieses Dienstprogramm verändert die Attribute (Merkmale) einer DOS-Datei. Man kann zum Beispiel Nur-Lesen-Dateien - Dateien, die gegen Veränderungen geschützt werden - durch Eingabe von *attrib + r dateiname* definieren. Dabei steht *dateiname* für den Namen der Datei, die geschützt werden soll. Um den File Änderungen wieder zugänglich zu machen, tippen Sie *attrib-r dateiname*.

**Xcopy.** Das Xcopy-Programm kopiert ausgewählte Gruppen von Dateien und Unterverzeichnissen. Es besorgt vielseitige Kopieroperationen, die die Copy-Befehle von MS-DOS und Windows nicht leisten. Um zum Beispiel alle Dateien im Wurzelverzeichnisse von Laufwerk C, die am 21. April 1988 erzeugt wurden, nach Laufwerk A zu kopieren, tippen Sie *xcopy c:\a:\/d:04-21-88*. Um sowohl die Dateien in Ihrem Windowsverzeichnis als auch die in den Unterverzeichnissen darunter befindlichen auf eine Diskette in Laufwerk A zu kopieren, geben Sie *xcopy c:\windows a: /s* ein. Um zu verlangen, daß MS-DOS vor dem Kopieren jeder Datei nachfragt, fügen Sie den Parameter /p an das Ende des Xcopy-Befehls hinzu.

**Recover.** Dieses Programm rettet eine Datei, Diskette oder Platte mit defekten Sektoren. Wenn Sie zum Beispiel ständig eine Systemfehlermeldung beim Versuch, eine Datei zu laden, erhalten, enthält die Datei möglicherweise fehlerhafte Sektoren. Um die unbeschädigten Daten der Datei zu retten, tippen Sie *recover dateiname*, wobei *dateiname* der Name der zu rettenden Datei ist. Das Recover-Programm speichert die geretteten Daten in einer Datei namens RECnnnn.REC, wobei nnnn eine Nummer beginnend mit 0001 ist.

**Backup.** Dient zum Erstellen von Sicherungskopien der Dateien auf Ihrer Festplatte.

**Restore.** Stellt die mit Backup gesicherten Dateien auf der Festplatte wieder her.

Denken Sie daran, daß sich diese Dienstprogramme auf Ihrer Festplatte befinden und DOS zugänglich sein müssen. (Mit anderen Worten, sie müssen entweder im aktuellen Verzeichnis stehen oder über einen Pfadbefehl dem System zugänglich gemacht werden.) Vergessen Sie auch nicht, daß Sie auf diese Dienstprogramme mit Stapeldateien zugreifen können. Verwenden Sie variable Parameter, um die Programmausführung zu spezifizieren. Zwecks einer vollständigen Beschreibung dieser Programme mit mehr Beispielen studieren Sie Ihr MS-DOS-Handbuch oder lesen Sie *Running MS-DOS* von Van Wolverton (Microsoft-Vieweg).

## Verwendung von Umleitung und Pipe in einem COMMAND.COM-Fenster

Der Einsatz von COMMAND.COM in Windows gibt auch Zugriff auf die Umleitungsmöglichkeiten von MS-DOS. Umleitungen ermöglichen die zeitweilige Errichtung von Umleitungssignalen für MS-DOS, die das Betriebssystem anweisen, von einer anderen Quelle als der Tastatur die Eingabe anzunehmen, oder die Ausgabe woanders hin als zum Bildschirm zu leiten. Ein Beispiel: Starten Sie COMMAND.COM, falls nicht schon geschehen, und geben Sie dann *dir > dirfile* und Enter ein. Ihr Laufwerk wird kurz aktiv. Dann erscheint wieder die MS-DOS-Eingabeaufforderung. Anschließend tippen Sie *type dirfile* und drücken Enter. Ein Verzeichnislisting rollt über den Schirm. Sie haben die Ausgabe des DIR-Befehls zu einer Datei namens DIRFILE umgeleitet. Ist ein Drucker an Ihr System angeschlossen, schalten Sie ihn ein. Wenn er druckbereit ist, tippen Sie *type dirfile > prn* und drücken Sie Enter. Ihr Drucker druckt nun das Verzeichnislisting aus. Dieses mal haben Sie die Ausgabe des TYPE-Befehls an den Drucker umgeleitet.

Eine Variation der Umleitung nennt man Piping. Hierbei werden Pipes, Verbindungen zwischen Programmen, aufgebaut. Wenn Sie sehen wollen, wie das funktioniert, stellen Sie sicher, daß die MS-DOS-Dienstprogramme MORE.COM und SORT.COM auf der Festplatte liegen und vom aktuellen Verzeichnis aus zugänglich sind (d.h., sie stehen im aktuellen Verzeichnis oder in einem Verzeichnis, das in einem Pfadbefehl genannt ist). Dann tippen Sie *type \windows\win.ini | sort | more* und Enter. Der Inhalt Ihrer WIN.INI-Datei erscheint auf dem Bildschirm, in alphabetischer ASCII-Reihenfolge sortiert. Alle 24 Zeilen kommt der Text *-More-* auf den Schirm, und die Bildschirmausgabe stoppt, bis Sie irgendeine Taste betätigen. (Vielleicht sehen Sie zuerst einen Schirm voller Leerzeilen, da das Sortierprogramm Leerzeilen vor Zeilen mit Text setzt.)

In diesem Beispiel haben Sie Pipes zwischen den Type-Befehl und den Programmen SORT.COM und MORE.COM gelegt. MS-DOS leitete die Ausgabe des Type-Befehls an das Sort-Programm um, das damit einen Sortiervorgang vornahm und die neuerliche entstehende Ausgabe dem More-Programm übergab. Dieses wiederum stellte den Output in 24-zeiligen Abschnitten auf dem Bildschirm dar. (Seien Sie unbesorgt. Ihre WIN.INI-Datei wurde nicht verändert; MS-DOS sortierte den Output des Type-Befehls, nicht die Datei selbst.) SORT.COM und MORE.COM heißen Filterprogramme oder kurz Filter, weil sie ankommende Zeichen verändern und dann die Ergebnisse an den Bildschirm übergeben - oder an einen weiteren Filter.

MS-DOS enthält noch einen anderen Filter, FIND.COM, der das tut, was der Name schon andeutet, nämlich ankommende Daten nach bestimmten Zeichen zu durchsuchen. Wird die gesuchte Zeichenkette in einer bestimmten Zeile gefunden, zeigt Find die Zeile am Bildschirm an. Um zum Beispiel ein Verzeichnislisting aller Unterverzeichnisse auf der Festplatte anzuzeigen, wechseln Sie ins

Stammverzeichnis, tippen *dir | find* "<" und drücken Sie die Enter-Taste. Um alle Dateien, die am 8. Oktober 1987 geändert wurden, zu finden, tippen Sie *dir > find* "*10-08-87*" und Enter. Um sich diese Liste in alphabetischer Reihenfolge anzuschauen, geben Sie *dir | find* "*10-08-87*" *| sort* ein und drücken Sie Enter.

Eine sinnvollere Anwendung der MS-DOS-Umleitungs- und Filtereigenschaften ist folgende einzeilige Stapeldatei:

```
type %1 ¦ find "%2" > %3
```

Diese Datei bewirkt die Durchsuchung einer beliebigen Datei nach einer gegebenen Textkette und speichert dann alle gefundenen Textstellen in einer neuen Datei ab. Um die Stapeldatei zu erzeugen, verwenden Sie den Notizblock zur Befehlseingabe und speichern Sie dann die Datei als SEARCH.BAT.

SEARCH.BAT verwendet variable Parameter, die als Platzhalter für die drei Informationselemente dienen, die die Stapeldatei braucht: der Name der Datei, die durchsucht werden soll; der Text, nach dem gesucht wird; und der Name der Datei, in der der gefundene Text abgespeichert wird. Sie verwendet außerdem Pipes, um die Ausgabe des Type-Befehls zum Find-Filter umzuleiten, und eine Umleitung für die Übergabe der Find-Filter-Ausgabe an eine Textdatei statt an den Bildschirm.

Um die Stapeldatei zu verwenden, geben Sie bei der Eingabeaufforderung von COMMAND.COM folgendes ein:

```
search dateiname string output
```

Wenn Sie zum Beispiel eine Datei namens PROPOSAL.WRI nach allen Vorkommen von Eric durchsuchen und die Vorkommen in einer Datei namens ERIC.TXT abspeichern wollen, tippen Sie folgendes:

```
search proposal.wri Eric eric.txt
```

Berücksichtigen Sie, daß der Suchtext keine Leerzeichen enthalten kann und Sie groß und klein korrekt eingeben müssen, damit sich Text mit Großbuchstaben auch finden läßt.

Wenn Sie die gefundenen Stellen auf dem Bildschirm anschauen wollen, statt sie in einer Datei abzuspeichern, geben Sie *con* statt dem Dateinamen ein. Das weist MS-DOS an, die Find-Ausgabe auf die Konsole (console) - mit anderen Worten, auf den Bildschirm - umzuleiten. Bedenken Sie auch, Sie können diese (oder jede andere) Stapeldatei mit dem Ausführen-Befehl des MS-DOS-Fensters starten. Zu diesem Zweck, wählen Sie die Stapeldatei aus, selektieren Sie Ausführen im Dateimenü, tippen Sie die Parameter der Stapeldatei (aber nicht ihren Namen) und drücken Sie dann Enter. (Ihr MS-DOS-Handbuch enthält mehr Details über Umleitung und Pipes.)

## Tip 10: Kopieren von Daten aus einem COMMAND.COM-Fenster

Sie können Text in einem COMMAND.COM-Fenster kopieren, indem Sie den
Text selektieren und dann den Kopieren-Befehl im Steuermenü, wie in Bild 4-8,
auswählen.

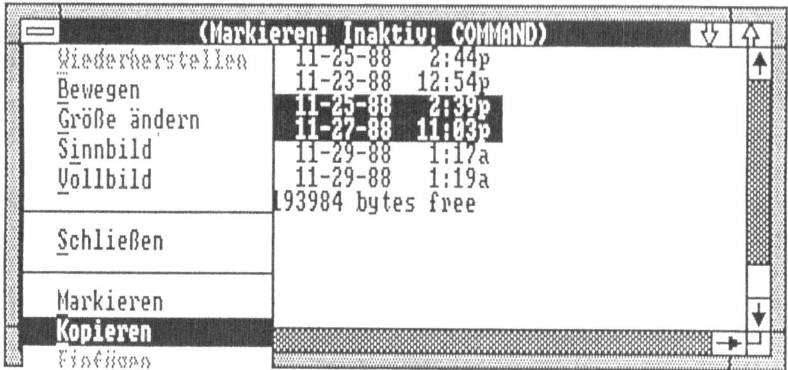

*Bild 4-8: Text im COMMAND.COM-Fenster Kopieren*

## Tip 11: Daten aus der Zwischenablage in ein COMMAND.COM-Fenster kleben

Wenn die Zwischenablage Text enthält, können Sie seinen Inhalt in ein
COMMAND.COM-Fenster einfügen. Dabei behandelt COMMAND.COM den
Text, als wenn er über die Tastatur kommen würde. Damit können Sie einen
Befehl erneut eingeben, ohne ihn zweimal tippen zu müssen. Kopieren Sie ein-
fach den Befehl, indem Sie ihn selektieren und Kopieren auswählen, und wäh-
len Sie dann Einfügen aus, um den Befehl an beliebiger Stelle einzufügen.

## Tip 12: Ändern des aktuellen Verzeichnisses in einem COMMAND.COM-Fenster

Wenn Sie den Befehl Verzeichnis wechseln (Change Directory, CHDIR oder
CD) verwenden, um das aktuelle Laufwerk zu wechseln, spiegelt das MS-DOS-
Fenster die Änderung nicht wieder. Sie müssen deshalb den Befehl Verzeichnis

wechseln des MS-DOS-Fensters oder die in Kapitel 2 diesbezüglich erörterten Maus-Abkürzungen einsetzen, um die Verzeichnisanzeige zu ändern.

## Tip 13: Innerhalb der maximalen Zeilenzahl im COMMAND.COM-Fenster bleiben

Da COMMAND.COM die Ausgabe für eine Standardtextanzeige formatiert, kann es zu einem Zeitpunkt immer nur bis zu 25 Zeilen darstellen, auch wenn das Fenster vielleicht mehr als 25 Zeilen tief ist. Daher rollt Text aus dem Schirm heraus, auch wenn man den Eindruck hat, daß im Fenster für mehr Zeilen Platz wäre.

## Tip 14: Vermeidung des MS-DOS-CheckDisk-Befehls

Obwohl Sie die meisten MS-DOS-Dienstprogramme aus Windows heraus starten können, beachten Sie Microsofts Warnung: Vermeiden Sie den Einsatz des Befehls CheckDisk-(*chkdsk*) mit Verwendung des /F-Parameters. (Der /F-Parameter weist CheckDisk an, gefundene Fehler im Plattenverzeichnis zu fixieren.) Wenn es irgendwelche, von einer anderen laufenden Applikation erzeugte temporäre Dateien gibt, vermutet CheckDisk fälschlicherweise Fehler im Verzeichnis und schließt die temporären Dateien. Beim Umschalten in das andere Programm kann das System abstürzen oder Daten verlieren. Verwenden Sie den Über-Befehl im MS-DOS-Fenster, um zu wissen, wieviel freier Platten- und Speicherplatz noch verbleiben. Der Über-Befehl ist beim Feststellen des freien Speicherplatzes genauer als CheckDisk.

# Kapitel 5

## Der Datenaustausch

Integrierte Anwendungsprogramme - Programme, die die meisten Bedürfnisse der Benutzer zu befriedigen versuchen, indem sie mehrere beliebte Anwendungsmodule (meistens Textverarbeitung, Datenverwaltung, Tabellenkalkulation, Kommunikation und Geschäftsgrafik) kombinieren - haben zwei große Vorteile: Sie bieten eine gemeinsame Benutzeroberfläche für alle Module, die ein Umschalten von Aufgabe zu Aufgabe erlaubt, ohne daß man neue Befehle lernen muß, und sie erlauben auf leichte Weise den Datenaustausch zwischen den Modulen.

Aber den Modulen fehlt in der Regel die Leistungsfähigkeit, die man bei Einzelprogrammen antrifft. Wenn Sie also den Komfort einer konsistenten Benutzeroberfläche und Datenaustausch zwischen Programmen haben wollen, und dazu die Leistungsfähigkeit der Einzelprogramme, brauchen Sie eine Betriebsumgebung, mit der Sie Ihr eigenes integriertes System separater, leistungsfähiger Programme schaffen und Daten zwischen den Applikationen austauschen können.

Microsoft Windows stellt Ihnen solch ein grundlegendes System bereit. Es bietet einen besonders flexiblen Satz an Datenaustauschoptionen. Das vorliegende Kapitel erforscht diese Möglichkeiten und untersucht die Probleme bei der Datenübertragung zwischen Programmen und zwischen Computern.

## Die Zwischenablage

Der sichtbarste Spieler im Datenaustauschteam von Windows ist die Zwischenablage. Die Zwischenablage ist ein temporärer Ablageplatz zur Speicherung von Text oder Grafik, die Sie ausschneiden oder kopieren, um sie an anderer Stelle ins aktuelle Dokument, in ein anderes Dokument oder in ein anderes Programm einzufügen. Die Zwischenablage hält zu einem Zeitpunkt immer ein Informationselement; wenn Sie etwas ausschneiden oder kopieren, wird die bereits in der Zwischenablage befindliche Information dadurch ersetzt. (Einige Programme erlauben aber die Wiederherstellung des vorherigen Inhalts mit einer Undo-Funktion.) Praktisch alle Windowsprogramme unterstützen die Zwischenablage über die Bereitstellung eines Editiermenüs mit den Befehlen Ausschneiden, Kopieren und Einfügen. Windows stellt außerdem für Standardprogramme eine begrenzte Unterstützung der Zwischenablage bereit.

Der Inhalt der Zwischenablage läßt sich jederzeit durch Starten des Zwischenablageprogramms (ABLAGE.EXE) anschauen. ABLAGE.EXE ist nicht die Zwischenablage selbst; man muß es nicht starten, um die Zwischenablage zu nutzen. Es ermöglicht nur die Einsicht in die Zwischenablage. Das Programm benutzt das Windows-Meldungssystem (beschrieben in Kapitel 1), um seine Anzeige zu aktualisieren, wenn sich der Inhalt der Zwischenablage ändert. Legt ein Anwendungsprogramm etwas in die Zwischenablage, sendet es eine Nachricht folgenden Inhalts: "Hallo, ich habe den Inhalt der Zwischenablage verändert." Programme, die den Inhalt der Zwischenablage anzeigen können, reagieren auf die Meldung, indem sie den neuen Inhalt sofort anzeigen.

Die Zwischenablage speichert Information in zahlreichen Formaten, die dem spezifischen Datentyp angepaßt sind. Wenn Sie Daten ausschneiden oder in die Zwischenablage kopieren, informiert die "gebende" Anwendung die Zwischenablage, welche Formatarten es nehmen kann, um die Daten zu versorgen. (Normalerweise setzt ein Anwendungsprogramm Daten in mehreren Formaten in die Zwischenablage; das erhöht die Wahrscheinlichkeit, daß das Empfängerprogramm die Daten auch übernehmen kann.) Wenn Sie das Programm wechseln und Einfügen auswählen, wählt das empfangende Programm ein Format aus und fordert die Daten von der Zwischenablage an. Im allgemeinen wird ein Empfängerprogramm dasjenige Format auswählen, das dem ursprünglichen Datenformat am nächsten kommt. Um die Information zu übernehmen, muß das Empfängerprogramm mindestens eins der gespeicherten Formate interpretieren können.


## Formate der Zwischenablage

Die Zwischenablage unterstützt fünf Datenformatstandards. Wenn Sie das Ablageprogramm starten, um den Inhalt der Zwischenablage anzuschauen, erscheinen die Formate der aktuell in der Zwischenablage liegenden Daten über dem Inhalt. Die fünf Standardformate sind:

**Text.** Dieses Format speichert ASCII-Text, ohne Schrift-, Stil- oder Größenattribute. Da praktisch alle Applikationen mit Text arbeiten können, ist dieses Format oft der gemeinsame Nenner für Datenübertragungen; das bedeutet, wenn ein Empfängerprogramm kein Format unterstützt, das alle Aspekte der Daten übertragen läßt, kann es das Textformat auswählen und die Textzeichen übernehmen. Eine Variation des Textformats ist das OEM-Textformat, das aus einem Standardprogramm kopierten Text speichert und dafür die Zeichen aus dem speziellen Zeichensatz Ihres Computers verwendet. Kopieren Sie Text aus einem Standardprogramm und fügen Sie den Text dann in ein anderes

Standardprogramm ein, erfolgt dieses Einfügen durch Windows im OEM-Text-format. Wie das Textformat, enthält OEM-Text keine Formatierungsattribute. Kapitel 9 behandelt OEM-Text und beschreibt, wie die Zwischenablage bei Standardprogrammen zu verwenden ist.

**Bitmap.** Das Bitmap-Format dient dem Speichern von grafischen Bildern aus einem Bitmap-Grafik-Programm wie Microsoft Windows Paint. Bitmap-Grafiken bestehen aus einer Reihe von Punkten, die den Pixeln des Bildschirms entsprechen. Jeder Punkt entspricht einem Bit im Arbeitsspeicher. Erscheint ein bestimmter Punkt schwarz, entspricht sein Bit normalerweise dem Wert Eins in der Bitkarte (Wertetabelle) des Arbeitsspeichers. Erscheint ein Punkt weiß, entspricht sein Bit in der Regel dem Wert Null. Bitmap-Grafiken sind auf eine bestimmte Anzahl an Punkten pro Zoll beschränkt, da jeder Punkt durch ein Bit im Speicher dargestellt werden muß.

**Picture** (Bild). Das Picture-Format, auch Metafile Picture genannt, bezieht sich auf Grafiken, die aus Grafikprogrammen wie Micrografx Designer, Micrografx Draw, Micrografx Graph oder Microsoft Excel kopiert wurden. Picture stellt Grafiken nicht durch eine Reihe von Punkten dar (obwohl sie so auf dem Bildschirm erscheinen), sondern durch eine Reihe von Zeichenbefehlen für GDI, Windows' grafischer Geräteschnittstelle (GDI, engl. Graphical Device Interface). Wenn Sie ein Bild ausschneiden oder in die Zwischenablage kopieren, speichert Windows die GDI-Befehle, die zur Wiedererzeugung benötigt werden, in einer Metadatei ab. Wenn Sie die Zwischenablage mit dem ABLAGE-Programm anschauen oder das Bild in eine andere Anwendung einfügen, führt Windows die Befehle, die in der Metadatei stehen, aus und erzeugt dadurch wieder die Grafik. Picture hat gegenüber Bitmap wesentliche Vorteile: Da Bilder in Metadateien abgespeichert werden, ist ihre Auflösung unabhängig, d.h. nicht festgelegt auf eine bestimmte Anzahl von Punkten pro Zoll. Dadurch können die Grafiken die spezifische Auflösung Ihres Bildschirms oder Druckers voll ausschöpfen. Außerdem lassen sich die Bilder dadurch problemlos ohne Verzerrung in ihrer Größe verändern oder skalieren. Das Picture-Format macht aus Bildern eine objektorientierte Grafik, da sie als eine Vielzahl eigenständiger Objekte (Linien, Rechtecke, Bögen usw.) und nicht als Bitstruktur abgespeichert werden.

**SYLK.** Abkürzung für SYmbolic LinK (Symbolische Verknüpfung). Ein ASCII-Format, das von Microsoft entwickelt wurde und weit verbreitet ist zur Speicherung von Tabellenkalkulationen und anderen Zeilen/Spalten-orientierten Daten.

**DIF.** Abkürzung für Data Interchange Format (Datenaustauschformat). Ein Tabellenkalkulationsformat, das von VisiCorp entwickelt wurde und heute von Lotus kontrolliert wird. (SYLK und DIF werden in Anhang B näher beschrieben.)

## Besondere Zwischenablage-Formate

Zusätzlich zu den Standard-Zwischenablage-Formaten kann ein Windowsprogramm sein eigenes Zwischenablageformat definieren. Microsoft Excel zum Beispiel benutzt zahlreiche eigene Zwischenablage-Formate:

**Rich Text.** Dieses Format ähnelt dem Standard-Textformat, enthält aber zusätzlich Formatierungsinformationen wie Schriftart, Stil und Größe. Das Rich Text-Format ermöglicht die Übertragung formatierter Texte zwischen Programmen, vorausgesetzt, daß das Empfängerprogramm das Format ebenfalls unterstützt. Zum Beispiel kann Microsoft Excel Daten im Rich Text-Format an die Zwischenablage übertragen, aber Microsoft Write kann das Format nicht interpretieren. Wenn Sie daher Text von Excel nach Write kopieren, erscheint dieser unformatiert. Write kann Text im Rich Text-Format weder importieren noch exportieren.

**BIFF.** Abkürzung für BInary File Format (Binäres Dateiformat). Dieses Format erhält alle Formatierungsinformationen, wenn Sie Information zwischen Excel-Arbeitsblättern ausschneiden und einfügen. Die SYLK- und DIF-Tabellenkalkulationsformate können die vielen Eigenschaften eines Excel-Arbeitsblattes, wie vielfache Schriftarten- und größen, Zeilen und Spalten in variabler Größe, Feldgrenzen, maßgeschneiderte Datenformate usw. nicht beschreiben.

**CSV.** Abkürzung für Comma Separated Variable Format (Durch Komma getrennte Variablen-Format). CSV dient primär der Darstellung von Tabellenkalkulations- und Datenbankinformationen. Bei diesem Format wird jede Zelle (oder Feld, bei einer Datenbank) durch ein Komma getrennt oder begrenzt und jede Zeile (oder Datensatz, bei einer Datenbank) mit einem Wagenrücklaufcode abgeschlossen. Enthält eine Variable Kommata - zum Beispiel bei großen Zahlenangaben, oder bei vollständigen Namenangaben mit dem Nachnamen zuerst - werden diese innerhalb von Anführungszeichen eingegeben, wie in "10,000,000" oder "Polk, Helen". Viele Programmiersprachen, einschließlich MS-BASIC, erzeugen Datendateien im CSV-Format.

**WK1.** Das WK1-Format speichert Daten in der Zwischenablage wie Arbeitsblatt-Dateien von Lotus 1-2-3, Version 2.

**Link.** Das Link-Format enthält Informationen zur Herstellung von Verbindungen zwischen Applikationen, die die Dynamischen Datenaustausch-Fähigkeiten von Windows (DDE, Dynamic Data Exchange) ausnutzen.

Pagemaker von Aldus Corp. ist ein weiteres Programm, das sein eigenes Format hat. Es heißt passenderweise Internal Pagemaker Format (Internes Pagemaker-Format). Pagemaker speichert ausgeschnittene oder kopierte Bitmap-Grafiken, objektorientierte Grafiken und Text im jeweiligen Windowsformat (Bitmap, Picture bzw. Text) als auch in seinem eigenen, internen Format. (Pagemaker-Handbücher bezeichnen Bitmap-Grafiken als "paint-type"-Grafiken und objektorientierte Bilder als "draw-type"-Grafiken.) Wenn Sie eine Mischung aus Elementen ausschneiden oder kopieren, eine Grafik mit Text oder eine Bitmap- mit einer objektorientieren Grafik, speichert Pagemaker die Elemente nur in seinem eigenen Format ab, da ein anderes Programm nicht in der Lage wäre, die beiden eigenständigen Datentypen zu unterscheiden.

Auch Write verwendet ein eigenes Format. Dieses Format kann Formatierungsinformationen eines mit Write kopierten oder ausgeschnittenen Textes sowie Bitmap-Grafiken, die Sie aus anderen Programmen in Write eingefügt haben, abspeichern.

Die Möglichkeiten der Verwendung der Zwischenablage sind so vielfältig wie die Windowsprogramme, die sie unterstützen.

## Tip 1: Grafiken von Paint zu Write bewegen

Um Illustrationen einem Bericht beizufügen, können Sie zum Beispiel eine Grafik mit Paint malen, sie in die Zwischenablage kopieren und sie dann in ein Write-Dokument einfügen. Um eine Grafik in Paint zu kopieren, verwenden Sie das Hilfsmittel Auswahlrechteck und schließen Sie die Grafik in den Auswahlbereich ein. Lassen Sie nicht zuviel Raum um die Grafik; das Auswahlrechteck sollte nur geringfügig größer als die Grafik selbst sein. Um einen unregelmäßig geformten Teil der Grafik zu kopieren, verwenden Sie das Hilfsmittel Auswahlnetz statt des Auswahlrechtecks.

Nach dem Auswählen des Bereichs, in den Sie übertragen wollen, wählen Sie den Kopieren-Befehl im Bearbeiten-Menü aus. Als nächstes starten Sie oder wechseln Sie zu Write und wählen die Einfügen-Funktion. Wenn die Grafik zu groß oder zu klein ist, können Sie sie verändern. Nehmen Sie sie und wählen Sie den Bildgröße ändern-Befehl im Bearbeiten-Menü aus. Dann bewegen Sie den Zeiger - ohne den Mausknopf zu drücken - an die rechte untere Ecke der Grafik. Wenn er die Ecke erreicht, bewegen Sie den Zeiger, bis der gepunktete Rahmen die gewünschte Größe hat. Write zeigt den Größenveränderungsprozentsatz in der linken unteren Ecke seines Fensters an (wo normalerweise die Seitennummer steht); um zu vermeiden, daß die Grafik gedehnt oder gequetscht erscheint, belassen Sie die X- und Y-Werte gleich. Beachten Sie auch, daß bei der Vergrößerung einer Bitmap-Grafik, die Text enthält, der Text unter Umständen einen untersetzten Eindruck macht. Sie erhalten die besten Ergebnisse, wenn Sie die Grafik in der Größe zeichnen, wie sie später im Write-Dokument erscheinen wird.

## Tip 2: Grafiken aus anderen Programmen nach Write bewegen

Sie können den gleichen Kopieren-und-Einfügen-Vorgang, wie in Tip 1 beschrieben, bei objektorientierten Grafiken, die von einem Zeichenprogramm wie Micrografx Draw oder Micrografx Designer erzeugt wurden, anwenden, des weiteren bei Tabellen, die mit Micrografx Graph oder Microsoft Excel gemacht wurden.

Bei den Micrografx-Produkten bestehen Zeichnungen oder Tabellen normalerweise aus vielen separaten Objekten; man muß deshalb aufpassen, daß die ganze Zeichnung oder Tabelle ausgewählt wird. Wählen Sie zu diesem Zweck den Markieren eines Bereichs-Befehls im Bearbeiten-Menü aus. Schließen Sie dann die ganze Zeichnung oder Grafik in den Auswahlbereich ein und wählen Sie Kopieren.

Bei Verwendung von Microsoft Excel achten Sie darauf, daß das Fenster der Tabelle aktiv ist, und halten Sie dann die Umschalttaste nieder, während Sie das Bearbeiten-Menü öffnen. Wählen Sie den Bild kopieren-Befehl aus und beide "Gemäß Bildschirm"-Optionen, und bestätigen Sie mit OK.

Beim Kopieren einer Tabelle mit dem Bild kopieren-Befehl versetzt Excel die Tabelle nur im Picture-Format in die Zwischenablage. Sie können eine Tabelle auch anders kopieren: durch Auswahl des Befehls "Tabelle wählen" im Tabelle-Menü und anschließendem Kopieren mit dem entsprechenden Befehl im Bearbeiten-Menü. Dieser Ansatz überträgt die Tabelle in mehreren Formaten in die Zwischenablage, einschließlich Link. Damit können Sie eine Tabelle in ein Anwendungsprogramm einfügen, die DDE unterstützt, und damit eine Verbindung zwischen der Anwendung und Excel herstellen. Diese Fähigkeit wird mit einer wachsenden Zahl von DDE-Anwendungen immer wichtiger werden.

Wenn Sie Micrografx Draw oder Graph mit einem Drucker einsetzen (wie den Hewlett Packard LaserJet), der keine kontinuierlich skalierbaren Schriftarten unterstützt, verzichten Sie auf das Redimensionieren von Zeichnungen oder Tabellen, die Druckerschriften wie 12-Punkt-Helvetica oder Times Roman enthalten. Beim Redimensionieren solch einer Grafik versucht Write (oder, was das betrifft, jedes andere Programm, das Grafiken akzeptiert), die Größe des Textes mit zu ändern. Dabei entsteht aber Text, der zu groß oder zu klein für die Grafik ist. Wenn Sie die Redimensionierung einer Tabelle oder Grafik voraussehen, verwenden Sie eine Punktschrift wie Modern, Roman oder Script. Punktschriften erzeugen bei Laserdruckern kein so attraktives Schriftbild wie echte typografische Schriften, Windows kann aber den Text dann so dimensionieren, daß er mit der Grafik harmoniert. Natürlich ist es am besten, das Zeichnen der Grafik oder Erzeugen der Tabelle in der Größe durchzuführen, in der die Grafik bzw. Tabelle letztlich im Dokument erscheinen werden.


## Tip 3: Text in eine Grafikanwendung einfügen

Obwohl es üblich ist, Grafiken in ein Textdokument einzufügen, kann man auch Text in eine Grafikanwendung einfügen. Vielleicht wollen Sie zum Beispiel eine Grafik mit sehr viel Text dabei erzeugen. Kein Grafikprogramm hat eine so große Palette an Textbearbeitungsfunktionen wie der Notizblock oder Write. Anstatt sich also mit den primitiven Editierfunktionen eines Grafikprogramms herumzuschlagen, geben Sie den Text besser mit dem Notizblock oder Write ein, kopieren ihn in die Zwischenablage und fügen ihn dann in das Grafikprogramm ein. Von da können Sie den Text in der gewünschten Schriftart und Darstellungsform formatieren.

Wenn Sie Text in Micrografx Draw einfügen, wird jede Zeile ein separates Textobjekt. Um das Erscheinungsbild des ganzen Textes zu verändern, wählen Sie den Befehl Bereich markieren im Bearbeiten-Menü aus, und selektieren Sie alle Textobjekte durch Einbeziehen in den Markierungsbereich. Um nur eine Zeile zu verändern, klicken Sie sie an.

Wenn Sie Text in Paint einfügen, erscheint der Text in der Systemschrift, umgeben von einem Auswahlrechteck. Worauf im Paint-Handbuch nicht hingewiesen wird, ist die Tatsache, daß es möglich ist, das Texterscheinungsbild zu verändern, indem man einen Befehl aus dem Schriftart-, Schriftgrad- oder Stil-Menü vor jeder anderen Aktivität auswählt, d.h., während der Text noch vom Auswahlrechteck umfaßt wird. Sobald Sie den Text deselektieren (was geschieht, wenn Sie irgendein Hilfsmittel aktivieren, etwas anderes auswählen oder in ein anderes Anwendungsfenster springen), wird der Text Bestandteil des Bildes und läßt sich nicht mehr umgestalten.

## Tip 4: Verwendung von Zwischenablage und Kommunikation

Die Zwischenablage harmoniert gut mit dem Windows-Terminalprogramm oder einem vollwertigen Kommunikationsprogramm wie Palantir inTalk. Sie erlaubt das Kopieren eingehender Zeichen in die Zwischenablage zum Einfügen in andere Programme. (Kapitel 11 beschreibt inTalk und seine Anwendungen näher.) inTalk enthält besonders vielseitige Kopieroptionen. Sein Befehl "Tabelle kopieren" konvertiert zwei oder mehr aufeinander folgende Leerräume in ein Tabulatorzeichen, das als Zell- oder Feldbegrenzer in Microsoft Excel und den meisten anderen Tabellenkalkulationsprogrammen dient. Information in diesem Format läßt sich in ein Arbeitsblatt oder in ein Textverarbeitungsprogramm einfügen. Das Einfügen in ein Textverarbeitungsprogramm ist sinnvoll beim Gestalten eines Berichts, der aus einem On-Line-Dienst, wie Dow Jones News/Retrieval, übertragene Daten enthält.

Das inTalk-Programm hat auch einen Befehl "Bitmap kopieren", der das Kopieren des ganzen Kommunikationsfensters in die Zwischenablage als Bitmap ermöglicht. Dieser Befehl ist nützlich in Verbindung mit der inTalk-CompuServe/VIDTEX-Emulationsoption, die den Empfang von Wetterkarten und anderen Grafiken aus dem CompuServe-Informationsdienst erlaubt. Wie Terminal, stellt inTalk auch einen gewöhnlichen Kopierbefehl bereit, der den ausgewählten Text einfach in die Zwischenablage stellt.

Die Einfügen-Befehle von Terminal und inTalk haben auch -Kommunikationsanwendungen. E-Mail-Benutzer können Communiqués off-line mit dem

Notizblock oder Write erstellen, den Text kopieren, Terminal oder inTalk aktivieren und dann den Text ins elektronische Postfach abschicken. Dieses Vorgehen reduziert drastisch Ihre On-Line-Gebühren.

# Tip 5: Verwendung von Zwischenablage und Taschenrechner

Eine einfache, aber praktische Anwendung der Zwischenablage ist das Kopieren oder Einfügen von Werten von und zum Taschenrechner. Die Auswahl des Kopieren-Befehls des Taschenrechners setzt den aktuellen Wert in die Zwischenablage, bereit zur Einfügung in ein anderes Programm. Der Einfügen-Befehl des Taschenrechners schickt den Inhalt der Ablage an den Taschenrechner. Wenn die Ablage eine Gleichung enthält, die der Taschenrechner interpretieren kann, sehen Sie seine Knöpfe blinken, und die Werte huschen über die Anzeige, als wenn Sie sie über die Tastatur eingeben würden. Beachten Sie, daß der Taschenrechner einige Zeichen, wie runde Klammern, ignoriert. Wenn Sie eine komplexe Formel mit Klammern einfügen, kommen unter Umständen falsche Ergebnisse heraus, da der Taschenrechner die Klammern nicht bei der Reihenfolge des Rechnens in der Formel berücksichtigt.

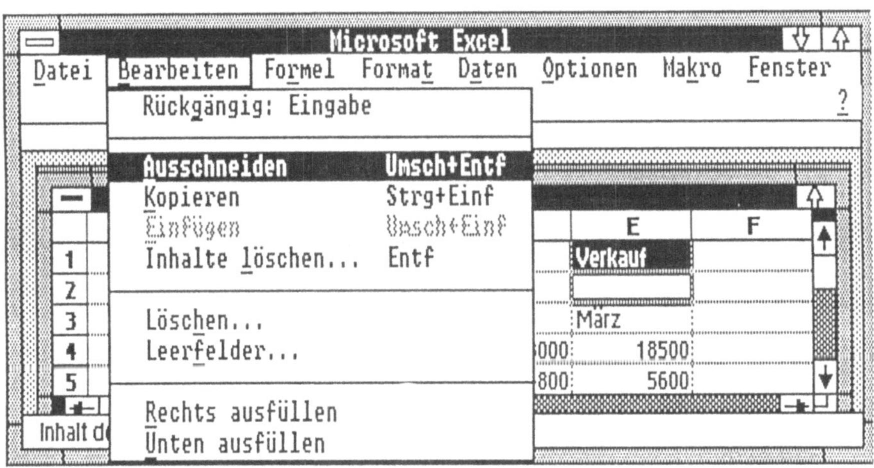


(A)

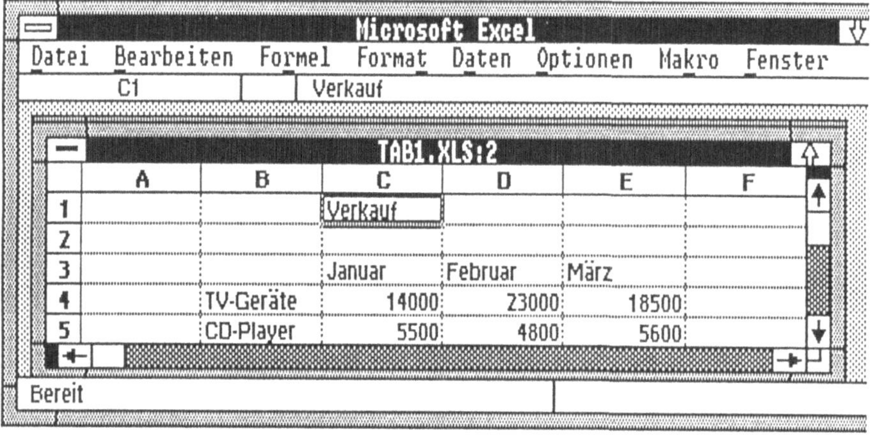


(B)



(C)

*Bild 5-1: Eine Zelle mit den Exel-Befehlen "Ausschneiden" und Einfügen"*
*bewegen*
*Um eine Zelle zu bewegen:*
*(A)   Die auszuschneidende Zelle auswählen und den Befehl*
*       "Ausschneiden" anklicken*
*(B)   Die Zielzelle anwählen und Enter drücken oder "Einfügen"*
*       auswählen*
*(C)   Excel bewegt den Zellinhalt*

## Tip 6: Verwendung von Zwischenablage und Pagemaker

Da der Pagemaker von Aldus sein eigenes Ablagenformat hat, können Sie folgende Kombinationen von Pagemaker-Elementen nicht in andere Programme einfügen:

- Eine oder mehr Bitmap-Grafiken und eine oder mehr objektorientierte Grafiken

- Mehr als eine Bitmap-Grafik oder mehr als eine objektorientierte Grafik

- Eine oder mehr Grafiken und einer oder mehr Textblöcke

Diese Verbindungen von Elementen werden in Pagemakers internem Format abgespeichert, da kein Standardformat der Windowszwischenablage Datenkombinationen darstellt. Um zahlreiche unterschiedliche Elemente in ein anderes Programm zu versetzen, schneiden Sie immer nur ein Element aus oder kopieren Sie immer nur eines zur gleichen Zeit. Wenn natürlich ein Windowsprogramm entwickelt wird, das Pagemakers internes Format interpretieren kann, entfällt diese Beschränkung.

Das Einfügen in Pagemaker ist einfacher. Sie können Text oder Grafik in eine Pagemaker-Publikation einfügen und an einen bestehenden Textblock anhängen (durch Anklicken zur Erzeugung eines Einfügpunktes vor dem eigentlichen Einfügen) oder einen neuen Textblock erzeugen (durch Einfügen ohne Einfügpunkt). Sie können Bitmap- oder objektorientierte Grafiken in Pagemaker-Publikationen einfügen, wenngleich die Pagemaker-Version 1.0a keine farbigen Bitmaps, wie zum Beispiel die von ZSofts PC Paintbrush, übernehmen kann.

## Tip 7: Verwendung von Zwischenablage und Microsoft Excel

Microsoft Excel harmoniert gut mit den Optionen der Zwischenablage, von denen viele einzigartig sind. Wir haben den Vorgang des Kopierens einer Tabelle in die Zwischenablage bereits untersucht, haben aber nicht das Einfügen eines Tabellenformats in Microsoft Excel angeschaut. Sie können das Erscheinungsbild einer Tabelle mit einer anderen abgleichen, indem Sie die gewünschte Tabelle selektieren (den Tabelle auswählen-Befehl im Tabelle-Menü aufrufen), die Tabelle in die Zwischenablage kopieren (Kopieren im Bearbeiten-Menü auswählen), und dann das Fenster der zweiten Ablage aktivieren und den Befehl "Inhalte einfügen" im Bearbeiten-Menü auswählen. (Um den Inhalte einfügen-Befehl geben zu können, muß "Ganze Menüs" im Optionen-Menü aktiv sein.) Wenn die Dialogbox "Inhalte einfügen" erscheint, wählen Sie die Format-Option und bestätigen Sie mit OK. Excel ersetzt das Format der aktiven Tabelle durch das Format der kopierten Tabelle. (Um die Daten ebenso wie das

Format einzufügen, wählen Sie die Option Alle. Diese Option liefert das gleiche Ergebnis wie die Auswahl von "Einfügen" und nicht wie "Inhalte einfügen". Um die Daten, aber nicht das Format einzufügen, verwenden Sie die Formel-Option.)

In Arbeits- und Makroblättern können Sie Zellen ausschneiden oder kopieren, indem Sie diese auswählen und dann den Ausschneiden- oder Kopieren-Befehl aktivieren. Was Arbeitsblätter betrifft, funktioniert der Ausschneiden-Befehl von Excel nicht wie die Ausschneiden-Befehle anderer Programme. Bei Excel wird der Inhalt ausgewählter Zellen nicht entfernt, sondern in einen beweglichen Auswahlbereich einbezogen. Um den Inhalt der Zelle woanders einzufügen, wählen Sie eine andere Zelle oder einen anderen Zellbereich aus und fügen dort ein. Dabei bewegt Excel den ausgeschnittenen Inhalt in die neuen Zellen (s. Bild 5-1). Die Auswahl von "Ausschneiden" ist also der erste Schritt beim Transferieren eines Zellinhalts in ein anderes Arbeitsblatt oder in andere Zellen des gleichen Arbeitsblattes. (Wenn Sie sich entschließen, die Zellen zu lassen, wo sie sind, heben Sie den Auswahlbereich mit Esc auf.) Wollen Sie den Inhalt einer oder mehr mehrerer Zellen löschen, verwenden Sie den Löschen-Befehl anstatt auszuschneiden.

Wenn Sie die Zellen einer Tabellenkalkulation mit dem Ausschneiden-Befehl übertragen, vergewissern Sie sich, daß die Gestalt des Zielbereichs mit den ausgeschnittenen Zellen übereinstimmt, oder wählen Sie einfach eine Zelle aus, bevor "Einfügen" aktiviert wird (s. Bild 5-2). Unterscheidet sich der Zellenzielbereich von der Ausschnittselektion, kommt es zur Fehlermeldung *Ausschnitt- und Einfügbereiche haben unterschiedliche Gestalt*. Bei Auswahl einer einzelnen Zielzelle fügt Excel die linke, obere Hälfte der zu verschiebenden Zellen in der Zwischenablage in die aktuelle Zelle ein, und füllt den restlichen Bereich nach unten und nach rechts.

Microsoft Excel

Datei   Bearbeiten   Formel   Format   Daten   Optionen   Makro   Fenster

B7

TAB1.XLS:2

|   | A | B | C | D | E | F |
|---|---|---|---|---|---|---|
| 1 |   |   | Verkauf |   |   |   |
| 2 |   |   |   |   |   |   |
| 3 |   |   | Januar | Februar | März |   |
| 4 |   | TV-Geräte | 14000 | 23000 | 18500 |   |
| 5 |   | CD-Player | 5500 | 4800 | 5600 |   |
| 6 |   |   |   |   |   |   |
| 7 |   |   |   |   |   |   |

Ausschneiden (Ziel + EINGABE o. Einfügen wählen)

(A)

<table>
<tr><td colspan="6">Microsoft Excel</td></tr>
</table>

Datei  Bearbeiten  Formel  Format  Daten  Optionen  Makro  Fenster

B7

TAB1.XLS:2

| | A | B | C | D | E | F |
|---|---|---|---|---|---|---|
| 1 | | | Verkauf | | | |
| 2 | | | | | | |
| 3 | | | | | | |
| 4 | | | | | | |
| 5 | | | | | | |
| 6 | | | | | | |
| 7 | | | Januar | Februar | März | |
| 8 | | TV-Geräte | 14000 | 23000 | 18500 | |
| 9 | | CD-Player | 5500 | 4800 | 5600 | |

Bereit

(B)

*Bild 5-2: Einen Zellenbereich an einer bestimmten Zelle einfügen*
*So wird ein Zellenbereich bewegt:*
*(A)   Positionieren Sie eine Zelle, wo Sie den Zellenbereich haben*
*wollen*
*(B)   Excel verschiebt den Zellbereich, wenn Sie den Befehl*
*"Einfügen" auswählen*

Der Befehl "Inhalte einfügen" ermöglicht das selektive Einfügen ausgeschnittener oder kopierter Zellen und spezifiziert, welche Zellteile - Formeln, Werte, Formate, Anmerkungen oder alle vier - eingefügt werden sollen. Sie können auch definieren, wie Excel die Zellwerte in der Zwischenablage mit den Zielzellen kombiniert, wenn Sie die Optionen der Dialogbox wie in Bild 5-3 verwenden. Der Inhalte einfügen-Befehl ist im Bearbeiten-Menü verfügbar, wenn die Option "Ganze Menüs" aktiviert ist.

Wenn Sie Zellen ausschneiden oder kopieren und dann in ein Tabellenfenster wechseln, ändern sich die Funktionen der Befehle "Einfügen" und "Inhalte einfügen". Bei der Auswahl von "Einfügen" im Tabellenfenster, erzeugt Excel Daten, die auf den Zellen in der Zwischenablage basieren, und fügt sie dann ins Tabellenfenster ein. Wenn das Tabellenfenster leer ist, erzeugt es eine neue Tabelle. Enthält das Fenster bereits eine Tabelle, fügt Excel an die Tabelle die neuen Daten an. In beiden Fällen erzeugt das Programm neue Daten genauso, wie wenn Sie eine neue Tabelle mit dem Befehl Neu im Dateimenü ausgewählt hätten. Sie können dieses voreingestellte Verfahren der Datenerzeugung ändern, wenn Sie "Inhalte einfügen" auswählen und die gewünschten Optionen in der Dialogbox einstellen (s. Bild 5-4).

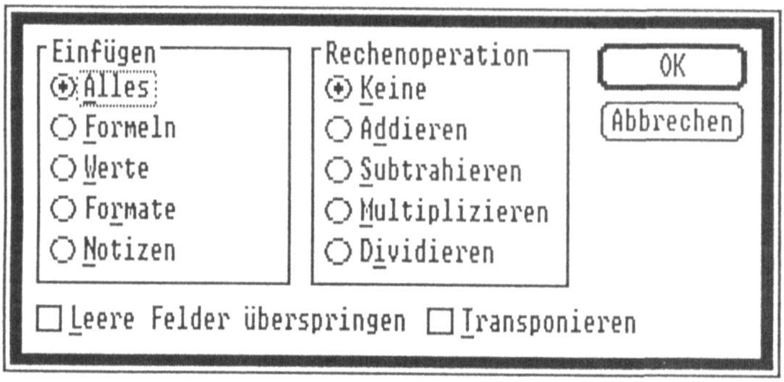

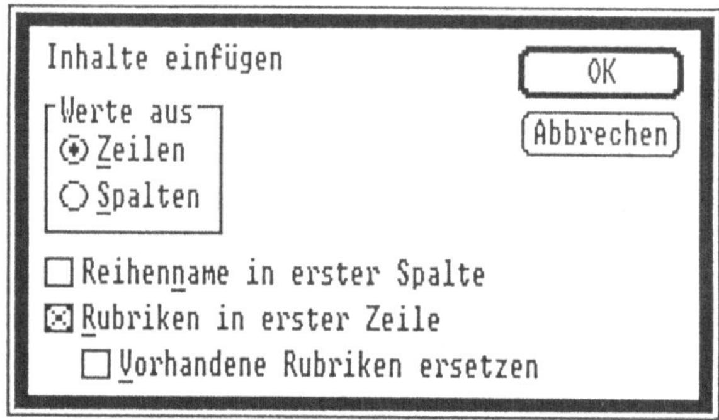


*Bild 5-3: Das Dialogfeld "Inhalte einfügen" im Tabellenmodus*



*Bild 5-4: Das Dialogfeld "Inhalte einfügen" im Diagramm-Modus*

Sie können auch Tabellen in Dokumente einfügen, die von anderen Programmen erzeugt wurden. Dazu dient das schon in diesem Kapitel beschriebene Verfahren. Außerdem können Sie Arbeitsblattdaten kopieren und einfügen. Um zum Beispiel einen Zellbereich in eine Tabelle in einem Write-Dokument zu verwandeln, wählen Sie die Zellen aus, dann den Kopieren-Befehl, und starten Sie oder wechseln Sie zu Write. Positionieren Sie den Einfügpunkt am Anfang einer Zeile und wählen Sie Einfügen. Die Daten erscheinen, wobei die Zellinhalte durch ein Tabulatorzeichen voneinander getrennt sind. Um die Spalten auszurichten, selektieren Sie die Tabelle, wählen Sie den Befehl "Lineal ein" im Dokument-Menü, und passen Sie die Tabulatoreinstellungen an.

Sie können diese Schritte auch umdrehen, um Daten von einer Write-Tabelle in ein Excel-Arbeitsblatt zu verschieben: Wählen Sie die Daten in Write aus, geben Sie den Kopieren-Befehl, starten Sie oder wechseln Sie zu Excel, wählen Sie eine Zelle oder einen Zellbereich aus, und fügen Sie ein. Das Tabulatorzeichen zwischen jeder Spalte trennt jede Zelle. Der Wagenrücklauf am Ende jeder Zeile weist Excel an, zur nächsten Reihe vorzurücken.

Wenn Sie Microsoft Word oder ein anderes Nicht-Windowstextverarbeitungsprogramm verwenden, können Sie mit ähnlichen Maßnahmen Tabellen aus Tabellenkalkulationsdaten erzeugen oder sie in Tabellenkalkulationsprogramme versetzen. Standardprogramme erfordern jedoch einen geringfügig anderen Ansatz beim Ausschneiden und Einfügen. Diese Unterschiede werden in Kapitel 11 erörtert.

# Tip 8: Erstellung eines Schmierblocks

Der Apple Macintosh wird mit einem kleinen Programm namens Schmierblock ausgeliefert (das im Macintosh-Jargon zu den Schreibtisch-Accessoires gezählt wird), mit dem Sie Information aus der Zwischenablage des Mac abspeichern können. Jedes mal beim Einfügen von Text oder Grafik in die Zwischenablage entsteht eine neue "Seite". Mit einer Rollbox blättern Sie durch die Seiten des Schmierblocks und kopieren oder schneiden Seiten in die Zwischenablage zur Wiederverwendung zurück.

Windows enthält keinen Schmierblock, aber Sie können etwas sehr Ähnliches mit dem Karteikasten erzeugen, um Text und Grafiken aus der Zwischenablage abzuspeichern (s. Bild 5-5). Der Karteikasten ist kein perfekter Schmierblock: Er begrenzt die Zahl an speicherbaren Zeichen pro Karteikarte auf 440, kann keine ganze Seite einer Bitmap-Grafik aufnehmen und konvertiert objektorientierte Grafik in Bitmap-Grafiken. Aber im Gegensatz zum Macintosh-Schmierblock können Sie mit dem Windows-Schmierblock Ihre Eintragungen indizieren und sortieren, nach bestimmten Einträgen suchen und mehrere Schmierblöcke einfach durch den Aufruf neuer Karteidateien einrichten.

*Bild 5-5: Der Karteikasten als Schmierblock*

# Tip 9: Verwendung des Dynamischen Datenaustauschs von Windows

Ohne Frage ist die Zwischenablage wundervoll dazu geeignet, Daten zwischen Programmen auszutauschen. Es ist aber ein statischer Datenübertragungsmechanismus. Wenn Sie einen Tagesumsatzbericht mit Tabellen aus Microsoft Excel vorbereiten, müssen Sie neue Tabellen jedes mal neu erzeugen und dann kopieren und einfügen, wenn sich die Werte ändern. Wenn Sie Micrografx Graph zur Erzeugung einer Tagestabelle einsetzen, die On-Line-Börsendaten verwendet, um zu zeigen, wie Ihre Lieblingsaktien stehen, müssen Sie täglich Daten zwischen dem Kommunikationsprogramm und der Tabellenapplikation transferieren. Die Zwischenablage fällt aus, wenn es darum geht, die Daten von Anwendungen zu übertragen, die sich ständig ändern.

Windows stellt aber einen Datenaustauschmechanismus bereit, der die Zwischenablage altmodisch aussehen läßt. Es handelt sich um den Dynamischen Datenaustausch (Dynamic Data Exchange, DDE), der schon in Kapitel 1 erwähnt wurde. DDE benutzt das Meldungssystem von Windows - das gleiche System, mit dem Windows Tastatur- und Mausaktivitäten erkennt und entsprechend reagiert - für die Herstellung eines Mechanismus, den man "heißen

Draht" zwischen Anwendungsprogrammen nennt. Wenn Sie Programme kombinieren, die DDE unterstützen, können Sie dynamische Dokumente erzeugen, deren Inhalt bei der Änderung von Daten aktualisiert wird. Mit DDE und entsprechenden Applikationen können Sie zum Beispiel folgendes miteinander koppeln:

- Ein Kommunikationsprogramm und Microsoft Excel. Das Kommunikationsprogramm kann die Börsendaten eines On-Line-Dienstes auf den PC übertragen und anschließend die Daten in Excel-Arbeitsblätter- und Tabellen einschleusen.

- Microsoft Excel und ein Textverarbeitungsprogramm. Um das vorherige Beispiel ein Stück weiter zu tragen, können Sie auch eine Excel-Tabelle mit einer Textverarbeitungsdatei koppeln. Wenn Sie die Börsendaten ändern, wird die Tabelle sowohl in Excel als auch in der Textverarbeitungsdatei aktualisiert.

- Einen Mikrocomputer und wissenschaftliche Ausrüstung. Ein Seismologe könnte DDE dazu verwenden, um Information, die er in Echt-Zeit von seismografischem Gerät empfangen hat, an ein Anwendungsprogramm zu übertragen, das die hereinkommenden Werte auf dem Bildschirm plottet, und dadurch einen mechanischen Seismografen ersetzen. Das Programm könnte seinerseits mit DDE Daten an ein Excel-Arbeitsblatt übertragen, in dem ein Makro läuft, der die aktuellen Daten mit den früheren Werten vergleicht, und auf diese Weise nach bestimmten Mustern in den Bewegungen der Erdkruste suchen.

In der DDE-Fachsprache heißt ein Programm, das Daten an ein anderes Programm überträgt, Server; das Programm, das die Daten empfängt, heißt Klient. Obwohl die Details vom Programm abhängen, ist es im allgemeinen möglich, eine Verbindung zwischen Server und Klient über einen Verbinden-Befehl oder, im Fall von Excel, über ein Makro herzustellen.

Die drei Beispiele kratzen nicht mal an der Oberfläche der DDE-Möglichkeiten. DDE wird primär durch die Verfügbarkeit von unterstützenden Anwendungsprogrammen begrenzt. (Und durch die eingesetzte Hardware: Der Datentransport zwischen mehreren Anwendungen in Echt-Zeit erfordert einen großzügigen Speicherausbau und einen schnellen Mikroprozessor.)


## Tip 10: Datenaustausch über Laufwerksdateien

Eine verbreitetere und grundlegendere Form des Datenteilens als die Zwischenablage oder DDE ist die Datei. Dateien sind der beste Weg zum Datenaustausch, wenn Sie Dokumente von anderen Programmen verwenden müssen (zum Beispiel muß ein Excel-Konvertit vielleicht noch alte Lotus 1-2-3-Arbeitsblätter benutzen), oder wenn Sie mehr Informationen austauschen müssen, als in die Zwischenablage hineingehen (zum Beispiel beim Einfügen eines abgetasteten Bildes oder anderer großer Grafiken in ein Desktop Publishing-Dokument).

Einzige Bedingung ist, daß das Zielprogramm das Format, in dem die Daten abgespeichert sind, lesen kann. Microsoft Excel, zum Beispiel, hat mit Lotus 1-2-3 mehrere Dateiformate gemeinsam: das Standard WKS-Format, das Datenaustauschformat DIF und tabulatorbegrenztes ASCII. Excel eignet sich besonders gut für den Filetransfer; es kann Dateien in obigen Formaten laden und speichern, außerdem die dBASE-II und dBASE-III-Formate und kommabegrenztes ASCII. In Excels Speichern unter-Dialogbox heißen letztere drei Formate DBF 2, DBF 3 bzw. CSV.

Um in Excel eine Datei mit einem dieser Formate zu laden, wählen Sie den Laden-Befehl im Dateimenü aus. Wenn Sie den Dateinamen wissen, tippen Sie ihn einfach in die Dateinamentextbox und drücken Sie Enter. Ansonsten geben Sie *.* in der Dateinamentextbox und Enter ein. Dadurch wird Excel angewiesen, eine Liste aller Dateien im aktuellen Verzeichnis aufzuzeigen, statt nur solche, deren Erweiterung mit XL beginnt. Schließlich wählen Sie die Datei aus und bestätigen Sie mit OK. Das ist alles: Excel erkennt das Dateiformat und lädt den File. Beim Laden einer dBASE-II oder dBASE-III-Datei verwendet Excel die Feldnamen der Datei als Spaltenüberschriften.

Um ein Dokument in einem anderen Format als dem Excel-Format abzuspeichern, wählen Sie den Speichern unter-Befehl und die Optionenschaltfläche aus. Excels Speichern-Dialogbox erweitert sich, um die Liste mit Dateiformaten in Bild 5-6 zu enthüllen. Wählen Sie das gewünschte Format aus. Dabei stellen Sie

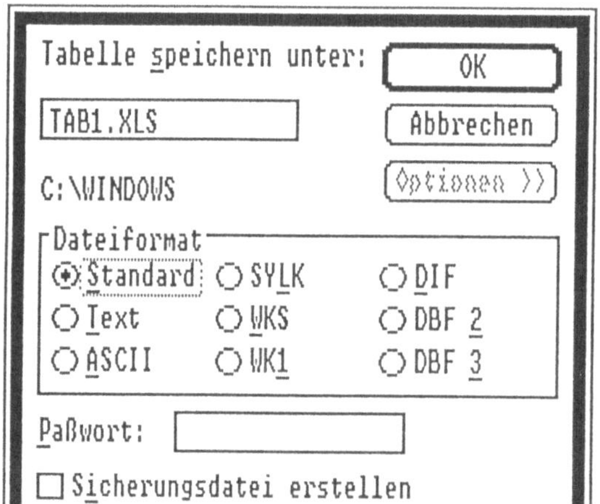

*Bild 5-6: Von Excel unterstützte Dateiformate*

## Tabellenkal-<br>kulations- und<br>Datenbank-Formate

| | A | B | C | D | E | F | G | H | I |
|---|---|---|---|---|---|---|---|---|---|
| Microsoft Excel (XLS) | L/S | - | - | - | - | - | - | - | - |
| Lotus 1-2-3 (WK1) | L/S | - | - | - | - | - | - | - | L/S |
| Datenaustauschformat (DIF) | L/S | - | L* | - | - | L | - | - | L/S |
| dBASE-III (DBF) | L/S | - | - | - | - | - | - | L/S | L/S |
| kommabegrenzte Werte (CSV) | L/S | - | L | - | - | - | - | L/S | L/S |
| Symbolic Link (SYLK) | L/S | L* | - | - | L/S | - | - | - | - |

## Textverarbeitungs-<br>und Textformate

| | A | B | C | D | E | F | G | H | I |
|---|---|---|---|---|---|---|---|---|---|
| Rich-Text-Format (.i.RTF;) | - | - | L | - | - | - | - | - | - |
| Microsoft Word 4.0 (.i.DOC;) | - | - | L/S | L/S | - | - | - | - | - |
| Document Content Architecture (.i.DCA;) | - | - | L/S | - | - | - | - | - | - |
| Windows Write (WRI) | - | L | L/S | - | - | - | - | - | - |
| Nur Text-ASCII (TXT) | L/S | L/S | L/S | - | L | - | - | L/S | L/S |

## Grafikformate

| | A | B | C | D | E | F | G | H | I |
|---|---|---|---|---|---|---|---|---|---|
| Windows Paint (MSP) | - | L | - | - | - | - | L | - | - |
| Windows GDI-Metadatei (WMF) | - | L | - | - | - | - | - | - | - |
| Micrografx Draw (PIC) | - | L | - | L/S | L/S | L/S | - | - | - |
| Micrografx Designer (DRW) | - | - | - | - | L/S | - | - | - | - |
| Markiert-Bild-Dateiformat (TIF) | - | L | - | - | - | - | - | - | - |
| Eingekapselt Postscript (EPS) | - | L | - | - | - | - | - | - | - |
| PC Paintbrush (PCX) | - | L | - | - | - | - | L/S | - | - |
| Macintosh MacPaint (PNT) | - | L | - | - | - | - | - | - | - |

## Legende:

A: Microsoft Excel 2.0  
B: Aldus Pagemaker 3.0  
C: Microsoft Windows Write 2.0  
D: Micrografx Draw 1.04  
E: Micrografx Designer 1.0  
F: Micrografx Graph 1.0  
G: ZSoft Paintbrush 1.0  
H: Palantir Filer 3.01  
I: Blyth Omni Quartz 1.0  

L = Lesen  
S = Schreiben

* Windows Write lädt DIF- und SYLK-Dateien nur als Textdateien; es interpretiert nicht ihre Formatierungsbefehle

*Bild 5-7: Dateiformate und Programme, durch die sie unterstützt werden*

fest, wie sich die Erweiterung des Dateinamens entsprechend ändert. (Wenn Sie ein Arbeitsblatt mit Version 1.0 von Micrografx Graph einsetzen wollen, speichern Sie es als DIF-Datei aus. Graph kann die SYLK-Dateien von Excel nicht lesen. Darüber hinaus erwartet Graph eine SYLK-Datei mit der Endung SYL, Excel gibt den SYLK-Dateien die Endung SLK.) Bedenken Sie, daß nur Excels XLS-Format alle Formatierungsinformationen, die in Excel-Arbeitsblättern möglich sind, darstellen kann. Verwenden Sie ein anderes Format nur, wenn Sie ein Arbeitsblatt mit einem anderen Programm laden müssen.

Der Dateitransfer mit anderen Windowsprogrammen funktioniert ähnlich. Um eine Datei in einem anderen Format abzuspeichern, wählen Sie den Speichern unter-Befehl des Programms aus und dann das gewünschte Format. Bei der Auswahl eines anderen Formats wird das Programm die Endung des Dateinamens ändern, um das neue Format anzugeben.

Zum Laden einer Datei in einem anderen Format als dem Standardformat des Programms, müssen Sie normalerweise die richtige Dateinamenendung in der Laden-Dialogbox des Programms eingeben. (Denken Sie daran, Sie können die *.*-Jokerkombination in der Laden-Dialogbox eingeben, um alle Dateien im aktuellen Verzeichnis zu sehen.) Wenn das Programm eine bestimmte Datei nicht laden kann, gibt es eine Fehlermeldung aus. Bild 5-7 zeigt die Dateiformate, die von vielen beliebten Windowsprogrammen unterstützt werden. Eine Beschreibung der heute am weitesten verbreiteten Dateiformate finden Sie im Anhang.

## Tip 11: Datenaustausch mit anderen Computern

Für den Dateiaustausch mit anderen Computern gibt es mehrere Möglichkeiten. Wenn sich die Rechner in verschiedenen Büros oder Gebäuden befinden, können Sie Dateien mit einem Modem und Kommunikationsprogramm wie Palantir inTalk austauschen. Wenn die Computer nebeneinander stehen, bietet sich der Einsatz eines Nullmodemkabels und eines Kommunikationsprogramms an. Die Übertragung von Dateien mit Kommunikationsprogramm und Modem funktioniert gut, wenn man die Kniffe heraus hat. Das folgende Szenario ist ein Beispiel, wie eine Datenübertragungssitzung ablaufen sollte. Darin benutzt die Person, die die Datei empfängt ("Person Eins") Palantir inTalk; Person Zwei benutzt ein anderes Programm (und könnte auch einen völlig anderen Computer benutzen).

Es wird oft gesagt, daß ein erfolgreicher Datenruf vier Telefongespräche erfordert. Sie können dieses Verhältnis verbessern und jene "Was ging diesmal schief?"-Anrufe durch vorherige Planung vermeiden. Legen Sie von vorn herein fest, wer wen anrufen wird und welche Baudrate und Protokolleinstellungen zum Einsatz kommen sollen. Benutzen Sie folgendes Skript als Anleitung.

| Person Eins (Dateiempfänger) | Person Zwei (Dateisender) |
| --- | --- |
| (Abhebend) Hallo ? | |
| | Hi! |
| Sind Sie Zur Übertragung bereit? | |
| | Ja, verwenden wir 1200 Baud, 8 Datenbits, 1 Stopbit, keine Parität und XMODEM-Protokoll. Rufen Sie mich an oder soll ich anrufen? |
| Rufen Sie an. Wir sollten allerdings erst kurz auf dem Bildschirm etwas eingeben, um sicher zu sein, daß die Einstellungen übereinstimmen. Dann warten Sie ein paar Sekunden und starten dann die Übertragung. | |
| | OK, Stellen Sie Ihr Kommunikationsprogramm auf Auto Answer. Ich werde in ungefähr zwei Minuten anrufen. |

Beide Seiten legen auf und stellen ihre Kommunikationsparameter ein. Person Eins wählt Kommunikation im Einstellungsmenü aus und stellt die vereinbarten Werte für Baudrate, Datenbits und Parität ein. Es ist vielleicht für beide Personen notwendig, die Lokales Echo-Option einzuschalten, damit jeder sehen kann, was er oder Sie eingibt. Als nächstes wählt Person Eins den Befehl Binärübertragungen im Einstellungsmenü von inTalk aus und aktiviert die XMODEM-Option. (XMODEM ist ein verbreitetes Datenübertragungsprotokoll, ein Satz von Kommunikationsregeln, der ein Fehlerkorrektursystem verwendet, um sicherzustellen, daß keine Daten während der Übertragung verfälscht werden.) Person Zwei führt auf seinem oder ihrem Programm die gleichen Maßnahmen durch. Schließlich versetzt Person Eins inTalk mit dem Auf Anruf warten-Befehl im Telefonmenü in den Auto Answer-Modus. Person Zwei wählt den Wählen-Befehl seines oder ihres Programms aus und gibt die Telefonnummer von Person Eins ein.

Wenn das Telefon von Person Eins klingelt, antwortet sein oder ihr Modem und sendet einen Datenton. Wenn die Verbindung hergestellt ist, sollten beide kurz Gefälligkeiten austauschen, um die Verbindung zu überprüfen:

| **Person Eins** | **Person Zwei** |
| --- | --- |
| (Tippend) Sind Sie da? | |
| | Ich bin da und bereit. |
| OK. Ich werde jetzt in den Empfangsmodus schalten. Geben Sie mir ein paar Sekunden und starten Sie dann die Übertragung. | |
| | OK. |

An diesem Punkt wählt Person Eins Binärdatei empfangen im Übertragungs-menü aus, tippt für die ankommende Datei einen Namen ein und drückt Enter. Person Zwei wählt den Befehl aus, der eine Binärdateiübertragung eröffnet und die Datei spezifiziert, die gesendet werden soll. Nach einer kurzen Handshake-Periode, beginnen beide Programme mit der Kommunikation: das sendende Programm überträgt die Datei in Abschnitten, die man Blöcke nennt, mit einer Prüfsumme am Ende jedes Blocks, die inTalk den korrekten Empfang der Daten überprüfen läßt.

Empfängt inTalk einen Block, berechnet es auch die Prüfsumme und vergleicht sie mit der empfangenen. Stimmen beide Werte überein, weiß inTalk, daß der Block korrekt angekommen ist, und fordert den nächsten Block an. Wenn sich die Prüfsummen unterscheiden, weiß inTalk, daß ein Übertragungsfehler aufgetreten ist, und fordert den gleichen Block noch mal an.

In vorigen Beispiel benutzen beide Seiten das XMODEM-Protokoll für den Austausch einer binären Datei. Wenn der zu übertragende File dagegen eine ASCII-Textdatei ist (wie eine Stapeldatei oder die WIN.INI-Datei), könnten beide Seiten ihre Vorsicht in den Wind schießen und die Datei ohne Prüfsum-menprotokoll übertragen. In diesem Fall wählt Person Eins den Befehl aus, der die Übertragung einer Textdatei eröffnet, und Person Zwei wählt den Textdatei empfangen-Befehl von inTalk aus. Eine Textübertragung ist riskant, weil keine Prüfsumme gecheckt wird, aber bei jemand, dessen Kommunikationspro-gramm keinen Binärfiletransfer unterstützt, vielleicht die einzige Möglichkeit der Dateiübertragung.

Sind Ihre Maschinen im gleichen Raum, können Sie eine direkte serielle Verbindung zwischen ihnen mit einem Nullmodem herstellen, um Dateien ohne Modem zu übertragen. Dazu brauchen Sie ein kompatibles Kabel, das die seriellen Schnittstellen beider Computer miteinander verbindet, sowie auf jedem Rechner ein Kommunikationsprogramm. Wenn in Ihrem Kommunikationspro-gramm eine Option zur Direktübertragung zwischen Computern verfügbar ist, sollten Sie sie auswählen. Bei Windows Terminal müssen Sie dazu Kommunikation im Konfigurationsmenü auswählen und die Computeroption einschalten. Die Übertragung mit Nullmodem ist etwas leichter, da Sie die ganze Aufgabe selbst bewältigen können. Sie brauchen nur die Kommunikationsprogramme der beiden Rechner aufeinander abstimmen. Und da Nullmodems keine rauschenden Telefonleitungen verwenden, können Sie viel höhere Übertragungsgeschwindigkeiten fahren. Ich übertrage Dateien zwischen einem Macintosh und einem PS/2-Modell 50 routinemäßig mit 9600 Baud und verwende dabei das Programm MicroPhone von Software Ventures auf dem Mac und inTalk auf dem PS/2. Abgesehen von der geringeren Modemgeschwindigkeit und dem fehlenden Stimmkontakt eines Telefongesprächs, sind die Schritte praktisch dieselben. Bevor Sie eine Übertragung beginnen, tippen Sie ein paar Zeichen auf jedem Computer ein, um zu überprüfen, daß sie auf dem anderen Rechner ankommen.

# Kapitel 6

# Drucken

In diesem Kapitel untersuchen wir, wie Windows auf Drucker zugreift, wie sein Spulprogramm arbeitet und wie Sie Druckertreiber hinzufügen und wieder entfernen können. Und da Windows gut mit Druckern zusammenarbeitet, die Adobe Systems' Seitenbeschreibungssprache Postscript verwenden, werden wir uns genau anschauen, wie Sie einen Postscript-Drucker mit Windows einsetzen können. Sie werden sogar lernen, wie man die Leistungsfähigkeit von Postscript anzapfen kann, ohne einen Postscript-Drucker besitzen zu müssen, indem man Windows so modifiziert, daß es spezielle Druckdateien erzeugt, die Sie an einen Desktop Publishing-Dienst zum Ausdruck auf einem Postscript-Drucker oder einer Fotosatzmaschine schicken können.

Kapitel 1 beschrieb, wie die Grafische Treiberschnittstelle (GDI) von Windows Bildschirmdarstellungen mit variabler Auflösung ermöglicht. Um kurz zu rekapitulieren, GDI fungiert als Mittler zwischen Windowsprogrammen und der Hardware Ihres Bildschirms. Windowsprogramme erzeugen Bildschirmdarstellungen mit GDI-Befehlen, die treiberunabhängig sind - nicht an eine bestimmte Bildschirmauflösung gebunden. Windows gibt diese GDI-Befehle an einen Gerätetreiber weiter, der sie in Befehle übersetzt, die Ihre Bildschirm-Hardware versteht.

Windows verwendet ähnliche Techniken, um auf Drucker zuzugreifen. Wenn Sie den Drucken-Befehl eines Programms auswählen, benutzt das Programm GDI-Befehle zur Beschreibung der Seitengestaltung. Viele dieser Befehle sind die gleichen, die für die Bildschirmausgabe verantwortlich sind; andere sind druckorientiert und schalten den Drucker in den Normalmodus oder aktivieren die Mikrojustierung - den Raumausgleich zwischen bestimmten Buchstabenpaaren. GDI übergibt diese treiberunabhängigen Befehle an den Druckertreiber, der Sie in Steuercodes für Ihren Drucker übersetzt. Für ein Windowsprogramm ist der Ausdruck einer Seite nicht viel anders wie die Bildschirmausgabe. Es ist tatsächlich diese Ähnlichkeit, die Windows seine WYSIWYG-Betriebsart erlaubt ("what you see is what you get").

Wo gehört hier das Spulprogramm hinein? Es akzeptiert den Strom treiberspezifischer Information, die vom Gerätetreiber kommt und baut dafür eine Warteschlange auf - speichert sie in einem Laufwerk oder in einer temporären Datei.

Da ein Laufwerk (besonders eine Festplatte oder eine RAM-Disk) Daten viel schneller wie ein Drucker aufnehmen können, können Sie eher weiter arbeiten. Die Namen der temporären Spuldateien fangen mit den Zeichen ~SPL an und enden mit der Erweiterung TMP. (Sollten Sie eine dieser Dateien während einer Windowssitzung sehen, löschen Sie sie nicht. Wenn Sie es tun, erhalten Sie vom Spulprogramm eine Fehlermeldung. Bleibt jedoch eine Spuldatei nach einer Windowssitzung erhalten oder Ihr System funktioniert bei Aktivitäten des Spulprogramms falsch, können Sie sie löschen, um den Platz im Laufwerk wieder freizumachen.)

Sobald das Spulprogramm alle Daten akzeptiert hat, beginnt es, die temporäre Datei abzuspulen und schickt in gleichmäßigen Abständen Daten an den Drucker, während Sie am PC andere Dinge tun. Und da Windows mehr als einem Programm gleichzeitig den Ausdruck erlaubt, erhält das Spulprogramm die Trennung zwischen der Ausgabe jedes Programms aufrecht, führt Buch, welches Programm welche Datei ausgedruckt hat, und speichert jede Datei in einer Warteschlange gemäß der Reihenfolge, in der es die Dateien erhalten hat. Bild 6-1 zeigt, wie Windows ausdruckt.

Ein Programm sendet allgemeine Grafikbefehle an
die Grafische Geräteschnittstelle (GDI).


GDI übergibt die allgemeinen Grafikbefehle an
den Druckertreiber.


Der Druckertreiber übersetzt die Befehle in
treiberspezifische Befehle und sendet diese
an das Spulprogramm.


Das Spulprogramm speichert die gerätespezifischen
Befehle in Warteschlangendateien ab und sendet
vollständige Druckaufgaben an den Drucker.


DRUCKER

*Bild 6-1: Wie Windows ausdruckt*

## Tip 1: Verwendung des Spulprogramms zur Druckpause

Bei den meisten Druckaufgaben funktioniert das Spulprogramm so unauffällig, daß Sie seine Gegenwart gar nicht wahrnehmen. Aber über ein paar Besonderheiten Bescheid zu wissen, optimiert seine Benutzung. Eine besonders nützliche Eigenschaft des Spulprogramms ist der Befehl "Anhalten" im Steuerungsmenü. Er ermöglicht es, die Übertragung von Daten an den Drucker zeitweise zu stoppen. Sie können den Befehl dazu verwenden, eine große Warteschlange von Druck-Dateien aufzubauen und erst zu einem Ihnen genehmen Zeitpunkt zu drucken, oder um Schriftkassetten oder Papier zu wechseln. Um einen Druckjob pausieren zu lassen, starten Sie das Spulprogramm, benennen Sie den Drucker, auf dem die Dateien ausgedruckt werden sollen (wenn mehr als ein Drucker installiert ist), und geben Sie den Anhalten-Befehl. Wenn Sie das Abspulen unterbrochen haben, erscheint der Text *[Druckpause]* vor dem Druckernamen im Spulprogramm-Fenster. Schließen Sie das Spulprogramm zu diesem Zeitpunkt nicht; versetzen Sie es stattdessen in den Sinnbild-Status. Alle folgenden Druckjobs werden in der Schlange gehalten, bis Sie den Druckernamen erneut auswählen und den Weitermachen-Befehl im Steuerungsmenü geben. Dabei überträgt das Spulprogramm jedes aufgespulte Dokument in der Reihenfolge, in der es die Dokumente erhalten hat, an den Drucker. Wenn Sie es vor dem Ausdruck aller in der Warteschlange stehenden Dateien zu schließen versuchen, fragt es Sie, ob Sie die nicht ausgeführten Druckjobs beenden wollen. Wenn dem so ist, wählen Sie die Schaltfläche Ja aus; ansonsten geben Sie den Unterbrechen-Befehl.

## Tip 2: Im Spulprogramm wartende Druckjobs löschen

Eine weitere nützliche Spulprogrammeigenschaft ist die Fähigkeit, einen Druckjob zu löschen, bevor er den Drucker erreicht. Nehmen Sie zum Beispiel einmal an, Sie haben den Spulvorgang unterbrochen, um eine Warteschlange von Dateien aufzubauen und dann in einer Datei, die bereits in der Warteschlange zum Ausdrucken steht, einen Fehler festgestellt. Wählen Sie einfach mit den Pfeiltasten oder der Maus den Dateinamen im Spulprogrammfenster aus, geben Sie den Unterbrechen-Befehl im Steuerungsmenü und stimmen Sie dann mit Ja zu, wenn Sie zur Bestätigung des Unterbrechens aufgefordert werden. Sie löschen nicht das eigentliche Dokument, sondern nur die Druckspuldatei, die sowohl den Dokumenteninhalt als auch die für den Ausdruck notwendigen Druckerbefehle enthält.

# Tip 3: Einstellung der Druckgeschwindigkeit (Spulprogrammpriorität)

Mit dem anderen Menü des Spulprogramms namens "Priorität" definieren Sie die Druckgeschwindigkeit. In der Einstellung "Gering" wird weniger Prozessorzeit zum Drucken verwendet. In der Einstellung "Hoch" wird mehr Zeit zugeteilt und damit der Ausdruck beschleunigt. Das bedeutet aber auch, daß andere Programme langsamer ausgeführt werden. Wenn Sie es eilig haben, oder Sie eine große Druckschlange ausdrucken, während Sie nicht am Computer sind, benutzen Sie den Hoch-Befehl (=hohe Druckpriorität), ansonsten schalten Sie auf geringe Druckpriorität.

# Tip 4: Hinzufügen, Löschen und Auswählen eines Druckers

Sie wissen bereits, daß ein Druckertreiber der Schlüssel für den Zugriff auf eine bestimmte Druckereigenschaft ist. Wie weiß Windows, welchen oder welche Druckertreiber Sie benötigen? Das wird im Systemsteuerungsprogramm eingestellt. Bei der Druckerauswahl und der Festlegung der angeschlossenen Schnittstellen kopiert die Systemsteuerung den Druckertreiber in das Verzeichnis, das Windows enthalten wird, und gibt in der soeben flügge gewordenen WIN.INI-Konfigurationsdatei an, welchen Anschluß der Drucker verwendet.

Um einen Druckertreiber nach der Windows-Installation hinzuzufügen oder zu löschen oder um die Anschlußeinstellung zu ändern, nehmen Sie das Systemsteuerungsprogramm. Die Kapitel 8 und 9 erläutern die Systemsteuerung in den Einzelheiten; hier wollen wir uns nur auf die druckerspezifischen Eigenschaften konzentrieren. Für die folgenden Übungen brauchen Sie Ihre Windows-Diskette mit den Druckertreibern. Wenn Sie die Diskette zur Hand haben, starten Sie das Systemsteuerungsprogramm aus dem MS-DOS-Fenster heraus. Nach wenigen Sekunden erscheint die Systemsteuerung (s. Bild 6-2).

Im folgenden Beispiel sehen Sie, wie ein Druckertreiber hinzugefügt wird und wie der richtige Druckeranschluß dem System bekannt gemacht wird. Wenn Sie jetzt am Computer mitmachen wollen, brauchen Sie den Drucker oder die Schnittstelle, die Sie einstellen, gar nicht echt; Sie werden die Treiberdatei sofort nach der Übung wieder löschen. Bei der Auswahl des Befehls Drucker hinzufügen im Installationsmenü erscheint eine Dialogbox, die Sie anweist, eine Diskette mit Druckertreibern in Laufwerk A einzuschieben. Eine Textbox erlaubt aber auch die Auswahl eines anderen Laufwerks und Verzeichnisses. Dies ist aber nicht notwendig. Legen Sie die Diskette in Laufwerk A ein und wählen Sie die Schaltfläche OK. Die Systemsteuerung tastet die Diskette nach Druckertreibern ab. Findet sie einen, liest sie einen Teil davon, um den Namen des oder der Drucker zu erhalten, für den oder die der Treiber gedacht ist. Die

Systemsteuerung wiederholt diesen Such- und Lokalisierungsprozeß, bis sie alle Druckertreiber der Diskette abgetastet hat. Dann projiziert sie eine Liste mit Druckernamen auf den Bildschirm (s. Bild 6-3). (Einige Treiber

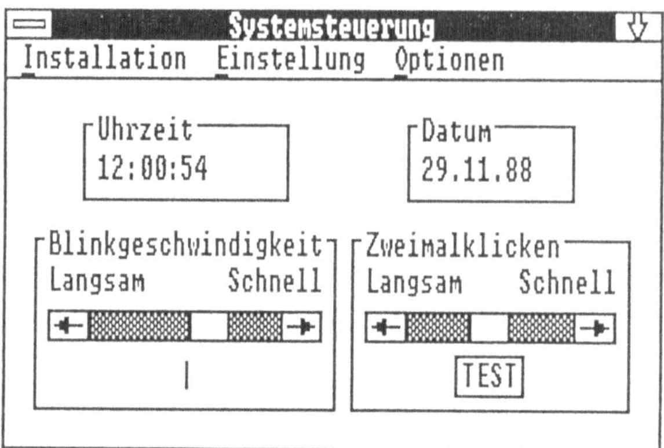

*Bild 6-2: Die Systemsteuerung*

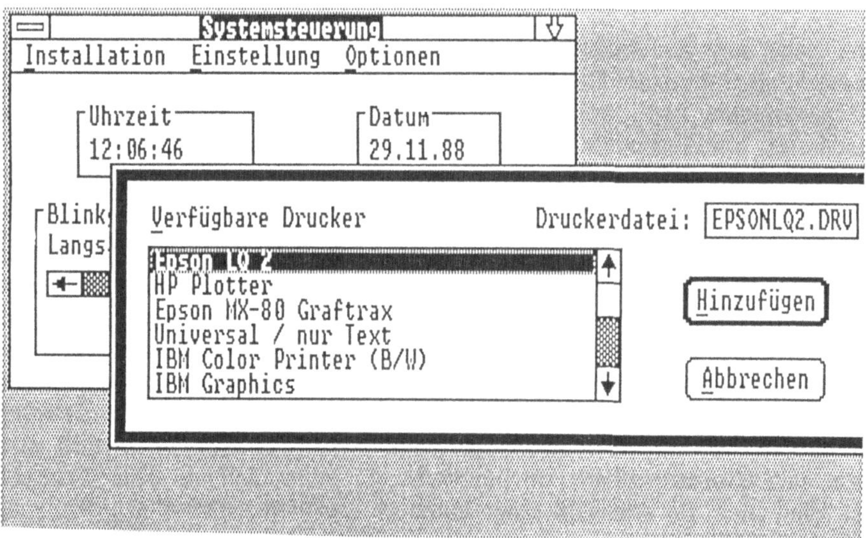

*Bild 6-3: Liste der Druckernamen*

funktionieren bei mehreren Druckern. Zum Beispiel ist der Treiber IBMGRX.DVR nicht nur für die IBM-Grafikdrucker einsetzbar, sondern auch für Kompatible, wie die Okidata-Modell 92/192 und 93/193. Es geht aus dem Dateinamen des Treibers nicht hervor, daß er für mehr als einen Drucker verwendbar ist. Deshalb stellt Windows die Namen der Drucker in der Auflistungsbox dar und den Namen des Druckertreibers für den ausgewählten Drucker in der Textbox in der rechten oberen Ecke der Dialogbox.)

Lokalisieren Sie den Eintrag NEC P2/P3 in der Auflistungsbox und klicken Sie ihn zweimal an; dies wählt den Treiber aus und führt zur gleichzeitigen Ausführung des Befehls. (Wenn Sie einen NEC-Pinwriter haben und dessen Treiber bereits installiert ist, wählen Sie einen anderen Drucker aus.) Windows fragt, ob Sie den Druckertreiber wirklich ins Windowsverzeichnis kopieren wollen. Wählen Sie die Schaltfläche Ja, um den Treiber zu kopieren.

Sie haben also nun den Kopiervorgang durchgeführt, Windows aber noch nicht informiert, an welchen Druckeranschluß der NEC-Pinwriter angeschlossen wird. Zu diesem Zweck wählen Sie den Befehl "Anschlüsse" im Einstellungsmenü der Systemsteuerung aus. Es erscheint eine Dialogbox mit einer Liste aller installierten Drucker und eine zweite mit den Anschlüssen, die Windows 2.0 unterstützt, obwohl Ihr Computer vielleicht nicht alle hat.

Die aus vier Zeichen bestehenden Abkürzungen heißen Gerätenamen. Die Einträge COM1 und COM2 stehen für serielle Schnittstellen für Modems und einige Drucker. Die LPT-Einträge stehen für parallele Schnittstellen, die von den meisten Druckern benutzt werden. Der EPT-Eintrag (Enhanced Parallel Port) gilt für die erweiterte Parallelschnittstelle in der Druckercontrollerkarte des IBM-Personal PagePrinter, einem Postscript-Laserdrucker. Zusätzlich zu einer schnelleren Datenübertragungsrate als bei einem Standard-Parallelanschluß ist die EPT-Schnittstelle in der Lage, Daten bidirektional zu übertragen, und ermöglicht dadurch das hohe Ausmaß beidseitiger Kommunikation, die bei Postscript-Druckern erforderlich ist.

Für unsere Übung nehmen wir an, daß der Pinwriter an der Schnittstelle LPT2 hängt, dem zweiten parallelen Anschluß Ihres Computers. Um Windows das mitzuteilen, gehen Sie sicher, daß der Name des Pinwriters in der linken Auflistungsbox ausgewählt ist, und wählen Sie anschließend LPT2 in der rechten Box. Bei der Auswahl von LPT2 ändert sich der Pinwriter-Eintrag in *NEC P2/P3 an LPT2*. Falls nicht, überprüfen Sie, daß Sie den richtigen Drucker und die richtige Schnittstellenkombination ausgewählt haben. Wenn Sie sicher sind, daß alles stimmt, wählen Sie die Schaltfläche OK, um die Einstellungen in der Dialogbox zu bestätigen und den Befehl auszuführen.

Nach der Treiberinstallation und der Festlegung der Anschlüsse des neuen Druckers, sind Sie zum Drucken bereit, richtig? Nicht ganz. Wenn Sie mehr als einen Drucker installiert haben, müssen Sie Windows sagen, welchen es verwenden soll. Dazu wählen Sie den Befehl Drucker im Einstellungsmenü aus. Wie Bild 6-4 zeigt, erscheint eine Dialogbox mit einer Liste der verfügbaren

Drucker. Seien Sie sicher, daß der Pinwriter-Eintrag markiert ist; wählen Sie dann Schaltfläche OK. Dabei wird Ihr Laufwerk für wenige Sekunden aktiv, da die Systemsteuerung Einträge in der WIN.INI-Datei vornimmt, um Ihre Einstellungen festzuhalten.

Fassen wir zusammen. Ein Drucker wird in drei Stufen hinzugefügt:

1. Auswahl des Drucker hinzufügen-Befehls im Installationsmenü, um den Druckertreiber aus der Diskette mit den Treibern in das Laufwerk und Verzeichnis Ihrer Windowskopie zu kopieren.

2. Auswahl des Anschlüsse-Befehls im Einstellungsmenü, um der Systemsteuerung mitzuteilen, welchen Anschluß der Drucker benutzt.

3. Auswahl des Drucker-Befehls im Einstellungsmenü, um den aktuellen Drucker festzulegen und die Druckoptionen zu spezifizieren.

Je nach Software ist es übrigens nicht immer notwendig, den dritten Schritt durchzuführen. Das Dateimenü enthält in vielen Windowsprogrammen einen Befehl, der meistens Drucker ändern oder Zieldrucker heißt, mit dem sich ein Drucker auswählen und Druckoptionen definieren lassen. Bei Programmen, die keine Druckeränderungsbefehle enthalten (wie zum Beispiel dem Notizblock), müssen Sie die Systemsteuerung zur Druckeränderung verwenden. Ungeachtet der Druckerauswahlmethode gilt eine Regel: Vermeiden Sie das Ändern von

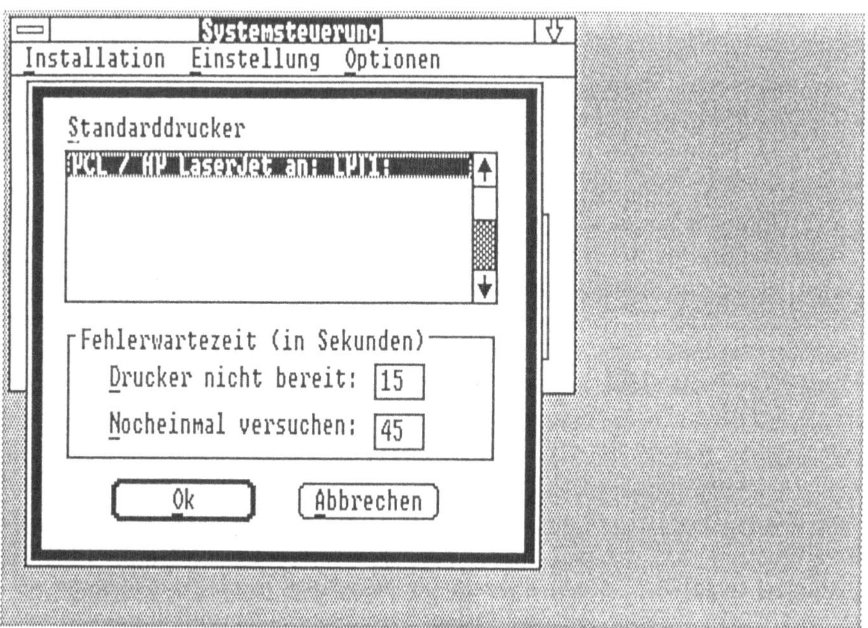


*Bild 6-4: Liste verfügbarer Drucker*

Druckern, wenn Sie mit der Arbeit an einem Dokument begonnen haben, besonders, wenn es sich um ein Dokument mit einer Vielfalt verschiedener Schriftstile handelt. Dann brauchen Sie Ihr Dokument nicht aufgrund von unterschiedlichen Eigenschaften zwischen den Druckern neu zu formatieren.

Um den zuerst installierten Druckertreiber zu löschen, rufen Sie die Systemsteuerung auf, und wählen Sie den Drucker löschen-Befehl im Installationsmenü aus. Bestimmen Sie den Treiber für den NEC-Pinwriter (oder welchen Treiber Sie auch immer installiert haben), wählen Sie Löschen, und antworten Sie mit Ja auf die Frage, ob Sie den Treiber aus Ihrem Windowsverzeichnis löschen wollen. Schließen Sie am Schluß die Systemsteuerung.

# Tip 5: Verwendung eines Postscript-Druckers

Die Anpassung von Windows an die meisten Drucker ist ein einfacher Vorgang: Drucker anschließen, Treiber installieren und Anschluß und Druckoptionen spezifizieren. Aber Drucker, die die Postscript-Seitenbeschreibungssprache verwenden, erfordern einige Schritte mehr. Der folgende Abschnitt beschreibt, wie Sie einen Postscript-Drucker an einen MS-DOS-PC anschließen, und behandelt einige Spezialdrucktechniken, die bei Postscript-Druckern möglich sind.

## Die serielle Schnittstelle eines Postscript-Druckers

Um zu verstehen, wie Windows mit Postscript-Druckern kommuniziert, müssen Sie verstehen, wie Postscript-Drucker mit Computern kommunizieren. Ein Verständnis der verfügbaren Schnittstellenoptionen hilft bei der Entscheidung für die jeweils beste Option. Postscript-Drucker haben normalerweise zwei serielle Schnittstellen: RS-232C und AppleTalk. Obwohl parallele Kommunikation die Druckerwelt dominiert, verwenden Postscript-Drucker meistens serielle Schnittstellen, da sie in beiden Richtungen kommunizieren müssen. Dies ist mit parallelen Schnittstellen nicht möglich. Ein Postscript-Drucker muß oft hoch entwickelte Meldungen an den angeschlossenen Computer senden, zum Beispiel, daß der Anwender eine Schriftart übertragen möchte, daß ein falscher Postscript-Befehl empfangen wurde oder daß ein anderer Fehler aufgetreten ist. Parallele Drucker können berichten, daß das Papier ausgegangen ist, aber darauf beschränkt sich meist auch schon ihre Kommunikation mit dem Computer. Einige Postscript-Drucker, wie die OmniLaser-Reihe von Texas Instruments, enthalten eine Centronics-Parallelschnittstelle, zusätzlich zum seriellen Port. Diese zusätzliche parallele Schnittstelle dient vorwiegend der Emulation des Diablo-630, durch die der Drucker jenen ehrwürdigen Typenraddrucker imitiert und dadurch den Anwender in die Lage versetzt, mit älteren Programmen zu drucken, die Postscript nicht unterstützen. Wenn Sie einen dieser Drucker mit beiden Schnittstellen besitzen und sowohl Programme verwenden, die Postscript unterstützen als auch solche, die es nicht tun, sollten

Sie den Drucker zum Ausdruck mit Postscript über die serielle Schnittstelle anschließen und zum Ausdruck mit Nicht-Postscript-Programmen über die parallele Schnittstelle. Sie könnten die parallele Schnittstelle des Druckers zum Empfang von Postscript verwenden. Wenn Sie das aber machen würden, müßten Sie auch die serielle Schnittstelle des Druckers anschließen, um in der Lage zu sein, auch Statusmeldungen an den Computer senden zu können. Weder Windows noch die meisten anderen aktuellen Softwarepakete unterstützen diese krumme Zwei-Schnittstellen-Verbindungsmethode.

## Anschluß eines Postscript-Druckers

Obwohl es am gebräuchlichsten ist, einen Postscript-Drucker über eine serielle Schnittstelle an einen MS-DOS-Rechner anzuschließen, enthalten nur wenige Druckerhandbücher Informationen, wie die entsprechende Verkabelung vor sich zu gehen hat. Vielleicht, weil die meisten Postscript-Drucker mit Macintosh-Computern eingesetzt werden. Oder vielleicht, weil es kein bestimmtes Schema zur Verkabelung eines MS-DOS-Computers mit einem Postscript-Drucker gibt, die garantiert mit jeder seriellen Karte und jedem Drucker funktioniert.

Bild 6-5 zeigt ein Drahtdiagramm für das Kabel, das ich verwende. Ich habe es mit mehreren Computern erfolgreich eingesetzt, von einem Tandy 1000 bis zu einem IBM PS/2 Modell 50, und mit zwei Postscript-Druckern: einem Apple LaserWriter Plus und einem QMS-PS 800+. Wenn Sie nicht gerne selbst verdrahten, können Sie ein serielles Kabel zum Anschluß eines MS-DOS-PCs an einen Hewlett Packard LaserJetverwenden (Hewlett Packard Teilnummer 17255D, bei HP-Händlern verfügbar). Bei einem IBM PC/AT, der eine serielle Schnittstelle mit einem DB-9-Stecker statt dem weiter verbreiteten DB-25 hat, brauchen Sie auch einen 9-Pol-zu-25-Pol-Adapter. Natürlich brauchen Sie auch eine freie serielle Schnittstelle; beim Einsatz eines Modems oder einer seriellen Maus brauchen Sie vielleicht einen zweiten Port.

| Postscript-Drucker<br>(DB-25) | IBM-PC<br>(DB-25) |
|---|---|
| 2 | 3 |
| 3 | 2 |
| 7 | 7 |
| 20 | 5 |
|  | 6 |

*Bild 6-5: Verdrahtungsdiagramm für ein RS-232C-Kabel zu Anschluß eines MS-DOS-Computers an einen Postscript-Drucker*

Als Alternative zur Verwendung einer seriellen RS232C-Verbindung könnten Sie auch den Einbau einer Apple Talk-Erweiterungskarte in Ihren Computer und die Verwendung eines Dienstprogramm namens WinPrint von Tangent Technologies in Erwägung ziehen. WinPrint erlaubt Windowsprogrammen den Ausdruck über einen mit AppleTalk angeschlossenen Postscript-Drucker. Da AppleTalk Daten mit mehr als 9600 Baud überträgt, nehmen Ihre Druckzeiten ab, aber Sie müssen dafür einen Preis zahlen: Das Windows-Spulprogramm ist dann nicht einsetzbar. Wenn Sie jedoch MS-DOS-Computer und Macs verwenden, ist das Opfer den Komfort wert, weil Sie nicht umständlich zwischen AppleTalk und 9600-Baud-Modi umschalten müssen.

Und da eine AppleTalk-Karte den Anschluß Ihres Rechners an ein AppleTalk-Netzwerk ermöglicht, können Sie über Netzwerksoftware, wie Tangent Technologies' TangentShare, Dateien mit Macintosh-Anwendern austauschen. Mit TangentShare läßt sich ein PC in ein AppleShare-Netzwerk einbinden. (AppleShare ist die Apple-Software, die einen Macintosh mit Festplatte in einen Netzwerkserver verwandelt.) Tangent Technologies' AppleTalk-Karte für IBM-PCs und IBM-PC/XTs heißt PCMacBridge ATB/II. Die Version für die PS/2 Modelle 50, 60 und 80 heißt PCMacBridge ATB/MCA. Apple stellt ebenfalls eine AppleTalk-Karte für IBM-PCs und IBM-PC/XTs her, ebenso Tops, Hersteller der Tops-LAN-Software für MS-DOS-Computer und Macs.

## Konfigurierung der Druckerschnittstelle

Die Brücke zwischen MS-DOS-Computer und Postscript ist erst mit der Konfiguration von Drucker und serieller Schnittstelle des Computers komplett. Damit wird sichergestellt, daß beide die gleiche serielle Sprache sprechen. Als erstes vergewissern Sie sich, daß die Schnittstelle Ihres Druckers für seriellen Postscript-Betrieb auf 9600 Baud eingestellt ist. Stellen Sie bei einem LaserWriter oder LaserWriter Plus den Vier-Stufenschalter auf die 9600-Baud-Stellung. Bei einem QMS-PS 800 und QMS-PS 800+ drehen Sie den Daumenschalter, bis die Nummer 1 sichtbar wird. Bei einem Texas Instruments OmniLaser 2108 verwenden Sie die Front-Panel-Tasten, um den 9600-Baud-Betrieb zu aktivieren. Überprüfen Sie Ihre Einstellungen, indem Sie den Drucker einschalten und auf den Ausdruck der ersten Seite warten; die meisten Postscript-Drucker zeigen dabei ihren aktuellen Betriebsmodus an.

## Einstellung des seriellen Handshakings

Ab dann können die Dinge kompliziert werden. Der komplizierende Faktor ist ein Kommunikationskonzept namens Handshaking. Wenn ein empfangendes serielles Gerät, wie ein Drucker, mit Daten voll wird oder mit einer anderen Aufgabe beschäftigt ist, kann es Signale an das sendende Gerät (den Computer) übermitteln und ihm bedeuten, die Übertragung kurzfristig einzustellen. Wenn es dann wieder aufnahmebereit ist, schickt es ein anderes Signal ab, um mitzuteilen, daß die Übertragung wieder aufgenommen werden kann. Dieser "Warte einen Augenblick"- und "OK, mach weiter"-Dialog heißt Handshaking.

Es gibt zwei Handshaking-Methoden: Hardware- und Software-Handshake. Beim Hardware-Handshake sagt der Drucker "Warte einen Augenblick", indem er die Spannung auf einer der seriellen Drähte verändert; der Computer erkennt die Veränderung und stoppt die Übertragung, bis sich die Spannung erneut ändert. Beim Software-Handshake sendet der Drucker Steuercodes an den Computer, die diesen informieren, daß er pausieren oder die Übertragung wieder aufnehmen soll. Die meisten Postscript-Drucker beherrschen beide Handshake-Arten, obwohl die frühen Modelle des Apple LaserWriters im Software-Handshake begrenzt sind. Sie reagieren auf die Industrie-Standard-Codes Strg-S und Strg-Q, die gleichen Steuercodes, mit denen man das sequentielle Verzeichnislisting unter MS-DOS anhält bzw. weiterlaufen läßt.

Welches Handshaking sollten Sie einsetzen? Die seriellen Schnittstellen verwenden bei den meisten MS-DOS-Computern das Hardware-Handshaking. Fangen Sie also damit an. Überprüfen Sie, daß Ihr Drucker auf 9600 Baud eingestellt ist; starten Sie dann die Windows-Systemsteuerung, wählen Sie den Befehl Datenübertragungsanschluß im Einstellungsmenü aus und füllen Sie das Dialogfeld mit den Kommunikationsparametern wie in Bild 6-6 aus. (Ist Ihr Drucker an COM2 angeschlossen, wählen Sie diesen Anschluß statt COM1

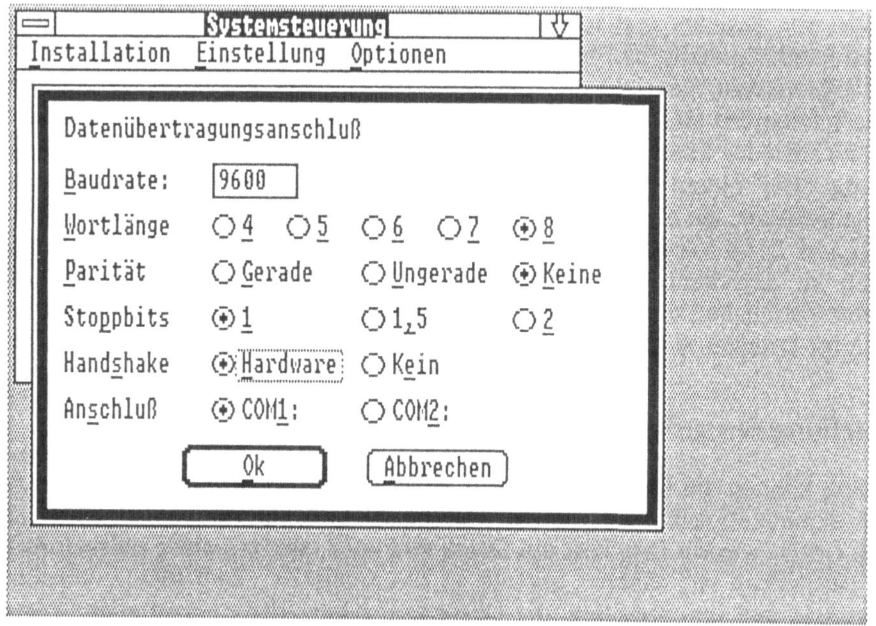


*Bild 6-6: Datenübertragungseinstellungen für einen Postscript-Drucker*

aus.) Wenn Ihre Einstellungen sich mit denen in Bild 6-6 decken, wählen Sie die Schaltfläche OK aus und schließen Sie die Systemsteuerung. (Sie wählen diese Einstellungen deshalb aus, weil es die Voreinstellungen von Adobe für Kommunikation über einen seriellen RS-232C-Port sind, den Anschluß, den die meisten DOS-Rechner verwenden.)

Nun müssen Sie Ihren Drucker für den Hardware-Handshake konfigurieren. Dazu gehört es, ein kurzes Postscript-Programm an den Drucker zu senden, das sich auf einer Ihrer Windows-Einrichtungsdisketten befindet. Dieses Programm schaltet den Drucker auf Hardware-Handshake. Die Handshaking-Einstellung wird im Festwertspeicher des Druckers abgespeichert, so daß Sie diesen Schritt nur einmal durchführen müssen.

Wenn Ihr Drucker eingeschaltet und bereit ist, legen Sie die Einrichtungsdiskette in Laufwerk A ein. Gehen Sie dann ins MS-DOS-Fenster und zeigen Sie das Verzeichnis der Diskette in Laufwerk A an. Lokalisieren Sie die Datei HARDWARE.TXT und wählen Sie sie aus. (Wenn Sie beim Lokalisieren Probleme haben, verwenden Sie den Befehl Teilweise im Menü Liste, um den Joker *.txt einzugeben, mit dem Sie die Dateiliste verkürzen können.) Ist die Datei ausgewählt, wählen Sie den Kopieren-Befehl im Dateimenü, tippen Sie *com1* in die Textbox Auf ein (oder *com2*, wenn Sie diesen Anschluß verwenden), und bestätigen Sie mit OK. (Geben Sie keinen Doppelpunkt nach dem Gerätenamen ein; obwohl das bei MS-DOS geht, funktioniert es im MS-DOS-Fenster nicht.) Die Aktivitätsanzeige Ihres Druckers müßte kurz aufleuchten, während die Datei über das serielle Kabel gesendet wird. Kopieren Sie die Dateien PSPREP.TXT und READMEPS.TXT in das Windowsverzeichnis Ihrer Festplatte, während sich die Einrichtungsdiskette noch in Laufwerk A befindet; Sie werden sie später brauchen.

Wenn Sie bei Ihrer Windowsinstallation keinen Postscript-Drucker definiert haben, besteht Ihr nächster Schritt im Kopieren des Postscript-Druckertreibers PSCRIPT.DRV auf Ihre Festplatte. Verwenden Sie das Installationsmenü der Systemsteuerung, wie in Tip 4 beschrieben. Der Treiber selbst befindet sich auf der gleichen Einrichtungsdiskette, so daß Sie diese in Laufwerk A lassen können. Nach dem Kopieren des Treibers verwenden Sie den Anschlüsse-Befehl im Einstellungsmenü, um anzugeben, welche Schnittstelle der Drucker benutzt, und den Druckerbefehl, um den Postscript-Drucker zum aktuellen Drucker zu machen. Schließen Sie die Systemsteuerung, wenn Sie fertig sind.

## Testen der seriellen Verbindung

Nachdem Sie das alles hinter sich haben, können Sie den ersten Ausdruck versuchen. Starten Sie den Notizblock und laden Sie die von der Einrichtungsdiskette kopierte Datei READMEPS.TXT. Seien Sie sicher, daß Ihr Drucker eingeschaltet und bereit ist, wählen Sie dann den Drucken-Befehl im Dateimenü aus und warten Sie. Sie sehen das Spulprogramm-Sinnbild auftauchen (es sei denn, das Notizblockfenster ist auf Vollbild geschaltet); wenige Sekunden später müßte die Aktivitätsanzeige Ihres Druckers zu blinken anfangen. Kurz danach sollte der erste Ausdruck im Ausgabeschacht des Druckers erscheinen.

Falls nicht, wäre es nicht das erste Mal, daß serielle Kommunikation frustriert hätte. Überprüfen Sie Ihr Vorgehen. Checken Sie zunächst, ob der Druckmodusschalter auf 9600-Baud-Postscript-Betrieb eingestellt ist; die anderen Einstellungen versetzen den Drucker in den 1200-Baud-Postscriptmodus oder konfigurieren ihn für AppleTalk oder den Diablo-630-Emulationsmodus. Dann starten Sie erneut die Systemsteuerung, und verwenden Sie das Einstellungsmenü, um Ihre Kommunikations-, Anschluß- und Druckereinstellungen doppelt zu überprüfen. Vergewissern Sie sich, daß der Druckertreiber PSCRIPT.DRV im Windowsverzeichnis ist.

Sind alle Einstellungen in Ordnung, versuchen Sie es über Software-Handshaking. Wählen Sie im Einstellungsmenü der Systemsteuerung Datenübertragungsanschluß aus, und bei der Handshake-Option den Wert Kein. (Das sieht so aus, als ob Sie Handshaking ausschalten würden. Keine Angst; der Postscript-Druckertreiber weiß, wie er ein Software-Handshaking durchführen muß.) Aktivieren Sie die Schaltfläche OK und schließen Sie die Systemsteuerung. Nun kehren Sie ins MS-DOS-Fenster zurück, vergewissern sich, daß die Einrichtungsdiskette in Laufwerk A ist, und kopieren die Datei SOFTWARE.TXT mit der schon beschriebenen Technik an den Drucker. Schließlich versuchen Sie den erneuten Ausdruck von READMEPS.TXT.

Wenn Sie immer noch keinen Erfolg haben, gibt es vielleicht Probleme mit der seriellen Schnittstelle des Computers. Hat er mehr als eine Schnittstelle, versuchen Sie die andere. Wenn Sie eine Multifunktionskarte mit einem eigenen seriellen Anschluß ausleihen können, probieren Sie es damit. Wenn Sie sich Ihr eigenes Kabel gemacht haben, überprüfen Sie die Verdrahtung und sehen Sie nach, daß es keine losen oder kalten Lötstellen an einem der beiden Stecker gibt. Haben Sie Ihr Kabel im Verdacht, probieren Sie es an einem anderen Drucker. Und vernachlässigen Sie nicht das Selbstverständliche: Ihr Drucker muß aufgewärmt sein und Papier haben.


## Auf Diskette oder Platte drucken

Mit einer geringfügigen Änderung an Windows können Sie die Ausgabe des Spulprogramms statt zum Drucker zu einer Datei im Laufwerk senden. Das hat bei den meisten Druckern wenig Wert, bietet bei Postscript-Druckern aber sehr viele Möglichkeiten. Sie können eine Pagemaker-Publikation oder jedes andere von einem Windowsprogramm erzeugte Dokument auf Diskette oder Platte "drucken", und dann die Diskette oder die Datei per Modem an ein Fotosatzbüro schicken, das mit einer postscriptfähigen Anlage ausgestattet ist (wie die Linotronic-Reihe von Linotype). Dieses Vorgehen ermöglicht Ihnen die Ausnutzung der typografischen Talente von Postscript, ohne daß Sie selbst einen Postscript-Drucker brauchen. Wenn Sie einen eigenen besitzen, können Sie damit Proben ausdrucken, um auf Fehler zu überprüfen, bevor Sie das Geld für die Übertragung Ihrer endgültigen Dokumente an die Fotosatzanlage ausgeben. Und da die Druckdatei alle Informationen enthält, die Ihr Drucker benötigt, um das Dokument zu erzeugen, muß der externe Dienstleister Windows oder Ihr spezielles Programm gar nicht haben. (Er muß aber alle Schriftarten besitzen, die in Ihrem Dokument aufgerufen werden. Eine Druckdatei enthält keine Postscript-Schriften, nur die Befehle zum Aufruf.)

Windows dazu zu bringen, auf eine Datei zu drucken, erfordert geringfügige Änderungen an WIN.INI, der Windows-Konfigurationsdatei, die in Kapitel 1 erörtert wurde. Die vielen Facetten von WIN.INI sind Thema von Kapitel 7 und 8; wir schauen uns hier nur die Auf-Datei-Drucken-Änderung an. WIN.INI ist eine Textdatei, die Sie mit dem Notizblock editieren können. Laden Sie dazu WIN.INI einfach vom MS-DOS-Fenster aus. Windows startet den Notizblock und lädt WIN.INI (s. Bild 6-7).

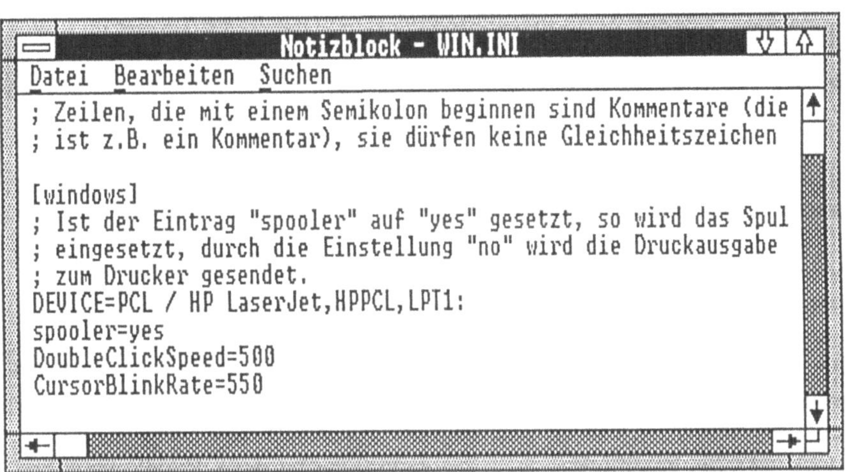

*Bild 6-7: Geladene Datei WIN.INI*

Um den Teil von WIN.INI zu lokalisieren, den Sie ändern müssen, wählen Sie den Suchen-Befehl im Suchen-Menü, geben Sie *ports* ein und drücken Sie Enter. Dann rollen Sie den Text ungefähr ein Dutzend Zeilen nach unten, bis der blinkende Cursor am Ende der Zeile steht, die mit EPT anfängt, und drücken Enter. Jetzt tippen Sie sorgfältig *printfil.prn*, gefolgt von einem Gleichheitszeichen. Wenn Ihr Bildschirm aussieht wie in Bild 6-8, speichern Sie die Änderung ab und verlassen Sie den Notizblock.

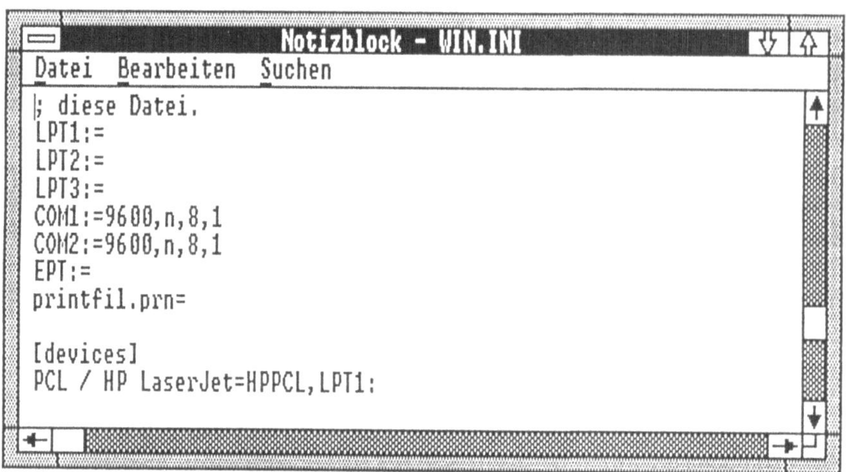

*Bild 6-8: Ergänzung einer Druckd Datei in WIN.INI*

Da Windows die WIN.INI-Datei nur beim Starten liest, müssen Sie Ihre Sitzung beenden und Windows erneut aufrufen, damit es die Änderung berücksichtigt. Tun Sie das. Im nächsten Schritt teilen Sie Windows mit, daß Ihr Postscript-Drucker an die Druckdatei "angeschlossen" ist. Laden Sie die Systemsteuerung und wählen Sie Anschlüsse im Einstellungsmenü aus. Selektieren Sie den Namen Ihres Postscript-Druckers in der linken Auflistungsbox und rollen Sie den Text in der rechten Auflistungsbox, bis Sie den Eintrag für printfil.prn sehen. Wählen Sie diesen aus. Wie Sie in Bild 6-9 sehen, ändert sich der Inhalt der linken Box und weist den neuen "Anschluß" aus. Wählen Sie die Schaltfläche OK zur Bestätigung aus und verlassen Sie dann die Systemsteuerung.

Nun starten Sie Write und geben ein Paar Wörter ein. Wählen Sie dann den Drucken-Befehl im Dateimenü aus und bestätigen Sie mit OK. Das Spulprogrammsinnbild erscheint kurz, da Write Daten dorthin schickt. Das Spulprogramm leitet die Daten an die Druckdatei weiter.

Zur Kontrolle, daß die Druckdatei tatsächlich etwas enthält, laden Sie sie mit Write. Die Untersuchung einer Druckdatei eignet sich auch hervorragend, um zu sehen, wie Windows mit einem gegebenen Drucker kommuniziert. Wenn das Spulprogrammsinnbild verschwindet, wählen Sie Laden im Dateimenü aus und anschließend Nein auf die Frage, ob die Eingaben gespeichert werden sollen. Im Textfeld zum Laden einer Datei geben Sie *printfil.prn* und Enter ein. Auf die Frage, ob die Datei ins Write-Format konvertiert werden soll, wählen Sie "Keine Konvertierung" aus. Die daraufhin dargestellten kryptischen Codes enthalten das Windows-Postscript-Wörterbuch, einen Satz von Erweiterungen und

Zusätzen zur Postscript-Sprache, der für eine bessere Zusammenarbeit mit Windows sorgt. Ein Teil des Wörterbuchs vergibt andere Definitionen für die Codes bestimmter Zeichen, wie Akzente und Anführungszeichen, als der ANSI-Standard, den Windows verwendet. Die Übertragung wird in den Adobe Postscript-Standard vorgenommen. Ein anderer Teil des Wörterbuchs fügt Postscript-Funktionen zum Drucken von durch- und unterstrichenem Text ein. Andere Wörterbuchdefinitionen ergänzen Grafikbefehle, die Postscript und Windows' GDI koexistieren lassen.

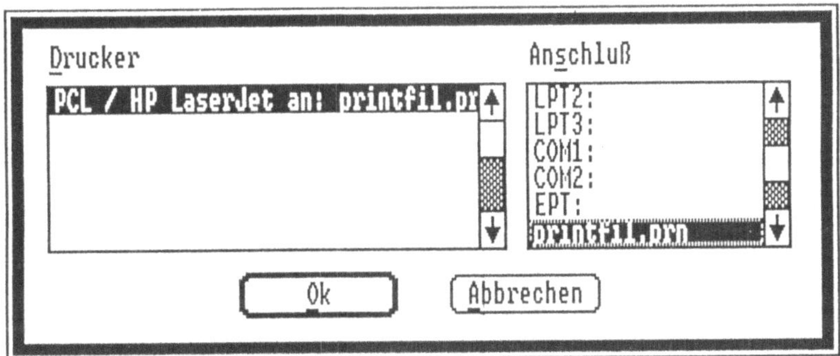


*Bild 6-9: In der Systemsteuerung ausgewählte Druckdatei (printfil.prn)*

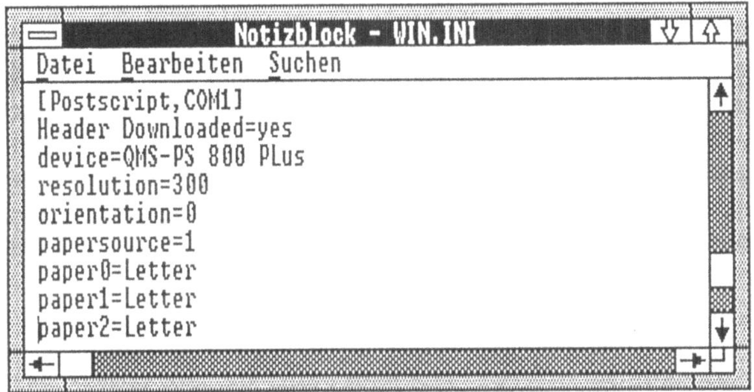


*Bild 6-10: Ergänzte Zeile "Header Downloaded" in WIN.INI*

Wenn Sie bis ans Ende der Datei gehen, sehen Sie, zwischen dem ersten Zeilensatz *SaveState* und *RestoreState* eine Beschreibung für die von Ihnen gedruckte Seite. Irgendwo in der Mitte steht der von Ihnen eingegebene Text in Klammern.

"Warten Sie eine Minute", sagen Sie vielleicht: "Sie meinen, daß das ganze Wörterbuch und all die Postscript-Befehle notwendig sind, um die paar Wörter auszudrucken?" Nein. Der Postscript-Druckertreiber ist nicht intelligent genug, um zu wissen, welche Postscript-Erweiterungen für einen bestimmten Druckauftrag notwendig sind und überträgt deshalb jedesmal das gesamte 12000-Zeichen-Wörterbuch zum Ausdrucken eines Dokuments. Und das dauert circa 30 Sekunden bei 9600 Baud. Beim Ausdrucken eines zwei- oder dreiseitigen Dokuments ist in der Tat die Übertragung des Wörterbuchs der Teil des Druckauftrags, der am meisten Zeit verschlingt. (Es gibt eine Alternative: Wenn Sie wissen, daß Sie viele Dokumente ausdrucken wollen, können Sie das Wörterbuch beim ersten Einschalten des Druckers manuell an diesen übertragen. Sie werden bald erfahren, wie das vor sich geht.)

## Die Druckdatei an einen lokalen Drucker übertragen

In dieser Übung schicken Sie die Druckdatei, die Sie erzeugt haben, an einen Postscript-Drucker, der an Ihren MS-DOS-Rechner angeschlossen ist. Wenn Ihr Drucker ausgeschaltet war, schalten Sie ihn ein und warten Sie, bis er die erste Seite druckt. Verlassen Sie dann Write und kehren Sie ins MS-DOS-Fenster zurück. Wählen Sie die Datei PRINTFIL.PRN aus und dann den Kopieren-Befehl im Dateimenü. In der Auf-Box geben Sie *com1* ein und schließen Sie mit Enter ab. Die Aktivitätsanzeige Ihres Druckers blitzt auf und nach einer Minute oder so erscheint der Ausdruck Ihrer Wörter im Ausgabeschacht. Mehr ist bei der Übertragung einer Druckdatei über eine direkte Kabelverbindung nicht zu tun.

## Die Druckdatei an einen entfernten Drucker übertragen

Mit einem Telekommunikationsprogramm und Modem ist es möglich, Postscript-Druckdateien über die Telefonleitung an einen anderen Computer zu übertragen, zum Beispiel, an den Computer eines entfernten Fotosatzbüros oder an einen Computer, der mit einem Postscriptdrucker außerhalb der Reichweite von Druckerkabeln verbunden ist.

Wenn Sie eine Datei an ein Fotosatzbüro übertragen, würden Sie die Übertragung nicht direkt zur Postscript-Fotosatzanlage vornehmen. Viel wahrscheinlicher würden Sie an den Computer des Büros übertragen, wo die Datei gespeichert wird, bis das Büro den Ausdruck vornimmt. Folgen Sie in solchen Fällen den Kommunikationsanweisungen des Büros. Sie werden den jetzt zu beschreibenden Schritten ähnlich sein, obwohl Sie die Druckdatei wahrscheinlich mit einem Fehlerkorrekturprotokoll wie XMODEM übertragen werden, um durch rauschende Telefonleitungen verursachte Übertragungsfehler zu verhindern.

Bei der Dateiübertragung an einen MS-DOS-Rechner an einem anderen Ort vereinbaren Sie die Kommunikationsparameter und sagen Sie der Person, mit der Sie die Übertragung durchführen, daß sie die ankommenden Daten als

Textdatei abspeichert. Die Person am anderen Ende der Leitung kann diese Postscript-Datei dann zu einem passenden Zeitpunkt an den Postscript-Drucker kopieren.

Weil eine Postscript-Druckdatei nur aus einer Reihe von ASCII-Textzeichen besteht, ist die Übertragung einer Datei an einen Apple Macintosh nicht anders: Kommunikationsparameter ausmachen und den Macintosh-Besitzer die ankommenden Daten als Textdatei abspeichern lassen. Der Macintosh-Besitzer kann dann ein Postscript-Übertragungsprogramm zum Ausdruck der Datei auf einem Postscript-Drucker, der an AppleTalk oder an einer der seriellen Schnittstellen des Mac angeschlossen ist, verwenden. Zwei gute Übertragungsprogramme sind SendPS von Adobe Systems und CricketDraw von Cricket Software. Adobes Schriftenübertragungsprogramm für den Mac kann ebenfalls Postscript-Dateien übertragen.

Das folgende Beispiel verwendet Windows inTalk, ein leistungsfähiges Kommunikationsprogramm von Palantir Software. Ich verwende inTalk, weil es eine Windowsanwendung ist, Sie könnten aber auch Microsoft Access, Hayes Smartcom II oder jedes andere Kommunikationsprogramm verwenden, das Dateien übertragen kann. Windows Terminal kann es nicht.

Stellen Sie Ihre Kommunikationsparameter folgendermaßen ein: 1200 Baud, 8 Datenbits, 1 Stopbit, keine Parität und Handshaking (inTalk nennt es Xon/Xoff-Flußkontrolle). Dann weisen Sie den Anwender des Empfangscomputers an, Gleiches zu tun. Wenn die Modems dazu in der Lage sind, wollen Sie vielleicht die Geschwindigkeit auf 2400 Baud erhöhen, nachdem Sie eine stabile Verbindung hergestellt haben. Gibt es Probleme, verwenden Sie das XMODEM-Protokoll, mit dem Sie Fehlerentdeckung und -korrektur durchführen können.

Sobald der Anwender des Empfangscomputers bereit ist, Ihre Postscript-Datei zu empfangen, wählen Sie "Textdatei senden" im Übertragungsmenü aus, tippen Sie dann *printfil.prn* im Dateinamenfeld und drücken Sie Enter. In wenigen Sekunden wird die Datei sicher im Computer des empfangenden Anwenders gespeichert.

Noch ein Wort zu Druckdateien: Jedes mal, wenn Sie ein Dokument in eine Druckdatei übergeben, ersetzt Windows den vorigen Inhalt der Druckdatei durch eine neue Version der Datei. Wenn Sie Druckdateien für mehrere Dokumente erzeugen wollen, verwenden Sie den Befehl Umbenennen im MS-DOS-Fenster, um die Druckdatei nach dem "Drucken" jedes Dokuments umzubenennen.

## Das Postscript-Wörterbuch übertragen

Wenn Sie wissen, daß Sie eine große Zahl kurzer Dokumente drucken wollen, wollen Sie vielleicht das Windows-Postscript-Wörterbuch an den Drucker beim ersten Einschalten übertragen. Dadurch entfällt die Notwendigkeit, daß Windows bei jedem Druckauftrag das Wörterbuch übertragen muß. Dies reduziert die Ausführungszeit jedes Druckauftrags um etwa eine halbe Minute. Wenn die Einsparung von 30 Sekunden pro Druckauftrag für Sie nicht wichtig ist, können Sie diesen Abschnitt überspringen.

Das Postscript-Wörterbuch, das Sie übertragen, ist in einer Datei namens PSPREP.TXT in einer der Einrichtungsdisketten abgespeichert. Ich habe Sie an anderer Stelle in diesem Kapitel jene Datei schon in das Windowsverzeichnis Ihrer Festplatte kopieren lassen. Haben Sie diesen Schritt ausgelassen, holen Sie ihn jetzt nach.

Sie übertragen das Postscript-Wörterbuch mit der gleichen Technik, wie Sie eine Druckdatei übertragen. Wählen Sie PSPREP.TXT im MS-DOS-Fenster aus, wenn Ihr Drucker an und bereit ist, und selektieren Sie den Kopieren-Befehl im Dateimenü. In der Auf-Box geben Sie *Com1* ein und drücken Enter. Die Aktivitätsanzeige Ihres Druckers blinkt, und nach einer Minute oder zwei erscheint eine Seite mit der Meldung "PSPREP.TXT loaded." (PSPREP.TXT geladen) Das Wörterbuch verbleibt im Druckerspeicher, bis Sie den Drucker ausschalten. Sie können die übertragung des Wörterbuchs auch bei jedem Booten Ihres Computers automatisch durchführen lassen, indem Sie folgende Zeile zusätzlich in Ihre AUTOEXEC.BAT-Datei aufnehmen:

```
copy c:\windows\psprep.txt com1:
```

Damit dieses Vorgehen funktioniert, müssen Sie aber sicher sein, daß der Drucker an und bereit ist, wenn Sie Ihren Computer einschalten oder neu starten. Sonst wird der Drucker das Wörterbuch nicht empfangen. Wenn Sie Ihren Drucker vor dem Booten einzuschalten vergessen, müssen Sie den Computer nicht noch mal starten. Schalten Sie einfach den Drucker ein, warten Sie, bis er aufgewärmt und bereit ist, und geben Sie dann entweder nach dem MS-DOS-Prompt das obige Kommando ein, oder folgen Sie den obigen Anweisungen zur Übertragung des Wörterbuchs mit dem Kopieren-Befehl des MS-DOS-Fensters.

Um Windows zu sagen, daß es das Wörterbuch nicht senden soll, müssen Sie eine Zeile in der WIN.INI-Konfigurationsdatei einfügen. Laden Sie WIN.INI und verwenden Sie dann den Suchen-Befehl, um die Zeile *[PostSript,COM1]* (oder COM2, wenn Sie diesen Anschluß verwenden) zu finden. Genau darunter fügen Sie folgende neue Zeile hinzu: *Header Downloaded=yes*. Die Zeilen müßten Bild 6-10 ähneln. Falls dem so ist, speichern Sie die geänderte WIN.INI und verlassen Sie den Notizblock. Denken Sie jedoch daran, daß Sie Windows verlassen und neu starten müssen, damit Windows die Änderungen zur Kenntnis nehmen kann.

Sie fragen sich vielleicht, welcher Unterschied zwischen PSPREP.TXT und dem PSCRIPT.DRV-Druckertreiber besteht. PSPREP.TXT ist kein Druckertreiber; es ist einfach eine Reihe von Postscript-Routinen, die Postscript erweitern, damit es mit Windows arbeiten kann. PSCRIPT.DRV enthält die gleichen Routinen, als auch die Software, mit der es ein Dokument in Postscript-Befehle übersetzen kann. Wenn Windows die *Header Downloaded=yes*-Zeile in der

WIN.INI-Datei sieht, weiß es, daß es das Wörterbuch nicht bei jedem Druck-auftrag vom Treiber übertragen soll.

Ein letzter, wichtiger Punkt zum Postscript-Wörterbuch: Wenn Sie Druckda-teien zur Übertragung an ein Fotosatzbüro erzeugen wollen, fügen Sie die *Header Downloaded*-Zeile *nicht* in WIN.INI ein. Wenn Sie die Zeile einfügen, enthalten Ihre Druckdateien nicht die wichtigen Postscript-Ergänzungen, die im Wörterbuch stehen.

## Interaktive Verwendung des Postscript-Druckers

Sie können mit einem Postscript-Drucker direkt interagieren, Befehle eingeben und Antworten betrachten, wenn Sie den Drucker in den interaktiven Modus schalten. Dazu müssen Sie an einem Postscript-Drucker angeschlossen sein und ein Kommunikationspaket gestartet haben. Stellen Sie folgende Kommunikati-onsparameter ein: 9600 Baud, 8 Datenbits, 1 Stopbit, keine Parität und Hard-ware-Handshaking (DTR bei inTalk). Stellen Sie den Kommunikationsanschluß auf COM1 und schließen Sie den Postscript-Drucker dort an. Schalten Sie, wie schon erwähnt, den Postscript-Drucker vom AppleTalk- in den 9600-Baud-Postscript-Modus. Um den interaktiven Modus zu aktivieren, vergewissern Sie sich, daß das Fenster Ihres Kommunikationsprogramms aktiv ist, geben Sie dann *executive* ein und schließen Sie mit dem Drücken der Enter-Taste ab. Sie werden das Wort beim Eingeben nicht sehen. Nach dem Betätigen der Enter-Taste sollten Sie folgende Meldung sehen (Ihre Versionsnummer mag unter-schiedlich sein):

*PostScript (r) Version 44.0*
*Copyright (c) 1986 Adobe Systems Incorporated.*
*PS>*

Sie sind jetzt im interaktiven Modus. Alles, was Sie jetzt eingeben, geht direkt an den Postscript-Interpreter. Sie können zum Beispiel *showpage* eingeben und Enter drücken, um den Drucker ein Blatt Papier ausgeben zu lassen. Oder Sie geben *FontDirectory { pop == } forall* ein und drücken Enter, um eine Liste der residenten Schriftarten Ihres Druckers auf dem Bildschirm zu sehen. Geben Sie das kurze Postscript-Programm in Bild 6-11 ein, um den Drucker ein großes C, mit dem Wort PostScript gefüllt, drucken zu lassen. Sie verlassen den in-teraktiven Modus mit *quit* und Enter.

Postscripts interaktiver Modus eignet sich hervorragend zum Experimentieren mit dieser Sprache.

```
%!
200 350 translate
/Roman /Times-Roman findfont 6 scalefont def
/Bold /Times-Bold findfont 200 scalefont def

/strg (POSTSCRIPT-POSTSCRIPT-POSTSCRIPT-POSTSCRIPT-
POSTSCRIPT-POSTSCRIPT-POSTSCRIPT) def

/crlf
{ currentpoint 6 sub
  exch pop 0 exch moveto } def

/prtstring { strg show crlf} def

/Background
{ 25 { prtstring } repeat } def

gsave
   newpath 0 0 moveto
   8 setflat
   Bold setfont (C) true charpath clip

   0 133 moveto
   Roman setfont Background
grestore

showpage
```

*Bild 6-11: Postscript-Programm für einen Spezialeffekt*


# Wo Sie mehr Informationen über Postscript finden

Sie lernen mehr über Postscript in Adobes *PostScript Language Tutorial and Cookbook* und *Postscript Language Reference Manual*, beide bei Addison-Wesley erschienen. Eine andere exzellente Informationsquelle ist Adobes *Colophon*-Info-Dienst, kostenlos erhältlich bei Adobe Systems, 1585 Charleston Road, P.O. Box 7900, Mountain View, CA 94039, USA.

# Kapitel 7

## Schriftarten

Die Fähigkeit von Windows, Text in verschiedenen Schriftarten, Schriftgrößen und Stilen auf dem Bildschirm darzustellen und auszudrucken hatte wesentlichen Anteil daran, daß Windows zur Schlüsselkomponente für Desktop Publishing auf MS-DOS-Computern wurde. Aber Sie fragen sich vielleicht, ob Schriftarten die Probleme beim Installieren und Anwenden wert sind. Sie sind es. In diesem Kapitel schauen wir uns die Installation und Anwendung von Bildschirm- und Druckerschriften an. Wenn Sie mit typografischen Ausdrücken wie "Punkt", "Serif", "ohne Serif" usw. nicht vertraut sind, wollen Sie vielleicht den Abschnitt "Tip 7: Typografische Begriffe" in diesem Kapitel lesen.

Die Installation von Schriftarten setzt voraus, daß man mit der Systemsteuerung und der WIN.INI-Datei vertraut wird. Sie haben schon mit vielen druckerbezogenen Befehlen der Systemsteuerung in Kapitel 6 gearbeitet. Die WIN.INI-Konfigurationsdatei, die von Windows beim Starten jedesmal gelesen wird, gibt Ihnen Zugriff auf andere individuelle Anpassungen, wie zum Beispiel die Windowsfähigkeit, ladbare Laserdruckschriften zu verwenden. Beim Lesen des Postscript-Druckertips in Kapitel 6 begegneten Sie WIN.INI beim Hinzufügen der Zeile *HeaderDownloaded=yes*.

Die Systemsteuerung und WIN.INI erscheinen vielleicht als zwei völlig unterschiedliche Ansätze zur individuellen Anpassung von Windows, sie hängen aber tatsächlich eng zusammen. Wenn Sie irgendeine Einstellung der Systemsteuerung außer Zeit und Datum verändern, speichert diese Ihre Änderungen in WIN.INI ab. Die Systemsteuerung ist also nur eine freundliche Fassade für WIN.INI. Sie können die Systemsteuerung in der Tat umgehen, indem Sie mit dem MS-DOS-Fenster Druckertreiber oder Schriftarten hinzufügen oder löschen und indem Sie mit dem Notizblock WIN.INI editieren. Das ist nicht immer empfehlenswert; um Gegensatz zu Ihnen und mir macht die Systemsteuerung keine Tippfehler.

# Matrixschriften versus Strichschriften

Wenn Sie das Setup-Programm zum Installieren von Windows starten, kopiert Setup bestimmte Schriftdateien auf Ihre Festplatte, auf der Basis des von Ihnen ausgewählten Grafikadapters. Diese Dateien, die mit der Erweiterung FON enden, enthalten die Daten, die Windows' GDI in die Lage versetzen, Zeichen in verschiedenen Stilen und Größen zu erzeugen. Windows verwendet zwei Arten von Schriften: Matrix und Strich. Matrixschriften dienen der Ausgabe über externe Medien, Bildschirme und Drucker, die Bilder mit einer Reihe feiner paralleler Linien erzeugen. In der Mikrocomputerwelt sind die meisten Monitore und Laserdrucker Matrixgeräte. Bei einem Videomonitor werden die Linien auf einer phosphorbeschichteten Videoröhre mit einem punktgenauen Elektronenstrahl gezogen. Im Laserdrucker werden die Linien auf einer lichtempfindlichen Trommel gezogen, die pulverisierten Toner anzieht und auf das Papier überträgt. In beiden Fällen läßt die Steuerelektronik des Comuters oder des Laserdruckers einen Strahl aufblitzen und dabei Punkte auf dem Schirm (Pixel) oder auf Papier erzeugen.

Matrixschriften enthalten die Information, die Windows sagt, welche Punkte aktiviert werden sollen, um ein bestimmtes Zeichen in einer bestimmten Größe zu erzeugen. Weil die Anordnung der aktivierten Punkte in jeder Punktgröße unterschiedlich ist, enthalten Matrixschriften separate Daten für jede Größe. Die Windowsschrift Helv, zum Beispiel, die der besser bekannten Helvetica ähnelt, enthält unterschiedliche Information zur Beschreibung von 8-Punkt-, 10-Punkt-, 12-Punkt-, 14-Punkt-, 18-Punkt- und 24-Punkt-Zeichen. Wählen Sie eine andere als eine dieser sechs Größen aus, muß Windows eine bestehende Größe skalieren, um sich der neuen Größe anzunähern. Der Skalierungsprozeß liefert oft grobkantige Schriften.

Die Matrixschriften auf den Windowsschriftendisketten sind in Sets unterteilt, von denen jedes einer bestimmten Auflösung dient. Sie können das Set einer gegebenen Schriftdatei bestimmen, wenn Sie dessen Namen in der Dialogbox "Schrift hinzufügen" suchen, die bei der Auswahl des Befehls "Drucker hinzufügen" im Installationsmenü der Systemsteuerung erscheint. Wenn Sie es ausprobieren wollen, holen Sie Ihre Schriftartendiskette 1, legen sie in Laufwerk A, starten die Systemsteuerung und wählen den Befehl "Drucker hinzufügen". Wenn die Dialogbox erscheint und fragt, in welchem Laufwerk und Verzeichnis sich die Schriftdateien befinden, drücken Sie Enter. Die Systemsteuerung sucht das Laufwerk dann nach den Schriftdateien ab. Wenn sie eine findet, liest sie davon einen Teil, um den Namen der Schrift und das Set zu bestimmen. Schließlich erscheint das Dialogfeld "Schriftart hinzufügen" (s. Bild 7-1).

Die linke Seite der Dialogbox informiert über jede Schriftartendatei. In der rechten oberen Ecke steht der jeweilige Dateiname. Wenn Sie eine Datei aus-

                                        

wählen (nicht zweimal klicken), während Sie die Textbox mit den Schriftarten-
dateien beobachten, entdecken Sie vielleicht etwas Seltsames. Die Sets sind von
1 bis 6 durchnumeriert, in den Schriftdateien aber wird jedes Set durch einen
Buchstaben von A bis E angezeigt. (Ja, das sind nur fünf Buchstaben; Strichschriften, die in Set 1 sind, haben keine Buchstaben.) Diese kleine Inkonse-
quenz kann verwirrend sein, wenn Sie sich in die WIN.INI vertiefen. Behalten
Sie sie deshalb im Kopf. Wir wollen jetzt keine Schriftart hinzufügen, wählen
daher Abbrechen aus, um die Dialogbox "Drucker hinzufügen" zu schließen.

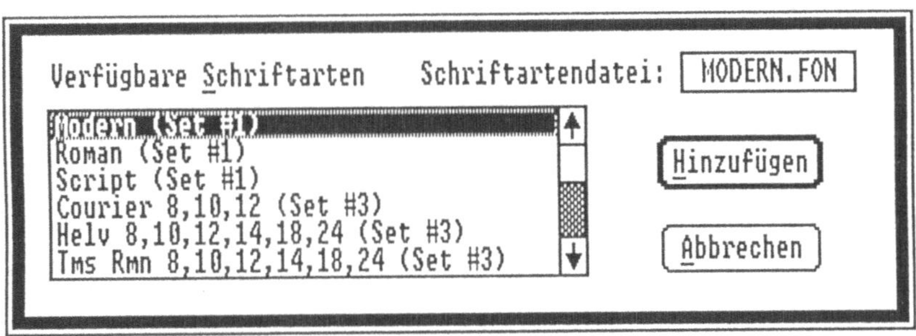


*Bild 7-1: Dialogfeld "Schriftart hinzufügen"*

Strichschriften, auch Vektorschriften genannt, enthalten keine Daten für
bestimmte Größen. Stattdessen enthalten Sie allgemeine Beschreibungen der
Erscheinungsform einer Schrift. Bei einer Matrixschrift zum Beispiel könnte
ein großes T als ein 20 Pixel hoher Grundstrich unter einem 15 Pixel breiten
Querstrich beschrieben sein. Bei einer Strichschrift dagegen, könnte ein T als
Grundstrich unter einem Querstrich beschrieben sein, der 20 % kürzer ist.
(Natürlich sind die zugrunde liegenden technischen Details viel komplexer; wir
sprechen hier nur über Grundlagen.) Infolgedessen können Sie Strichschriften
in jeder beliebigen Größe ohne jede Verzerrung darstellen; eine gesonderte Beschreibung für jede Größe ist nicht notwendig. (Beachten Sie die Parallele zwischen Bitmap- und objektorientierten Grafiken.) Der größte Nachteil von
Strichschriften besteht darin, daß sie länger brauchen, um auf dem Schirm zu
erscheinen, da Windows rechnen muß, um die Zeichen in der gewünschten
Größe zu zeichnen.

Strichschriften dienen primär dem Einsatz mit Plottern, den beliebtesten Nicht-
Matrix-Ausgabegeräten. Plotter erzeugen Zeichen nicht, indem sie eine Reihe
feiner paralleler Linien ziehen, sondern indem sie mit Spezialfilzstiften auf einem Blatt Papier blitzschnell zeichnen. Aber Strichschriften sind keine exklusive Domäne von Plottern. Wie das vorige Kapitel beschreibt, haben sie auch
ihren Platz bei Grafiken, die Sie in Microsoft Windows Write oder Aldus Pagemaker einbringen, um sie zu redimensionieren und dann auszudrucken.

# Bildschirmschriften versus Druckerschriften

Bei Verwendung eines Laserdruckers mit Windows ist es wichtig, den Unterschied zwischen Bildschirmschriften und Druckerschriften zu kennen. Bildschirmschriften sind Annäherungen, vernünftige Faksimiles einer echten typografischen Schrift. Sie können nicht alle Einzelheiten einer Schrift bringen, da der Bildschirm eine begrenzte Auflösung hat. Aber sie können die grundlegenden Eigenschaften einer Schrift zeigen.

Druckerschriften sind die Schriftbeschreibungen, die ein Drucker zur Gestaltung einer Type verwendet. Windows kann Druckerschriften nicht auf dem Monitor darstellen; sie existieren in einem Format, das nur ein Drucker umsetzen kann. Druckerschriften sind in Festwertspeicherchips im Drucker eingebaut oder befinden sich in einer einschiebbaren Kassette; eine weitere Möglichkeit ist, daß sie in einer Festplatte abgespeichert sind und bei Bedarf an den Drucker übertragen werden. Schriften, die auf Platte gespeichert sind und in den Speicher eines Druckers übertragen werden, werden im Fachjargon auch Soft Font genannt (font engl. = Schriftart). Egal, wo die Schriften gespeichert sind, im Drucker oder auf der Festplatte, eine Regel gilt immer: Sie können keine bestimmte Drucktype drucken, wenn Sie nicht die entsprechende Druckerschrift dafür haben.

Bei Nicht-Postscript-Druckern, wie der Hewlett Packard LaserJet-Serie, werden Schriftarten in Bitmap-Form abgespeichert, mit eigenen Bitmap-Beschreibungen für jede Typengröße und Orientierung (Portrait oder Landscape). Deshalb definieren auch Ihre Druckerschriften die verfügbaren Typengrößen. Die Windows Helv-Bildschirmschrift, zum Beipiel, enthält 8-Punkt-, 10-Punkt-, 12-Punkt-, 14-Punkt-, 18-Punkt- und 24-Punkt-Helv-Zeichen. Wenn Sie jedoch die Hewlett Packard F-Kassette haben, können Sie nur 14-Punkt-Helv Fett drucken. Eine größere Auswahl einer schöneren Helv ist in einem Hewlett Packard Soft Font-Paket verfügbar, das die Größen 8-Punkt, 10-Punkt und 12-Punkt sowie Helv Fett in den Größen 10-Punkt, 12-Punkt, 18-Punkt und 24-Punkt enthält. Auch mit diesem Paket aber können Sie nicht Text in allen Helv-Größen ausdrucken, für die es Bildschirmschriften gibt.

Postscript-Drucker kennen keine solche Begrenzung, da ihre Schriften, wie die Strichschriften von Windows, als mathematische Zeichenbeschreibungen, Konturen (engl. outlines) genannt, abgespeichert werden, und nicht als Bitmaps festgelegter Größen.

Genau wie sich eine objekt-orientierte Grafik oder eine Strichschrift in jeder beliebigen Größe ohne Verzerrung reproduzieren lassen, kann eine einzige Postscript-Schriftbeschreibung Text in praktisch beliebiger Größe darstellen, inklusive Nicht-Standardtypengrößen wie 31-Punkt. Wenn Windows eine Bildschirmschrift nicht in der passenden Größe findet, verwendet es die Größe, die der gewählten am nächsten kommt.

Gleichgültig, welchen Drucker Sie verwenden, die Schriftartenmenüs und Dialogboxen der meisten Windowsprogramme stellen nur jene Schriften oder Größen dar, die Ihr Drucker unterstützt. Um dies einmal selbst zu sehen, installieren Sie mehr als einen Druckertreiber, starten Sie Write und wählen Sie Schriftarten im Schriftmenü. Schauen Sie sich die aktuell verfügbaren Schriftarten und Größen an. Dann brechen Sie ab und verwenden den Drucker wechseln-Befehl im Dateimenü, um auf einen anderen Druckertreiber zu schalten. Wählen Sie schließlich noch mal den Schriftarten-Befehl aus. Die Dialogbox listet jetzt andere Schriftarten- und Größenkombinationen auf.

## Tip 1: Schriftarten in WIN.INI spezifizieren

Windows bestimmt, welche Schriftarten in Ihrer Installation enthalten sind, wenn es die WIN.INI-Datei beim Starten liest. Der WIN.INI-Abschnitt mit dem Titel *[fonts]* listet die verfügbaren Monitorschriftarten auf. Bild 7-2 zeigt den *[fonts]*-Abschnitt einer typischen WIN.INI-Datei. Jede Zeile steht für eine Schriftartendatei; der Text links neben den Gleichheitszeichen listet den Namen, die Setnummer und die Punktgrößen der Schrift auf. Dieser beschreibende Text ist der gleiche, der auf der linken Seite der Dialogboxen Drucker hinzufügen und Schriftart löschen der Systemsteuerung steht. Rechts neben dem Gleichheitszeichen befindet sich der Name der FON-Datei der Schrift.

Ein Druckerbeschreibungsabschnitt von WIN.INI kann ebenfalls Schrifteninformation enthalten. Ein solcher Abschnitt beginnt mit einem Listing des Druckertyps und des Anschlußes in Klammern, wie in:

*[PostScript, COM1] for PostScript printers*

oder:

*[HPPCL,LPT1] for LaserJets and other PCL printers.*

Windows aktualisiert einen Druckerbeschreibungsabschnitt, wenn Sie die Dialogbox verwenden, die erscheint, wenn Sie den Drucker-Befehl im Einstellungsmenü der Systemsteuerung oder den Drucker wechseln-Befehl eines Anwendungsprogramms auswählen. (Bei einigen Programmen heißt der Befehl vielleicht Target Printer, Zieldrucker, oder Current Printer, Aktueller Drucker.) Diese Dialogbox läßt Sie solche Druckoptionen wie Seitenorientierung, Papiergröße und Grafikauflösung auswählen. Wenn Sie eine Einstellung ändern, hören Sie wahrscheinlich Ihre Festplatte einige Sekunden tuckern; so hört es sich an, wenn Windows WIN.INI lädt, den richtigen Abschnitt sucht und die Information aktualisiert.

Verwenden Sie ladbare Druckerschriften, enthält Ihr Druckerbeschreibungsabschnitt Einträge für Pfad- und Dateinamen jeder Schriftmaßdatei einer Schriftart. Eine Schriftmaßdatei, die die Endung PFM hat, enthält Information über die räumliche Ausdehnung der Zeichen einer bestimmten Schriftart. Die Information zur Zeichenbreite in den PFM-Dateien legt fest, wie Windows Text auf dem Schirm positioniert; sie sorgt dafür, daß Windows die Zeichen auf dem Schirm exakt so abbildet, wie die räumliche Ausdehnung in der Druckerschrift definiert ist. Bei einigen ladbaren Schriften enthält Ihr Druckerbeschreibungsabschnitt vielleicht auch den Pfad- und Dateinamen der Druckerschrift selbst.

*Bild 7-2: Der [fonts]-Abschnitt einer typischen WIN.INI-Datei*

# Tip 2: Verwendung ladbarer Schriften

Einige Zeit lang nach der Einführung von Windows konnten die Anwender von Laserdruckern jede Bildschirmschrift haben, die sie wollten, so lange es sich um Courier, Helv oder TmsRmn handelte. Windowsprogramme konnten die anderen Schriften eines Druckers ansteuern, es waren aber keine Schirmschriften dafür vorhanden. Windows benutzte einfach TmsRmn zur Darstellung von

Serifschriften, Helv für serifenlose Schriften und Courier für Schriften ohne Proportionalausgleich.

Glücklicherweise änderte sich diese Eine-Schrift-paßt-allen-Situation gegen Ende 1987, als zwei führende Anbieter digitaler Typografie, Adobe Systems und Bitstream, ladbare Schriftenpakete für Windows auf den Markt brachten. Adobe Systems' Schriften sind für den Einsatz mit Postscript-Druckern konzipiert; Bitstreams Schriften-Softwarelösung funktioniert mit PostscriptDruckern und Hewlett Packard LaserJet-Druckern und Kompatiblen.

Wenn Sie einen LaserWriter Plus oder einen anderen Postscript-Drucker mit 35 Schriften besitzen, wollen Sie vielleicht die Adobe-Monitorschriften erwerben, die Ihren Druckerschriften entsprechen. Adobe hat die Bildschirmschriftendateien in das Adobe-Forum des Compuserve-Informationsdienstes gesetzt, wo sie für jedermann frei verfügbar sind. Man muß lediglich die Verbindungszeit bezahlen, die für die Übertragung benötigt wird. Adobe beabsichtigt auch, die Bildschirmschriftendateien als separates Produkt, das Sie über Händler kaufen können, frei zu geben. Als dieses Buch geschrieben wurde, war aber noch kein Preis oder ein Verfügbarkeitsdatum genannt. (Um das zu erfahren, nehmen Sie Verbindung mit Adobe Systems auf. Die Adresse finden Sie in Anhang A.)

Sowohl die Adobe- als auch die Bitstream-Schriftenpakete verwenden ein Installationsprogramm, das Ihnen die Auswahl der Schriften erlaubt, die Sie installieren wollen. Das Programm kopiert dann die Drucker- und korrespondierenden Monitorschriften auf Ihre Festplatte und modifiziert WIN.INI entsprechend. Danach können Sie die Schriften normal verwenden und über die Schriftenmenüs oder Dialogboxen Ihrer Programme auswählen.

Wenn Sie ein Dokument drucken, das ladbare Bitstream-Schriften für einen Hewlett Packard LaserJet Plus oder Serie II-Drucker enthält, überträgt der LaserJet-Druckertreiber die Schriften und entfernt sie nach Beendigung des Drucks aus dem Speicher des Druckers. Wenn Sie Bitstreams Schriften bei einem Postscript-Drucker einsetzen, müssen Sie den Standard-Windows-Postscript-Treiber durch einen von Bitstream mitgelieferten ersetzen. Dieser Treiber überträgt Bitstreams Schriften ohne Ihren Eingriff. Er kann aber keine Adobe-Postscript-Schriften übertragen. Wenn Sie Adobes Schriften verwenden, müssen Sie die Schriften rechtzeitig manuell übertragen. Manuell übertragene Schriften bleiben bis zum Ende des Druckauftrags im Druckerspeicher. Sie können sowohl Bitstreams als auch Adobes Postscript-Schriften kombinieren, wenn Sie zuerst die Adobe-Schriften manuell übertragen und anschließend das Dokument wie normal übertragen. Der Bitstream-Postscript-Treiber über die Bitstream-Schriften für Sie.

## Tip 3: Installation und Verwendung der Adobe-Typenbibliothek

Die MS-DOS-Version der Adobe-Typenbibliothek öffnet Windows Adobes großer Bibliothek an qualitativ hochwertigen Postscript-Typen. Jedes Adobe-Typenpaket enthält vier Druckerschriften, passende Bildschirmschriften (in 10-Punkt, 12-Punkt, 14-Punkt, 18-Punkt und 24-Punkt) und ein hervorragendes Übertragungs- und Druckereinrichtungsdienstprogramm.

Adobes Installationsprogramm kopiert die Schriften eines bestimmten Pakets in ein Verzeichnis namens PSFONTS und erzeugt das Verzeichnis für Sie, falls es noch nicht existiert. Darauf fragt das Programm, ob Sie das Adobe-Schriftenübertragungsprogramm auf Ihre Festplatte kopieren wollen. Antworten Sie "Ja"; neben der Fähigkeit zur Übertragung von Schriften stellt dieses Programm nützliche Befehle zum Anschauen oder Drucken einer Schriftenliste Ihres Druckers bereit, überprüft die verbleibende Speicherkapazität des Druckers, ändert dessen Kommunikationseinstellungen und mehr. Und Sie können es in einem Fenster laufen lassen, wenn Sie die entprechende PIF (Programminformationsdatei) erzeugen (s. Bild 7-3). (PIFs werden detailliert in Kapitel 9 behandelt.)

Nach dem Kopieren des Adobe-Schriftenübertragungsprogramms fragt das Installationsprogramm, ob Sie mit dem Windowsinstallationsprozeß weitermachen wollen. Antworten Sie "Ja". Dann kommt die Frage, welche Bildschirmschriften Sie in das Windowsverzeichnis kopieren wollen. Im allgemeinen werden Sie alle vier Schriften des Pakets kopieren wollen. Wenn der Platz auf der Festplatte aber eng wird, können Sie sich auch auf die Schriften beschränken, die Sie brauchen. (Sie können die anderen später mit der Systemsteuerung hinzufügen.) Schließlich modifiziert das Installationsprogramm die WIN.INI-Datei, ergänzt die neuen Monitorschrifteneinträge in der *[fonts]*-Sektion und die neuen Druckerschrifteneinträge im Druckerbeschreibungsabschnitt. Als Sicherheitsmaßnahme erzeugt das Installationsprogramm vor der Änderung der Datei eine Backup-Kopie von WIN.INI mit Namen WIN.SAF.

Sie können die neu installierten Schriften in dem Moment einsetzen, in dem Ihr Drucker aufgewärmt ist.

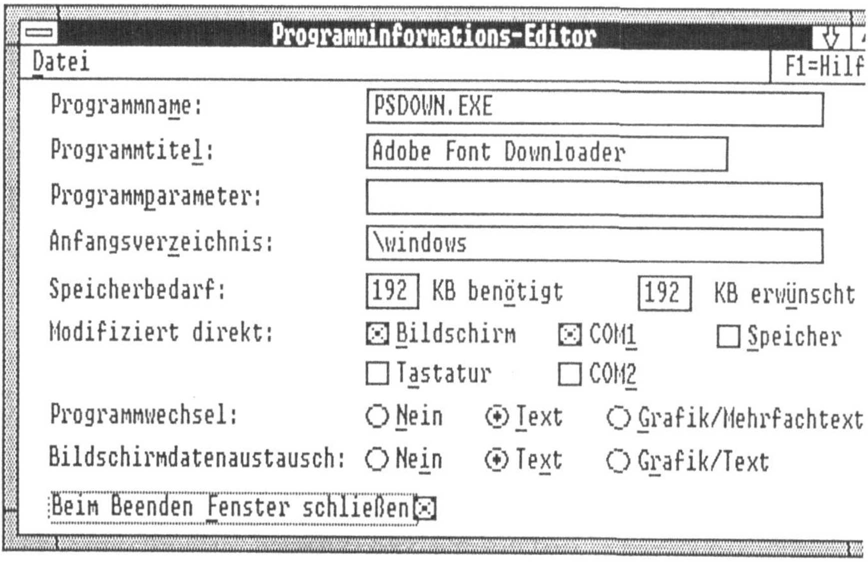

*Bild 7-3: PIF-Einträge für den Adobe Font Downloader*
*(Schriftartenübertragungsprogramm)*

Sie sollten beim Arbeiten mit geladenen Schriftarten daran denken, daß der Speicher eines Druckers nur eine begrenzte Zahl aufnehmen kann. Die bahnbrechenden Maschinen von Apple, LaserWriter und LaserWriter Plus, schaffen ungefähr vier ladbare Schriftarten. Die Geräte LaserWriter IINT und NTX, eingeführt im Januar 1988, verwalten den Arbeitsspeicher effizienter und können sechs bis acht Soft Fonts aufnehmen. Die PS-800-Druckerfamilie von QMS bietet denselben Vorteil. (Die PS-800-Serie umfaßt den PS-800, PS-800 +, PS-800 II, PS 810 und ihre PS Jet-Gegenstücke, die von der QMS-Tochterfirma The Laser Connection vertrieben werden.) Darüber hinaus nehmen viele Postscript-Drucker, einschließlich LaserWriter IINT und NTX und QMS-PS-810, Speichererweiterungskarten auf, die ihre Kapazität kräftig steigern. Um sicher zu gehen, daß Ihr Drucker die Soft Fonts für eine bestimmte Aufgabe beherbergen kann, überprüfen Sie die Freier Speicherplatz-Anzeige des Adobe-Schriftenübertragungsprogramms. Sie sollte nicht unter 50 KB fallen.

## Tip 4: Installation und Verwendung von Bitstream-Fontware

Zwischen der Adobe-Typenbibliothek und Bitstreams Fontware gibt es mehrere bedeutende Unterschiede:

Adobes Schriften gelten nur für Postscript-Drucker; Bitstreams Schriften funktionieren bei Postscript-Druckern, Hewlett Packard LaserJet Plus-Geräten und vielen Punkt-Matrixdruckern.

Jedes Adobe-Schriftenpaket enthält das Installations- und Schriftenübertragungsprogramm; Bitstreams Installationsprogramm, das Fontware-Installationskit, und die aktuellen Schriftdateien werden getrennt verkauft.

Adobes Bildschirmschriften gibt es in den Größen 10-Punkt, 12-Punkt, 14-Punkt, 18-Punkt und 20-Punkt; Fontware erlaubt die Spezifizierung der gewünschten Größen.

Die Installierung des Druckers und der Bildschirmschriften dauert für eine Adobe-Schriftenfamilie wenige Minuten; die Installierung einer Bitstream-Schriftenfamilie kann fast eine Stunde dauern.

Ungleich Adobes Installationsprogramm befindet sich das Fontware-Installationskit auf Ihrer Festplatte.

Die meisten dieser Unterschiede existieren, weil Bitstream seine Schriften in einem eigenen Konturenformat vertreibt. Das Fontware-Installationskit stellt Fragen über Drucker und Bildschirm, und erzeugt dann Bildschirm- und Druckerschriften aus den Original-Masterkonturen. Dieser Ansatz ermöglicht Bitstreams Schriften den Einsatz auf einem Dutzend unterschiedlicher Drucker und ist der Grund, warum eine Installationssitzung so lange dauert. Die Konvertierung der Bitstream-Konturen in Hewlett Packard-Bitmap-Schriften oder Postscript-Konturschriften erfordert so viel an Berechnungen, daß ein Mikroprozessor ins Schwitzen kommt. (Sie können den Prozeß mit einem 8087- oder 80287-Arithmetik-Coprozessor beträchtlich beschleunigen.) Sie müssen Windows verlassen, um das Installationskit einzusetzen. Neben der fehlenden Möglichkeit, in einem Fenster zu laufen, benötigt das Installationskit außerdem den ganzen verfügbaren Speicher Ihres Systems, um seine Arbeit zu tun.

Das Fontware-Installationskit bietet drei Hauptbefehle an. Einer läßt Sie die Fontware-Systemsteuerung, die Ihren Drucker und den Bildschirm auflistet und Änderungen erlaubt, und die von Ihnen zur Speicherung der Schriften ausgewählten Verzeichnisse anschauen. Ein anderer Befehl erlaubt das Hinzufügen und Löschen von Fontware-Typen, den Original-Bitstream-Konturen, aus denen Sie Ihre Schriftarten erzeugen. Der dritte Befehl, Schriftarten machen, ist verantwortlich für die Erzeugung der Bildschirm- und Druckerschriften. Fontware stellt eine Liste der installierten Masterkonturen dar. Wenn Sie Schriften für einen Hewlett Packard-Drucker erzeugen, müssen Sie jede gewünschte Punktgröße angeben. (Denken Sie daran, HP-Druckerschriften sind Bitmaps; für jede Größe und Orientierung ist eine eigene Bitmap-Beschreibung erforderlich.) Sie brauchen keine Größen anzugeben, wenn Sie Schriften für einen Postscript-Drucker erzeugen (der, wie Sie sich erinnern, eine Konturenbeschreibung hernimmt, um Text in beliebiger Größe und Orientierung zu erzeugen). Nach der Größenspezifikation kommt die Erzeugung der entsprechenden Bildschirmschrift. Sie können alle für Druckerschriften spezifizierten Größen kopieren oder andere Werte eingeben. Sie wollen zum Beispiel vielleicht extragroße Schriften zum Einsatz mit der Vergrößerungseigenschaft eines Desktop Publishing-Programms verwenden.

Nach der Festlegung aller benötigten Schriften und Schriftgrößen drücken Sie die Taste F10 und warten, während Fontware durch die Stapeldateien und Programme durchsaust, die es zur Übersetzung der Masterkonturen in Monitor- und Druckerschriften benutzt. Auf einem IBM-PC/AT ohne Arithmetik-Coprozessor kann eine typische Schriftgenerierungssitzung 20 Minuten dauern. Gibt man Fontware eine komplizierte Aufgabe, zum Beispiel die Erzeugung eines halben Dutzend Schrifarten in vielen verschiedenen Größen, hat man genug Zeit für ein ausgiebiges Mittagessen. Auf einem PS/2 Modell 50 mit 80287-Chip dauert es im Schnitt acht Minuten.

Wenn Sie vom Mittagessen zurückkommen und Windows starten, sehen Sie, daß Fontware Ihre WIN.INI-Datei verändert und neue Schriften eingefügt hat. Ungleich Adobes Installationsroutine setzt Fontware vor jedem Eintrag im *[fonts]*-Abschnitt einen Kommentar, der die installierten Schriften und Größen beschreibt. Das ist ganz gut, da die Schriftdateien selbst kryptische Namen, wie CQ000WIP.FON, haben. Nachdem Sie die Bildschirm- und Druckerschriften gemacht haben, wollen Sie vielleicht die Original-Konturdateien löschen, um wieder etwas vom immer weniger werdenden Platz auf Ihrer Festplatte zurückzugewinnen. (Das Installationskit verbraucht fast ein Megabyte, und Sie sollten für die Speicherung der Schriften ein weiteres halbes Megabyte einplanen.) Wenn Sie die Masterkonturen wieder brauchen, um Bildschirmschriften in zusätzlichen Größen zum Beispiel zu erzeugen, können Sie sie immer erneut von den Disketten kopieren.

# Tip 5: Installation und Verwendung der Hewlett Packard-Soft Fonts

Sowohl bei Adobe als auch bei Bitstream besteht die Installation ladbarer Schriftarten im Beantworten weniger Fragen. Aber nicht alle Produkte ladbarer Schriften sind so benutzerfreundlich. Diejenigen, die nicht für die Benutzung mit Windows konzipiert sind, modifizieren nicht WIN.INI für Sie und enthalten oft auch keine Druckerschriftmaßdateien (PFM-Dateien). Sie können solche Produkte dennoch einsetzen, wenn Sie die Arbeit selbst machen.

Dieser Tip beschreibt die Schritte zur Installation der Tms Rmn-Familie aus dem Hewlett Packard-Tms Rmn/Helv-Soft Font-Set (HP33412AB), das für den Einsatz auf HP-Laserdruckern vom Typ LaserJet Plus und LaserJet Series II konzipiert ist. Die grundlegenden Schritte zur Installation anderer ladbarer Schriften für HP-Drucker sind gleich, die Dateinamen und Namenerweiterungen, die Sie eingeben, werden aber unterschiedlich sein. Zum Beispiel haben die Dateinamen im HP-Prestige Elite-Soft Font-Paket die Endung R8P. Beachten Sie für die Namen und Endungen der Schriftendateien auf Ihren Laufwerken Ihre Soft Font-Dokumentation.

## Das Schriftmaßdateierzeugungsprogramm kopieren

Das Hewlett Packard-Schriftenkit enthält keine Schriftmaßdateien. Sie müssen sie daher erzeugen. Ein Dienstprogramm namens PCLPFM.EXE auf der ersten Windows-Schriftartendiskette erzeugt solche Dateien, indem es die Druckerschriftendateien liest und dort die Informationen über die Zeichenbreite herauszieht. Sie müssen das Programm in Ihr Windowsunterverzeichnis kopieren. Legen Sie die Schriftartendiskette 1 in Laufwerk A und klicken Sie aus dem MS-DOS-Fenster das Sinnbild von Laufwerk A an, um dessen Verzeichnis einzusehen. Lokalisieren Sie und wählen Sie PCLPFM.EXE uas, nehmen Sie den Kopieren-Befehl im Dateimenü, geben Sie *c:\windows* in der Auf-Box ein und drücken Sie Enter. Geben Sie nach dem MS-DOS-Prompt *copy a:pclpfm.exe c:\windows* ein und drücken Sie Enter. Planen Sie, das Programm in einem Fenster laufen zu lassen, sollten Sie einen PIF dafür erzeugen.

## Die Druckerschriftendateien kopieren

Vor dem Erstellen der Schriftmaßdateien müssen Sie die Druckerschriftendateien auf Ihre Winchester kopieren. Ändern Sie das WINDOWS-Verzeichnis und benutzen Sie dann den Verzeichnis erstellen-Befehl im Sonstiges-Menü des MS-DOS-Fensters, um ein neues Verzeichnis namens PCLPFM innerhalb WINDOWS zu erzeugen. Danach wechseln Sie in dieses Verzeichnis. Sie sehen ein leeres Verzeichnisfenster (s. Bild 7-4).

Sie werden die Druckerschriftendateien in dieses Verzeichnis kopieren. Legen Sie deshalb die richtige Schriftartendiskette in Laufwerk A ein, und wählen Sie anschließend das Laufwerk A-Sinnbild, zur Darstellung des Verzeichnisses aus. In diesem Beispiel installieren wir die TmsRmn-Familie für vertikalen Druck (Portrait), die sich auf Diskette 3 (von 4) im HP-Soft Font-Kit befindet. Die Dateinamen der Schriften, die Sie kopieren, beginnen mit TR (für TmsRmn) und enden mit der Erweiterung SFP (für Soft Font in Portrait-Ausführung). Die anderen Zeichen zeigen die Größe der Dateien an, den Stil und den Zeichensatz. Der Dateiname TR10B#R8.SFP, zum Beispiel, enthält Tms Rmn 10-Punkt Fett (engl. Bold, daher das B im Dateinamen, Anm. des Übersetzers) im HP-Roman 8-Zeichensatz.

Die schnellste Art, alle Schriften zu kopieren, geht über den Kopieren-Befehl im Dateimenü. Geben Sie nach der Auswahl dieses Befehls *tr*.sfp* in der Von-Box, *c:* in der Auf-Box und lösen Sie den Kopiervorgang mit Enter aus. Wenn Sie nicht alle Druckerschriften installieren wollen, wählen Sie die gewünschten aus, und geben Sie dann den Kopieren-Befehl. In beiden Fällen zeigt das MS-DOS-Fenster nach dem Kopieren die neuen Schriftendateien im Unterverzeichnis \WINDOWS\PCLPFM an.

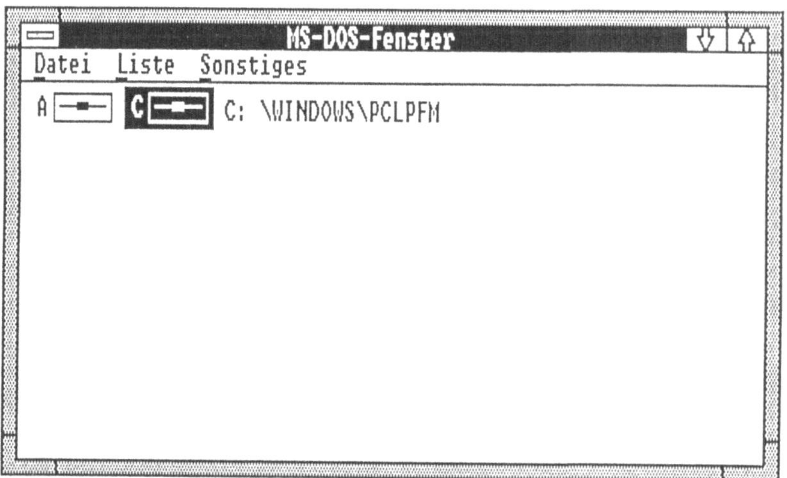


*Bild 7-4: Nach dem Umschalten in das Verzeichnis \WINDOWS\PCLPFM*

## Schriftmaßdateien erzeugen

Durch das Kopieren der Schriften und des Programms PCLPFM.EXE auf Ihre Festplatte sind Sie bereit, die Druckerschriftmaßdateien zu erzeugen. Wenn Sie in Windows und noch innerhalb des PCLPFM-Verzeichnisses sind, gehen Sie im Verzeichnisbaum eine Ebene in Ihr Windowsverzeichnis hinauf. Starten Sie dann PCLPFM.EXE. Wenn Sie am MS-DOS-Prompt stehen, vergewissern Sie sich, daß Sie in Ihrem Windowsverzeichnis sind, geben Sie *pclpfm* ein und drücken Sie Enter.

PCLPFM fragt beim Starten nach dem Dateinamen einer Schriftendatei. Geben Sie *pclpfm\tr*.sfp* (ersetzen Sie die Namen Ihrer eigenen Schriftendateien für tr.*.sfp, wenn sie unterschiedlich sind) und drücken Sie Enter. Das Programm sucht im PCLPFM-Verzeichnis nach Dateien, die dem von Ihnen angegebenen Kriterium entsprechen (*tr*.sfp*). Das Programm untersucht die erste Datei, die es findet, extrahiert die Zeichenbreiteinformation und baut eine korrespondierende Druckerschriftenmaßdatei auf. Dieser Vorgang wiederholt sich bei jeder Datei.

Wenn die letzte Schriftmaßdatei erzeugt ist, kommt PCLPFM wieder mit der Eingabeaufforderung *Download file name*. Drücken Sie darauf Enter, ohne etwas einzugeben, fragt PCLPFM *Do you want an APPNDWIN.INI file? (Y or N)*; geben Sie "y" ein und drücken Sie Enter. Dies bewirkt, daß PCLPFM eine Datei namens APPNDWIN.INI mit den Soft Font-Einträgen erzeugt, die WIN.INI braucht, um die Schriften zu erkennen und zu laden. Wenn Sie PCLPFM in einem Fenster laufen lassen, können Sie das Fenster mit dem Schließen-Befehl im Systemmenü schließen. Im nächsten (und letzten) Schritt werden Sie den Inhalt von APPNDWIN.INI in Ihre WIN.INI-Datei mit Hilfe des Notizblocks einfügen.

## WIN.INI verändern

Sie haben wahrscheinlich bis jetzt die Installationsprogramme von Adobe und Bitstream, die deren ladbaren Schriften mitgegeben werden, recht zu schätzen gelernt. Sie sind aber schon fast fertig, halten Sie also durch.

Falls Sie PCLPFM vom MS-DOS-Prompt aus laufen lassen haben, rufen Sie Windows auf. Laden Sie APPNDWIN.INI (das sich in Ihrem Windowsverzeichnis befindet). Dadurch wird auch der Notizblock geladen. In wenigen Augenblicken erscheint das Notizblockfenster.

Sie fügen die Information in APPNDWIN.INI der WIN.INI-Datei hinzu, indem Sie sie in die Zwischenablage kopieren, WIN.INI laden und sie dann an der richtigen Stelle einfügen. Um den Inhalt von APPNDWIN.INI zu kopieren, wählen Sie den Befehl Alles markieren im Bearbeiten-Menü des Notizblocks aus und geben Sie dann den Kopieren-Befehl im Bearbeiten-Menü. Da sich die Druckerschriftenmaßdatei-Information jetzt sicher in der Zwischenablage befindet, laden Sie WIN.INI mit dem Laden-Befehl im Dateimenü und drücken Sie Enter.

Denken Sie daran, daß die Einträge ladbarer Druckerschriften in dem Abschnitt von WIN.INI lokalisiert sind, der die Einstellung Ihres Druckers beschreibt. Suchen Sie den Abschnitt mit dem Finden-Befehl im Suchen-Menü auf. In der Suchen nach-Box geben Sie *[hppcl* ein und drücken Enter. Der Notizblock hinterlegt den Text. Setzen Sie den blinkenden Einfügpunkt an den Anfang der nächsten Zeile. Wählen Sie schließlich Einfügen im Bearbeiten-Menü aus. Der Notizblock fügt dann die Einträge von APPNDWIN.INI ein.

Bevor Sie abspeichern, überprüfen Sie den Druckerbeschreibungsabschnitt, um sicher zu sein, daß er in Ordnung ist. Dann speichern Sie mit dem Speichern-Befehl im Dateimenü ab, verlassen Sie den Notizblock und beenden Sie Windows.

## Verwendung ladbarer Schriften

Um die neu installierten Schriftarten auszuprobieren, starten Sie Windows neu und dazu das Write-Programm. Wählen Sie den Drucker wechseln-Befehl im Dateimenü aus und stellen Sie sicher, daß der LaserJet als aktueller Drucker markiert ist und daß die anderen Druckereinstellungen in Ordnung sind. Als nächstes wählen Sie den Schriftarten-Befehl im Schriftmenü aus und markieren Sie in der Schriftartenbox Tms Rmn (oder die von Ihnen installierte Schrift).

Schalten Sie Ihren Drucker ein und geben Sie einen oder zwei Sätze ein, während er warm wird. Wenn er bereit ist, wählen Sie den Drucken-Befehl im Dateimenü aus und drücken Sie Enter, um die Drucken-Dialogbox zu bestätigen. Während des Spulprozesses ist die Festplatte etwas stärker als üblich aktiv. Das kommt vom Spulen der Druckerschriftdatei auf die Platte. In wenigen Augenblicken erscheint Ihr Ausdruck mit dem Text in der Soft Font, die Sie spezifiziert haben.

Sie wollen vielleicht ein bißchen Text in jeder der installierten Größen und Stile drucken. Wenn der Text in einer anderen Schriftart oder überhaupt nicht erscheint, laden Sie noch mal WIN.INI und überprüfen Sie die Korrektheit der Soft Font-Einträge.

Wenn Ihre ladbaren Schriften richtig arbeiten, machen Sie eine Disketten-Backup-Kopie Ihrer WIN.INI-Datei und der Druckerschriftmaßdateien.

## Tip 6: Windows 1.0-Schriften in das 2.0-Format konvertieren

Ich erwähnte in Kapitel 1, daß sich die interne Struktur der Windows-Bildschirmschriften zwischen den Versionen 1.0 und 2.0 geändert hat. Ein Dienstprogramm auf der Windows-Schriftendiskette namens NEWFON liest Windows 1.0-Schriften und erzeugt neue, Windows 2.0-kompatible Bildschirmschriften. Haben Sie eine frühe Version von Adobes Schriften oder Bitstreams Fontware gekauft (eine Version, die Schriften für Windows 1.0 einschließt oder erzeugt), können Sie NEWFON zur Konvertierung der Bildschirmschriften in das Windows 2.0-Format wählen. Sie können NEWFON auch dazu verwenden, spezielle Schriften von solchen Anwendungen wie Pagemaker 1.0a zu konvertieren. Pagemaker benutzt mehrere spezielle Bildschirmschriften, die seine Werkzeugbox-Sinnbilder, Umblättern-Sinnbilder und Linealziffern enthalten. Wenn Sie Pagemaker 1.0a unter Windows 2.0 ohne Konvertierung der Pagemaker-Schriften laufen lassen, erscheint die Werkzeugbox leer und das Lineal ohne Ziffern. (Pagemaker 3.0 enthält Windows 2.0-kompatible Bildschirmschriften.)

Um Windows 2.0-Bildschirmschriften mit NEWFON zu erzeugen, benennen Sie erst die Bildschirmschriftendateien um, indem Sie jeder Dateinamenerweiterung die Bezeichnung OLD geben. Kopieren Sie dann NEWFON in das Verzeichnis, das die Schriften enthält, und verlassen Sie anschließend Windows. Konvertieren Sie schließlich jede Schriftendatei durch Eingabe von *newfon alter Dateiname neuer Dateiname* und Enter. Um zum Beispiel die Pagemaker 1.0a-Schriftendatei PMFONTA.OLD zu konvertieren, geben Sie *newfon pmfonta.old pmfonta.fon* ein. Wenn NEWFON läuft, zeigt es die Typenbezeichnung und Punktgröße der Schrift an, die es übersetzt. Wenn NEWFON die neue Schriftdatei erzeugt hat, können Sie die alte löschen. Wenn Sie mehr als eine Bildschirmschriftdatei konvertieren, warten Sie, bis sie alle konvertiert haben, bevor Sie die alten Schriften alle löschen: Tippen Sie *del *.old* und Enter am MS-DOS-Prompt.

Als eine Alternative zum Verlassen von Windows, um NEWFON laufen zu lassen, erzeugen Sie eine PIF, um NEWFON in einem Fenster zu betreiben. Sie können sogar in andere Windowsprogramme wechseln, während NEWFON im Hintergrund arbeitet. Das ist besonders nützlich, wenn Sie eine große Schriftendatei konvertieren, die zahlreiche Größen enthält. Um NEWFON von Windows aus zu starten, wählen Sie das Programm oder seine PIF aus, geben Sie den Ausführen-Befehl im Dateimenü des MS-DOS-Fensters und geben Sie die NEWFON-Parameter (die alten und neuen Schriftendateinamen) nach dem Programmnamen in der Ausführen-Dialogbox ein.

# Tip 7: Typografie-Begriffe

Wie in jedem Spezialgebiet gibt es auch in der Typografie eigene Fachbegriffe. Im folgenden sehen Sie ein Glossar einiger gebräuchlicher typografischer Begriffe, denen Sie vielleicht im Zusammenhang mit Schriftarten bei Windows begegnen.

**Pica.** Amerikanische Maßeinheit. Entspricht 12 Punkt. Sechs Picas ergeben ein Zoll. (Im amerikanischen Pica-System sind ein Punkt 0,351 mm; im deutschen Didot-System hat ein Punkt 0,376 mm; Anm. d. Übersetzers)

**Punkt.** Die kleinste Maßeinheit in der Typografie. Ein Punkt entspricht 1/72 Zoll.

**Schriftart.** Eine Schriftart ist die Implementierung einer Typenform auf einem bestimmten technischen Gerät.

**Schriftlinie.** Die gedachte Linie, auf der die Zeichen einer Typenzeile ruhen (die Unterkante der Kleinbuchstaben ohne Unterlängen also, Anm. d. Übersetzers). Der Zeilenzwischenraum wird von Schriftlinie zu Schriftlinie gemessen.

**Serif** (Haarstrich, auch Häckchen genannt). Ein Serif ist ein Ausschmückungselement in einem Buchstaben. (Gemeint sind die An- und Abschlußstriche an den einzelnen Buchstaben. Die Times-Schrift, zum Beispiel, verwendet Serifen, Helvetica nicht. Anm. d. Übersetzers)

**Typenform.** Das konkret ausgeformte Design von Groß- und Kleinbuchstaben, Ziffern und Sonderzeichen.

**Überlänge.** Der Teil eines Kleinbuchstaben, der über seinen Hauptkörper nach oben reicht, wie der senkrechte Strich im Zeichen d.

**Unterlänge.** Der Teil eines Kleinbuchstaben, der unter die Schriftlinie reicht, wie beim y oder dem g.

**Unterschneiden.** Aneinanderrücken bestimmter Buchstaben, die optisch einen zu großen Abstand haben, zum Beispiel das Einquetschen eines kleinen o unter ein großes T. Eine Variation des Unterschneidens (im Amerikanischen Tracking genannt), setzt alle Zeichen nach einem bestimmten Prozentsatz enger aneinander.

**X-Höhe.** Die Höhe eines Kleinbuchstaben in einer bestimmten Schriftart.

**Zeilenzwischenraum.** Der senkrechte Abstand zwischen den Textzeilen (gemessen am Abstand der Schriftlinien, Anm. d. Übersetzers).

# Kapitel 8

## Systemsteuerung und WIN.INI

Kapitel 7 beschrieb die Installation von Bildschirm- und Druckerschriften über
die Systemsteuerung und die Veränderung der WIN.INI-Konfigurationsdatei
mit Hilfe des Notizblocks. Das folgende Kapitel macht mit den Anpassungsop-
tionen der Systemsteuerung und von WIN.INI weiter. Wir werden mit der Systemsteuerung Bildschirmfarben, Mauseinstellungen und andere Optionen festlegen und mit dem Notizblock auf die Anpassungsmöglichkeiten von WIN.INI
zugreifen, zum Beispiel das Starten von Programmen beim Windowsaufruf.
Denken Sie daran, daß Sie mit Ausnahme von Uhrzeit und Datum jede Option,
die Sie mit Hilfe der Systemsteuerung einstellen, auch über Veränderungen der
WIN.INI-Datei setzen können. Die Systemsteuerung benutzt WIN.INI nämlich
als Ablage für wichtige Windowsinformationen.

### Tip 1: Die Farbendarstellung von Windows ändern

Windows läuft mit lebendigen Farben auf Computern mit VGA- oder EGA-
Karte mit mehr als 64 KB Speicher. Mit dem Farben-Befehl im Optionen-Menü
der Systemsteuerung können Sie praktisch die Farbe jedes Elements der
Windowsoberfläche bestimmen.

Bei der Auswahl des Farbenbefehls erscheint eine Dialogbox mit einem Bei-
spielfenster, einem Verzeichnisfeld, das die Bildschirmteile benennt, deren
Farbgestaltung sich ändern lassen, und drei Rollbalken mit den Bezeichnungen
Tönung, Helligkeit und Farbe (s. Bild 8-1). Um das Erscheinungsbild eines gegebenen Bildschirmbereichs zu ändern, wählen Sie diesen zuerst im Verzeichnisfeld aus. Dabei springen die Rollboxen in jedem Balken in die Position, die
der augenblicklichen Einstellung des Bildschirmteils entspricht. Bei der Anpassung der Einstellungen ändert sich das Erscheinungsbild des Beispielfensters
entsprechend. Sie können zur ursprünglichen Farbeinstellung mit Hilfe der
Rückgängig-Schaltfläche zurückkehren, oder Sie halten die aktuellen Werte mit
der Schaltfläche OK fest.

Wenn Sie die Einstellungen der Dialogbox bestätigen, ändern sich Ihre Bildschirmfarben entsprechend, und Ihre Festplatte wird aktiv, wenn die Systemsteuerung Ihre neuen Farbwerte an den *[colors]*-Abschnitt von WIN.INI

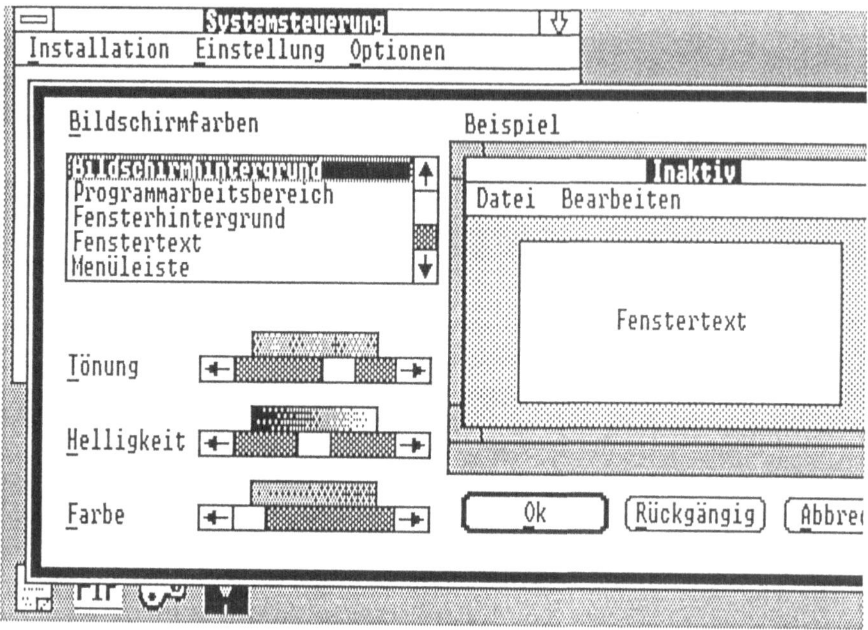

*Bild 8-1: Das Dialogfeld Bildschirmfarben*

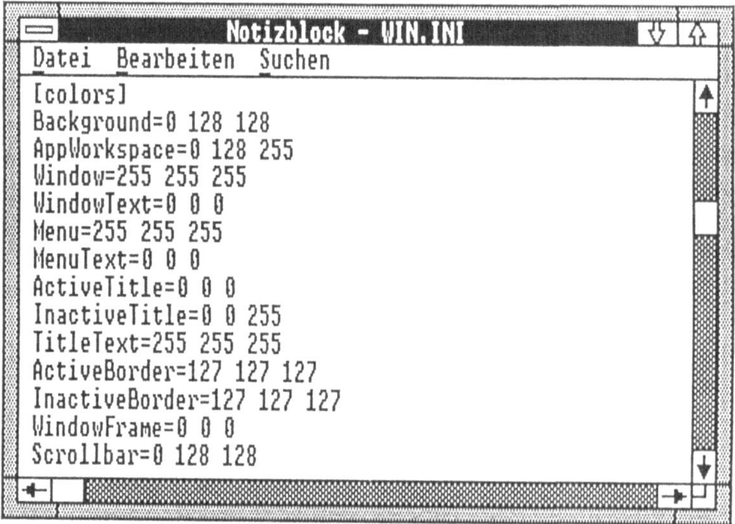

*Bild 8-2: Der [colors]-Abschnitt von WIN.INI*

übergibt (s. Bild 8-2). Die drei Zahlen rechts neben jedem Windowselement im *[colors]*-Abschnitt sagen Windows, wieviel Rot, Grün und Blau es nehmen muß, um die Farbe zu erzeugen, die Sie für jenes Element festgelegt haben. Wie eine Farbenmischtabelle in einem Malgeschäft erlauben Sie Windows jeweils beim Starten die Neuerzeugung der von Ihnen bevorzugten Farbwerte. Je höher die Zahl, umso größer ist die Intensität der Farbe.

Dieser Vorgang scheint recht einfach zu sein - bis Sie feststellen, daß Ihre Einstellungen nicht immer die gewünschten Ergebnisse liefern. Fragen stellen sich. Sind Tönung und Farbe nicht das gleiche? Warum gibt es für beides eine eigene Rollbox? Wenn Windows Rot, Grün und Blau zur Erzeugung von Farben mischt, warum heißen die Rollboxen in der Bildschirmfarbendialogbox dann nicht Rot, Grün und Blau?

## Das Windowsfarbsystem

Die Beantwortung dieser Fragen erfordert einiges an Hintergrundwissen über additive Farben, die Computer (und Fernseher) zur Farberzeugung verwenden. Bei additiven Farben wird der Farbton mit Hilfe von Licht in drei Hauptfarben (Rot, Grün und Blau) erzeugt. (Beachten Sie, daß diese Hauptfarben nicht dieselben sind wie die Hauptpigmentfarben, dem Farbsystem, das zum Mischen von Malfarben Verwendung findet. Die Pigmenthauptfarben sind Rot, *Gelb* und Blau.) Die Oberfläche eines Farbmonitors ist mit Triaden von rotem, grünem und blauem Phosphor beschichtet, die aufglühen, wenn sie von dem Beschuß dreier Elektronen-Kanonen (eine für jede Farbe) getroffen werden. Jeder Punkt, oder Pixel, eines Videobildes besteht in Wirklichkeit aus einer Kombination von Rot, Grün und Blau. Da die Farbpunkte aber zu klein sind, um aus einem normalen Betrachterabstand gesehen zu werden, mischen die Augen sie zu einer einzigen Farbe zusammen.

Neben der Intensität jeder Hauptfarbe bestimmen drei Faktoren das Erscheinungsbild des Pixels: Tönung, Lichtstärke und Sättigung.

**Tönung.** Tönung ist eine Haupt- oder Zweitfarbe, bestehend aus der gleichmäßigen Mischung von Hauptfarben. (Gelb, zum Beispiel, ist eine sekundäre Additionsfarbe, entstehend aus der gleichmäßigen Mischung von Rot und Grün.) In der Systemsteuerung passen Sie die Tönung mit der Tönungsrollbox an. Die verfügbaren Tönungen erscheinen über dem Rollfeld. Durch die Anpassung der Tönung bestimmen Sie die relative Intensität roter, grüner und blauer Punkte, die ein Pixel bilden.

**Lichtstärke.** Die Lichtstärke bezieht sich auf die Helligkeit oder Dunkelheit einer Farbe. (Zum Beispiel können Sie ein helles Gelb aus der Mischung von Weiß und reinem Gelb erzeugen. Wenn Sie natürlich Weiß nehmen, verwenden Sie eigentlich gleiche Anteile von Rot, Grün und Blau.) Die Helligkeitsrollbox der Systemsteuerung heißt Helligkeit. Darüber stellt ein Balken die verfügbaren

Helligkeitseinstellungen durch ein allmähliches Übergehen von Schwarz (eigentlich dunkles Blau) nach Weiß dar.

**Sättigung.** Auch Intensität oder Chroma genannt. Die Sättigung bezieht sich auf die Reinheit einer Farbe. Eine voll gesättigte Farbe enthält kein Grau und erscheint deshalb ziemlich lebhaft. Farben können durch Hinzufügung von Grau an Intensität verlieren. In der Bildschirmfarbendialogbox heißt der Rollbalken zur Einstellung der Sättigung Farbe. Über dem Rollbalken zeigt ein Balken den allmählichen Übergang von Grau zu vibrierendem Blau.

## Mit Windowsfarben experimentieren

Theorie ist wichtig, Ausprobieren ist aber der beste Weg, herauszufinden, wie Tönung, Lichtstärke und Sättigung miteinander zusammenhängen. Starten Sie die Systemsteuerung und wählen Sie dann den Farben-Befehl im Optionen-Menü aus. Um sicher zu gehen, daß wir vom gleichen Ausgangspunkt ausgehen, bewegen Sie das Tönungsrollfeld in seine ganz linke Position. Als nächstes bewegen Sie das Farbenrollfeld in die ganz rechte Position. Schließlich schieben Sie das Helligkeitsrollfeld in die Mitte des Rollbalkens. Sie wissen wahrscheinlich, daß sie genau im Zentrum steht, wenn der Hintergrund des Probebildschirms einen intensiven Rotton annimmt. Ist das Rollfeld in der linken oder rechten Ecke, wird die rote Farbe mit schwarzen oder weißen Pixeln durchsetzt.

Als erstes, untersuchen Sie das Spektrum der voll gesättigten Farben mit dem rechten Rollpfeil des Tönungsrollbalkens. Beobachten Sie den Hintergrund des Orientierungsschirms, wie er einen Regenbogen von intensiven Farben durch Sprenkeln mit Pixeln verschiedener Farben erzeugt.

Als nächstes, untersuchen wir die Wirkung des Helligkeitsrollbalkens, der die Helligkeit der Farbe bestimmt, die aufgrund der aktuellen Tönungs- und Farbeinstellungen gebildet wird. Bewegen Sie die Tönungsrollbox in ihre ganz linke Position, um das voll gesättigte Rot darzustellen. Benutzen Sie dann den linken Rollpfeil der Helligkeitsrolleiste und beobachten Sie dabei den Hintergrund des Beispielbildschirms. Das Rot wird immer dunkler, da Windows schwarze Pixel hinzufügt, und ist schließlich völlig schwarz. Als nächstes, verwenden Sie den rechten Rollpfeil. Wie Sie erwarten würden, wird die Farbe immer heller, bis sie weiß ist. Ungeachtet der Stellung des Rollfeldes ist die Farbe immer völlig gesättigt; sie nimmt einfache unterschiedliche Grade an Helligkeit oder Dunkelheit an, als ob sie an einem Dimmer angeschlossen wäre.

Schauen wir uns schließlich die Farb- oder Sättigungsanpassung an. Bewegen Sie die Helligkeitsrollbox wieder in die Mitte ihrer Rolleiste, um erneut ein intensives Rot im Orientierungsschirm zu haben. Verringern Sie nun die Farbsättigung mit dem linken Rollpfeil. Beobachten Sie den Beispielbildschirm, um zu sehen, wie Windows weiße (und gelegentlich ein paar schwarze) Pixel einfügt, um die Farbsättigung zu verringern. Wenn das Rollfeld in ihrer äußersten linken Stellung ist, wird die Farbe völlig grau.

Positionieren Sie die Farbrollbox in der Mitte der Rolleiste. In dieser Stellung sind Rot und Grau gleichmäßig gemischt.

Experimentieren Sie schließlich mit den Tönungseinstellungen. Sie sehen das gleiche Farbenspektrum wie zuvor, aber weil die Farben sich den Schirm mit einem gleichen Grau-Anteil teilen, erscheinen sie weniger intensiv.

## Ein systematischer Ansatz zum Farben-Ausprobieren

Nachdem Sie jetzt wissen, wie die Tönungs-, Helligkeits- und Farbsteuerungen interagieren, wollen Sie vielleicht selbst Hand an das Pixel-Mischen anlegen. Sie brauchen nur die Rollbox jeder Steuerung hin- und herbewegen, bis Sie auf eine Einstellung treffen, die Ihnen recht ist. Besser ist es aber, eine intensive, voll gesättigte Tönung als Ausgangspunkt zu verwenden.

1.  Wählen Sie das Element der Benutzeroberfläche in der Verzeichnisliste aus, für das Sie eine andere Farbe haben wollen. Dabei springen die Rollfelder in die Positionen, die den augenblicklichen Farbwerten des Elements entsprechen.

2.  Ziehen Sie das Helligkeitsrollfeld in der Mitte der Rolleiste (mittlere Helligkeit) und die Farbrollbox in die ganz rechte Position (voll gesättigte Farbe).

3.  Verwenden Sie das Tönungsrollfeld, um die gewünschte Farbe auszuwählen.

4.  Passen Sie Helligkeit oder Sättigung (oder beides) an, um die gewünschte Schattierung zu erhalten.

Denken Sie bei Ihrer Suche nach den idealen Farben an eines: Zurückhaltung. Farbe ist eine wundervolle Komponente visueller Kommunikation; verwenden Sie sie zurückhaltend. Eine Mischung sich gegenseitig die Schau stehlender Töne schaut zwar vielleicht auf dem neuen Farbmonitor toll aus, ist aber keine visuelle Arbeitserleichterung.

Ein Ansatz besteht darin, für alle Elemente der Benutzeroberfläche die gleiche Tönung zu verwenden, aber Helligkeit und Sättigung zu variieren. Bild 8-3 zeigt die *[colors]*-Einstellungen, die ich in meiner WIN.INI-Datei verwende. Sie sorgen für einen blauen Hintergrund, der für mein IBM PS/2-Modell geeignet scheint - ein dunkelblauer Bildschirmhintergrund, dunkelblaue aktive und hellblaue inaktive Titelleisten und hellblaue Rolleisten. Der dunkle Hintergrund reduziert das Bildschirmeinbrennen, das im Lauf der Zeit eintreten kann, wenn der Phosphor des Bildschirms konstant mit ganz weißen Pixeln bombardiert wird, auf ein Minimum. Immer wenn ich eine Pause am Rechner mache, minimiere ich alle offenen Anwendungen und bade den Schirm in der dunkelblauen Tönung.

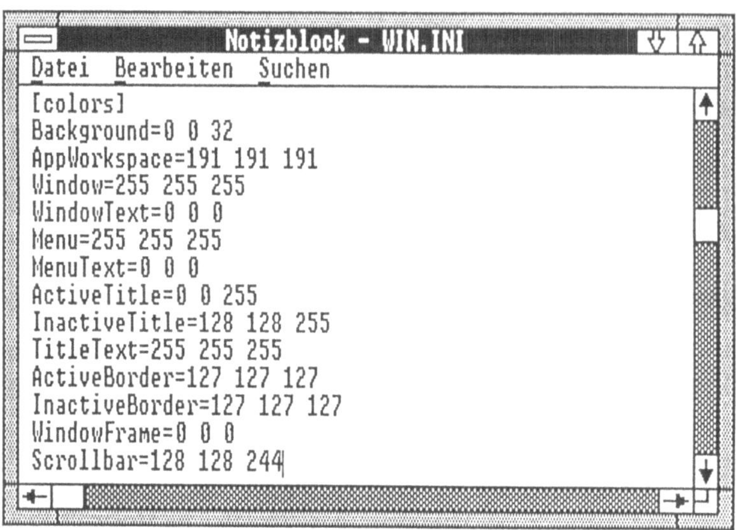

*Bild 8-3: Einstellung für die Grundfarbe Blau*

Vermeiden Sie Farben oder Töne, die unangenehme Flecken aus schwarzen oder weißen Pixeln enthalten; sie stören, besonders bei der Bildschirmhintergrundfarbe. Bevorzugen Sie stattdessen satte Töne. Schwarz-auf-weiß-Text erscheint vertrauter und ist weniger ermüdend als farbiger Text. (Wenn Sie Farbeinstellungen wirklich für Text anpassen, werden Sie feststellen, daß Windows für Text nicht das gleiche Spektrum an Helligkeitseinstellungen bereitstellt wie für andere Elemente. Text kann nur in satten Farben erscheinen.)

Denken Sie beim Herumprobieren daran, daß Sie Ihre vorherigen Farbeinstellungen mit der Rückgängig-Schaltfläche wiederherstellen können. Sobald Sie aber die Bildschirmfarbendialogbox bestätigen, übergibt die Systemsteuerung Ihre Änderungen an die WIN.INI-Datei. Sie können zur Bildschirmfarbendialogbox zurückkehren und jede Farbe neu einstellen, um zu den voreingestellten Werten zurückzukommen. Einfacher ist es aber, WIN.INI mit dem Notizblock zu laden und die *[colors]*-Sektion zu löschen. Wenn Sie Windows neu starten, verwendet es wieder die Voreinstellungen.

## Tip 2: WIN.INI auf Schwarz-Weiß-Darstellung einstellen

Zur Abwechslung können Sie auch eine Schwarz-Weiß-Umgebung auf einem EGA- oder VGA-System simulieren, wenn Sie die *[colors]*-Einstellungen von Bild 8-4 verwenden. Das ist nützlich, wenn Sie Windows-Screendumps auf einem Schwarz-Weiß-Drucker ausgeben wollen.

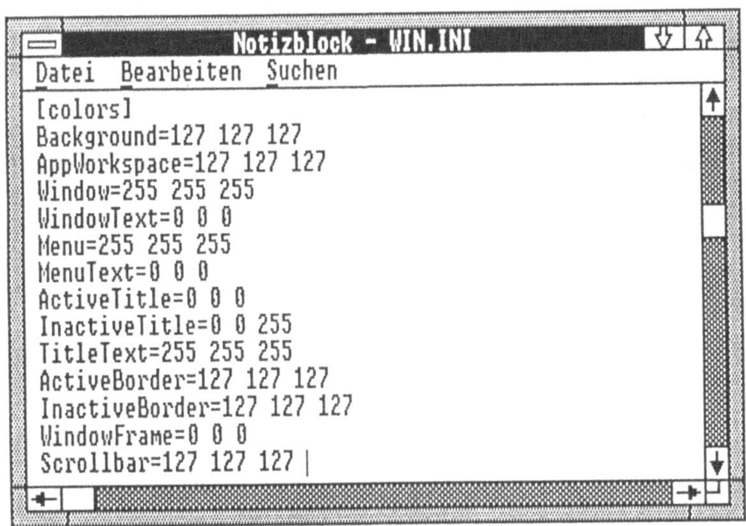


*Bild 8-4: Einstellung im [colors]-Abschnitt zur Simulation einer Schwarz-Weiß-Installation*

# Tip 3: Die Fensterrahmenbreite einstellen

Der Befehl Rahmenbreite im Optionen-Menü der Systemsteuerung ermöglicht in Pixeln die Festlegung der Breite der Rahmen, die alle in der Größe veränderbaren Fenster umgeben. Die voreingestellte Breite der meisten Fenster ist 5. (Systemsteuerung und Taschenrechner haben in der Größe nicht änderbare Fenster und deshalb eine feste Breite von 1.) Wenn Sie beim Redimensionieren von Fenstern Schwierigkeiten haben, die Maus auf den Fensterrahmen zu positionieren, müssen Sie die Rahmenbreite erhöhen. Umgekehrt, wenn Sie keine Maus verwenden, ändern Sie die Breite auf 1, um den Rahmen zu entfernen. Sie können dennoch ein Fenster in der Größe verändern, wenn Sie den Größe ändern-Befehl im Steuermenü dazu verwenden. Ein Rahmen kann nicht kleiner sein als die Breite eines Pixels und nicht größer als 50 Pixel, ein Wert, der "Festungsmauern" um die Fenster legt.

Die Einstellung der Rahmenbreite wird im *[windows]*-Abschnitt von WIN.INI, neben dem Schlüsselwort *BorderWidth* (engl. für Rahmenbreite, Anm. d. Übersetzers), abgespeichert.

## Tip 4: Den Signalton ein- und ausschalten

Der Signalton-Befehl im Optionenmenü der Systemsteuerung bestimmt, ob Windows einen Warnton erzeugt, wenn Sie eine unerlaubte Operation vornehmen, zum Beispiel auf die falsche Taste drücken oder innerhalb eines Programmfensters klicken, wenn das Programm ein Dialogfeld auf dem Monitor darstellt. Mögen Sie den Signalton nicht, wählen Sie den Signalton-Befehl aus, um die Markierung neben der Befehlsbezeichnung zu enfernen,und desaktivieren Sie die akustische Warnung.

Diese Einstellung wird neben dem Schlüsselwort *Beep* im *[windows]*-Abschnitt von WIN.INI abgespeichert.

## Tip 5: Die Einstellung der Mausoptionen

Zwei Bereiche der Systemsteuerung erlauben die Änderung von Mausoptionen: der Maus-Befehl im Optionen-Menü und die Zweimal-Klicken-Option im Fenster der Systemsteuerung.

Der Maus-Befehl ruft die Mausoptionendialogbox auf, mit der Sie von der linken auf die rechte Maustaste schalten und die Geschwindigkeit des Zeigers verändern können. Normalerweise ist die linke Maustaste die Haupttaste - mit der man Objekte in der Größe modifiziert und auswählt und Befehle gibt. Die rechte Taste hat sekundären Charakter und dient in manchen Programmen für Spezialaufgaben. (Bei Pagemaker zum Beispiel ändert ein Klicken der Sekundärtaste die Vergrößerungsskala.) Um zwischen linker und rechter Taste hin und her zu schalten, klicken Sie das Feld "Linke/rechte Taste vertauschen" an. In WIN.INI wird Ihre Einstellung mit dem Wort *yes* oder *no* neben dem Schlüsselwort *SwapMouseButtons* festgehalten. (Beachten Sie, daß das *SwapMouseButtons*-Schlüsselwort erst in WIN.INI erscheint, wenn in der Systemsteuerung umgeschaltet worden war.)

Die Zweimal-Klicken-Option im Systemsteuerungsfenster ermöglicht die Änderung des Zweimal-Klickens. Die Option wird im *[windows]*-Abschnitt der WIN.INI-Datei durch das Schlüsselwort *DoubleClickSpeed* dargestellt und in Millisekunden (Tausendstelsekunden) angegeben. Ein Zweimal-Klick-Wert von 500 sagt Windows zum Beispiel, daß innerhalb einer halben Sekunde zweimal geklickt werden muß, um als Zweimal-Klick zu gelten. Zwei Klicks außerhalb dieser Zeitspanne gelten einfach als zwei individuelle Klicks.

## Tip 6: Die Einstellung der Mauszeigergeschwindigkeit

Die Mauszeigergeschwindigkeitsoption ermöglicht die Festlegung, mit welcher Geschwindigkeit sich der Zeiger relativ zur Maus bewegt. Wird die Einstellung "Niedrig" gewählt, bewegt sich der Zeiger ungeachtet der Maus mit einer konstanten Geschwindigkeit. In der Einstellung Mittel bewegt sich der Zeiger schneller, wenn sich die Maus schneller bewegt. In der Einstellung "Hoch" schließlich schießt der Zeiger über den Schirm, wenn die Maus auch nur etwas bewegt wird. Wenn Sie die Einstellungen "Mittel" oder "Hoch" auswählen, erscheinen die Schlüsselwörter *xMouseThreshold*, *yMouseThreshold* und *MouseSpeed* mit danebenstehenden Nummern in WIN.INI.

Schauen wir uns, gleichsam als technische Nebenbemerkung, an, wie die drei Faktoren zusammenhängen. Eine Maus generiert bei jeder Bewegung Interrupts, auf die Windows wiederum mit Zeigerbewegungen reagiert. Die kleinste Bewegung, die eine Maus registrieren kann, nennt man eine Einheit. Die Einstellungen *xMouseThreshold* und *yMouseThreshold* bestimmen die maximale Zahl an Einheiten, die eine Maus zwischen zwei Interrupts zurücklegen kann, bevor Windows die Position des Zeigers auf dem Bildschirm verändert. Liegt die Mausgeschwindigkeit unter beiden Schwellwerten (engl. threshold = Schwelle, Anm. d. Übersetzers), bewegt sich der Zeiger bei jeder Einheit der Mausbewegung um ein Pixel. Ist die Mausgeschwindigkeit höher als beide Schwellwerte, entspricht die Zeigergeschwindigkeit dem doppelten Wert der Einstellung von *MouseSpeed*. Liegt diese Einstellung folglich bei 2 und die Mausgeschwindigkeit übersteigt die beiden Schwellwerte, bewegt sich der Zeiger bei jeder Einheit der Mausbewegung um vier Pixel weiter. Bild 8-5 zeigt den Wert jedes Schlüsselworts bei jeder Einstellung, und wie weit sich eine Maus bewegen muß, damit der Zeiger bei schnellen Mausbewegungen von einem Bildschirmende zum anderen kommt.

| Einstellg. | xMouse-Threshold | yMouse-Threshold | Mausgeschw. | Entfernung (in Zoll) |
|---|---|---|---|---|
| Niedrig | 0 | 0 | 0 | 3 |
| Mittel | 2 | 2 | 1 | 1 1/2 |
| Hoch | 5 | 5 | 2 | 7/8 |

*Bild 8-5: Ergebnisse von Einstellungen der Mausgeschwindigkeit*

Wenn man die Einstellungen *xMouseThreshold* und *yMouseThreshold* direkt in WIN.INI editiert und ihnen unterschiedliche Werte gibt, bekommt man unter Umständen seltsame Ergebnisse. Ein hoher *xMouseThreshold*-Wert kombiniert mit einem niedrigen *yMouseThreshold*-Wert ergibt einen Zeiger, der sich mit affenartiger Geschwindigkeit in der Horizontale bewegt, in der Vertikale aber einschläft. Und wenn Sie eine hyperaktive Maus sehen wollen, stellen Sie die *MouseSpeed*-Einstellung ungefähr auf 5. Machen Sie aber erst eine Backup-Kopie Ihrer WIN.INI-Datei.

## Tip 7: Ändern der Ländereinstellungen

Der letzte Befehl im Optionen-Menü der Systemsteuerung heißt Ländereinstellungen. Sein Dialogfeld ermöglicht die Auswahl aus 16 verschiedenen, jeweils länderspezifischen Symbolen und Formaten, die Windows zur Darstellung von Währung, Datum, Uhrzeit und Zahlen verwendet. Ihre Einstellung sehen Sie im *[intl]*;-Abschnitt von WIN.INI. Jedes Schlüsselwort in dem Abschnitt entspricht einer Option im Ländereinstellungendialogfeld, außer der letzten Zeile, die Windows sagt, ob der Ländereinstellungen-Befehl in das Optionen-Menü aufgenommen werden soll. Wenn Sie sie in *dialog=no* ändern, verschwindet Ländereinstellungen aus dem Menü. Wenn Sie nicht ein besonders nationalistischer Windowsanwender sind, gibt es aber keinen Grund, den Befehl zu entfernen.

## Tip 8: Ändern der Blinkgeschwindigkeit des Cursors

Die Systemsteuerung ermöglicht über die Blinkgeschwindigkeitsoption Veränderungen der Blinkgeschwindigkeit des Cursors. Verwenden Sie den Rollbalken wie angegeben, um die Geschwindigkeit zu ändern. Die Blinkgeschwindigkeit wird im *[windows]*-Abschnitt von WIN.INI durch das Schlüsselwort *CursorBlinkRate* dargestellt. Der eingetragene Wert bezieht sich auf Millisekunden. Eine *CursorBlinkRate* von 1000 bedeutet, daß der Cursor eine Sekunde an und eine Sekunde aus ist. Die Minimum- und Maximum-Werte liegen zwischen 200 (schnellstes Blinken) und 1200 (langsamstes Blinken). Sie können über diese Werte aber hinausgehen, wenn Sie die Systemsteuerung umgehen und direkte Manipulationen in WIN.INI vornehmen. Ändern Sie zum Beispiel die Blinkrate auf den Wert 1, bekommen Sie einen rasend schnell blinkenden Cursor; ändern Sie den Wert auf 5000, blinkt der Cursor so langsam, wie Bäume Jahresringe produzieren.

## Tip 9: Das Spulprogramm ein- und ausschalten

Der *[windows]*-Abschnitt von WIN.INI enthält mehrere andere Einträge, für die es keine Gegenstücke in der Systemsteuerungsoberfläche gibt und die nur über direkte Änderungen von WIN.INI mit dem Notizblock editiert werden können. Der erste solche Eintrag ist die *spooler=yes*-Zeile. Wenn Sie diesen Eintrag in *spooler=no* ändern, benutzt Windows das Spulprogramm nicht als Druckerzwischenprogramm. Sie wollen das Spulprogramm von Windows vielleicht ausschalten und das Spulprogramm des Netzwerks verwenden, wenn Sie Windows in einem Netzwerk laufen haben (vielleicht müssen Sie sogar). Oder Sie wollen das Spulprogramm ausschalten, wenn Sie Windows mit Diskettenlaufwerken einsetzen, weil das Spulprogramm leicht Ihren Diskettenplatz wegnehmen kann. (Obwohl Sie, angesichts der Langsamkeit von Windows auf einem Diskettensystem, wahrscheinlich zuerst Ihre Geduld verlieren würden.) Vielleicht wollen Sie auch auf das Spulprogramm verzichten, wenn Sie einen großen SMARTDrive-Laufwerkscache oder eine RAMDrive-RAMDisk verwenden. (SMARTDrive und RAMDrive werden in Kapitel 10 behandelt.) Ist ein Spulprogramm auf einem System aktiv, das entweder mit einem SMARTDrive oder einem RAMDrive arbeitet, holt sich Windows den Inhalt der gespulten Druckdatei aus dem Speicher und nicht von Platte oder Diskette. Da es viel schneller ist, Daten aus dem Arbeitsspeicher als von einer Massenspeichereinheit zu holen, holt Windows die Daten schneller und sendet auf diese Weise mehr Daten an den Drucker in kürzerer Zeit. Als Ergebnis wird der interne Arbeitsspeicher des Druckers voll, und Text geht verloren. Dieses Problem erkennt man normalerweise an einem Druckjob, bei dem die erste Seite perfekt ausgedruckt wird, nachfolgende Seiten aber etwa in der Mitte aufhören.

# Tip 10: Die Darstellung von PIFs mit dem Programme-Befehl des MS-DOS-Fensters

Unter den Einstellungen von *spooler*, *DoubleClickSpeed* und *CursorBlinkRate* in WIN.INI sind drei Kommentarzeilen, die den Eintrag *programs* beschreiben. Dieser Eintrag legt fest, welche Dateien erscheinen, wenn Sie den Programme-Befehl im Liste-Menü des MS-DOS-Fensters auswählen. Die Voreinstellung weist Windows an, alle Dateien mit den Endungen COM, EXE oder BAT anzuzeigen. Sie wollen vielleicht die PIF-Endung hinzufügen, so daß Sie ein Programm durch Zweimal-Klicken auf seine PIF starten können, wenn Sie Programme aufgelistet haben. Um dies zu tun, drücken Sie die Leertaste nach dem letzten Eintrag und geben Sie dann *pif* ein (setzen Sie vor der Erweiterung keinen Punkt). Umgekehrt, wenn Sie keine Stapeldateien beim Auflisten von Programmen sehen wollen, löschen Sie die BAT-Erweiterung.

# Tip 11: Einen Null-Anschluß-Namen festlegen

Unter dem *programs*-Eintrag befindet sich der *NullPort*-Eintrag. Er gibt Windows einfach einen String (ein Wort oder eine Wortkette) zur Verwendung durch die Systemsteuerung, das Spulprogramm oder ein Anwendungsprogramm an, wenn ein Gerät installiert wurde (d.h. ein Gerätetreiber in Ihr WINDOWS-

Verzeichnis kopiert wurde), aber an keinem Anschluß hängt. Normalerweise lautet der Name des Null-Anschlußes "Ohne" und erscheint nach der Schnittstellenliste im Anschlüsse-Dialogfeld der Systemsteuerung. Wählt man ihn aus, erscheint er im Drucker-Verzeichnisfeld, wie in: *PCL/HP LaserJet an: Ohne*. Zur Abwechslung läßt sich der Name des Null-Anschlusses (*NullPort*) auch ändern.

## Tip 12: Programme und Dateien festlegen, die beim Starten aufgerufen oder geladen werden sollen

Die Einträge *load* und *run* in WIN.INI erlauben die Festlegung, daß bestimmte Programme oder Stapeldateien als Sinnbilder geladen oder gestartet werden, sobald Windows hochfährt. Um beide Einträge zu nutzen, geben Sie den Dateinamen des Programms nach dem Gleichheitszeichen ein; die Dateinamenerweiterung braucht nicht angegeben zu werden. Sie können aber eine Laufwerksbezeichnung und einen Verzeichnisnamen spezifizieren, um das Programm von einem anderen Laufwerk oder einem anderen Verzeichnis aus, wie im Pfad-Befehl angegeben, zu laden oder zu starten. Um mehr als ein Programm oder eine Stapeldatei zu starten oder zu laden, trennen Sie die Dateinamen durch ein Leerzeichen. Um mehrere Varianten des gleichen Programms zu starten, geben Sie den Namen zweimal an. Um ein Dokument zu laden und das dazugehörige Programm zu starten, spezifizieren Sie einfach den Namen des Dokuments.

## Tip 13: Den voreingestellten Drucker in WIN.INI ändern

Der *device*-Eintrag von WIN.INI enthält den voreingestellten Drucker, den Dateinamen dessen Treibers und den Anschluß, an dem der Drucker hängt. Der *device*-Eintrag bekommt seine Information von den Befehlen im Einstellungsmenü der Systemsteuerung. Sie können diesen Eintrag mit dem Befehl "Drucker ändern" oder "Zieldrucker" eines Programms übergehen (bei Microsoft Excel ist es der Druckereinrichtungsbefehl). Das bewirkt, daß das Programm auf einen anderen Drucker schaltet, ändert aber nicht die Voreinstellung. Nehmen Sie zum Beispiel an, voreingestellt ist ein Postscript-Drucker und Sie verwenden den Befehl "Drucker wechseln" von Windows Write, um auf einen LaserJet zu schalten. Wenn Sie dann auf ein anderes Programm übergehen, oder auch auf eine zweite Kopie von Write, und den Befehl "Drucker wechseln" auswählen, wird der Postscript-Drucker immer noch als voreingestellter Drucker aufgeführt. Es gilt folgende Regel: Der Drucker, den Sie mit der Systemsteuerung voreinstellen, wird von Windows solange benutzt, bis Sie einen anderen definieren; und er bleibt es, bis Sie in die Systemsteuerung gehen und die Voreinstellung ändern.

## Tip 14: Das MS-DOS-Fenster von WIN.INI aus auf sein Sinnbild verkleinern

Nach dem *MouseSpeed*-Eintrag folgt in Ihrer WIN.INI-Datei vielleicht ein Eintrag namens *MinimizeMSDos*, der Windows sagt, ob es das MS-DOS-Fenster beim Aufruf eines Programms auf sein Sinnbild verkleinern soll. Haben Sie nie das "MS-DOS-Fenster auf Sinnbild verkleinern"-Markierungsfeld im Ausführen-Dialogfeld des MS-DOS-Fensters (im Dateimenü) benutzt, enthält Ihre WIN.INI-Datei keinen solchen Eintrag. Aber sobald Sie das erste mal die Option "MS-DOS-Fenster auf Sinnbild verkleinern" verwenden, fügt das MS-DOS-Fenster den Eintrag in Ihre WIN.INI-Datei ein. Sie können die Option auf dreierlei Weise ausschalten: Ändern Sie den *MinimizeMSDos*-Eintrag in *MinimizeMSDos=no*; löschen Sie den ganzen *MinimizeMSDos*-Eintrag; oder wählen Sie den Ausführen-Befehl im Dateimenü des MS-DOS-Fensters aus, entfernen Sie die Markierung im "MS-DOS-Fenster auf Sinnbild verkleinern"-Markierungsfeld und bestätigen Sie dann das Dialogfeld. (In diesem Fall muß der Programmname nicht im Ausführen-Dialogfeld erscheinen; Sie benutzen den Ausführen-Befehl einfach, um auf das "MS-DOS-Fenster auf Sinnbild verkleinern"-Markierungsfeld zuzugreifen.) Um die Option wieder zu aktivieren, wählen Sie "Ausführen" und das "MS-DOS-Fenster auf Sinnbild verkleinern"-Markierungsfeld und bestätigen Sie das Dialogfeld.

## Tip 15: Verwendung von WIN.INI zum Programmstart, wenn ein Dokument aufgerufen wird

WIN.INIs *[extensions]*-Abschnitt enthält die Einträge, die Windows den Start eines Programms erlauben, wenn Sie ein Dokument des Programms aufrufen (durch Zweimal-Klicken auf den Dateinamen des Dokuments oder durch Auswahl des Dateinamens und Enter). Der Eintrag *wri=write.exe ^.wri* sagt Windows zum Beispiel folgendes: "Wenn jemand eine Datei mit der Erweiterung WRI aufruft, starte WRITE.EXE und übergebe anschließend diesen Dateinamen an Write, damit das Programm das Dokument laden kann." Das Hütchen (^) ist ein Jokerzeichen, das für den Dateinamen steht.

Wenn Sie ein neues Windowsprogramm installieren, fügt dessen Installationsprogramm die Dateinamen-Erweiterungen des Programms diesem Abschnitt hinzu. Wenn ein Programm kein Installationsprogramm hat oder wenn Sie das Programm einfach durch Kopieren auf die Festplatte installieren, weiß Windows nichts über die Dateinamenendungen des Programms. Wenn Sie später eines der Dokumente des Programms aufrufen, gibt das MS-DOS-Fenster infolgedessen eine Fehlermeldung aus, die besagt, daß das Dokument nicht aufgerufen werden kann.

Sie können zusätzliche Erweiterungen für ein Programm angeben, indem Sie Einträge im *[extensions]*-Abschnitt ergänzen. Hier ist eine sinnvolle Ergänzung:

```
wk1=excel.exe ^.wk1
```

Diese Zeile, die überall im *[extensions]*-Abschnitt stehen kann, befiehlt Windows, Excel zu starten, wenn Sie eine Lotus 1-2-3-WK1-Datei aufrufen. Beim Laden von Excel wird gleich auch die gewünschte WK1-Datei geladen. Eine andere nützliche Ergänzung finden Sie in der folgenden Zeile:

```
sys=notepad.exe config.sys
```

Mit diesem Eintrag starten Sie den Notizblock und laden CONFIG.SYS zum Editieren. Beachten Sie, daß die Zeile nicht das Hütchen-Jokerzeichen enthält. Stattdessen wird explizit die CONFIG.SYS-Datei genannt, weil viele Treiber ebenfalls die Endung SYS haben. Würde diese Zeile das Hütchen verwenden und Sie wählen SMARTDRIVE.SYS aus, würde Windows den Notizblock starten; dieser wiederum würde versuchen, die Datei SMARTDRV.SYS zu laden. Der Versuch würde zur Fehlermeldung *Not a valid Notepad file* führen. (Der Notizblock kann nur ASCII-Textdateien laden.) Durch die explizite Nennung von CONFIG.SYS in WIN.INI dagegen sagen Sie Windows: "Immer, wenn jemand eine Datei mit der Endung SYS auswählt, nimm' an, daß er oder sie CONFIG.SYS editieren will, und lade diese Datei statt der angegebenen."

## Tip 16: Ausgabegeräte in WIN.INI festlegen

Der *[devices]*-Abschnitt von WIN.INI enthält die Ausgabegeräte, die Sie installiert haben und die Anschlüsse, an die sie angeschlossen sind. Windows stellt den Text links vom Gleichheitszeichen im Drucker ändern- oder Zieldrucker-Dialogfeld eines Programms dar. Normalerweise wird dieser Text in der Druckertreiber-Datei angegeben, Sie können ihn aber mit dem Notizblock ändern. Nehmen Sie an, Sie haben zwei Postscript-Drucker, einen LaserWriter an COM1 und eine Linotronic-Satzmaschine an COM2. Statt sich erinnern zu müssen, welcher Drucker an welchem Anschluß hängt, können Sie für jeden einen speziellen *[devices]*-Eintrag erzeugen, der den Namen jedes Druckers enthält. Dazu folgen Sie den unten angegebenen Schritten. (Diese Maßnahmen gehen von der Annahme aus, daß Sie den Postscript-Druckertreiber schon einmal installiert haben. Falls nicht, installieren Sie ihn gemäß den Empfehlungen in Kapitel 6.)

1.  Laden Sie die Systemsteuerung und wählen Sie den Drucker hinzufügen-Befehl im Installationsmenü aus.

2.  Auf die Frage nach einer Diskette mit der Druckerdatei, legen Sie die richtige Einrichtungsdiskette in Laufwerk A ein und drücken Sie Enter.

3.  Wählen Sie im Verzeichnisfeld Verfügbare Drucker den Postscript-Eintrag aus. Fügen Sie ihn dann hinzu.

4.  Antworten Sie auf die Frage der Systemsteuerung *Die Druckerdatei PSCRIPT.DRV wird kopiert in das Verzeichnis:* mit Nein. Dadurch wird die Systemsteuerung angewiesen, einen neuen *[devices]*-Eintrag zu machen, nicht aber den Treiber selbst zu kopieren.

5.  Wählen Sie "Anschlüsse" im Einstellungsmenü aus. Im Druckerverzeichnisfeld selektieren Sie den Eintrag "PostScript Printer an Ohne" und dann im Anschlüsseverzeichnisfeld die richtige Schnittstelle. Schließlich bestätigen Sie mit OK.

6.  Wählen Sie Drucker im Einstellungsmenü aus, den neuen Eintrag, und spezifizieren Sie die richtigen Druckeinstellungen. (Wenn dieser Eintrag zum Beispiel für eine Linotronic steht, wählen Sie Linotronic 100/300/500 im Druckerverzeichnisfeld.) Bestätigen Sie die Dialogbox.

7.  Laden Sie WIN.INI und verwenden Sie den Suchen-Befehl, um den *[devices]*-Abschnitt zu finden.

8.  Lokalisieren Sie den Eintrag für den Postscript-Drucker. Er lautet *PostScript Printer=PSCRIPT,COM1:,COM2:* (wenn auch die Einträge für die Anschlüsse anders sein mögen). Dieser Eintrag sagt Windows, daß der Postscript-Treiber von zwei Druckern geteilt wird, einer angeschlossen an COM1, einer an COM2.

9.  Wählen Sie den Text *PostScript Printer* aus und geben Sie den Namen des Druckers ein, den Sie an COM1 angeschlossen haben. Löschen Sie dann den Eintrag für COM2 am Ende der Zeile. (Vergessen Sie nicht, das Komma zu löschen.) Wenn Sie einen LaserWriter an COM1 angeschlossen haben, lautet Ihre Zeile nun *LaserWriter=PSCRIPT,COM1: .*

10.  Fügen Sie eine neue Zeile hinzu, die den Drucker benennt, der an COM2 angeschlossen ist. Bei einer Linotronic ergänzen Sie die Zeile *Linotronic=PSCRIPT,COM2:* in der Datei. Wenn Sie die zwei Einträge korrekt eingegeben haben, speichern Sie WIN.INI und verlassen Sie Windows.

Um Ihr Werk zu bewundern, starten Sie Windows erneut und rufen Sie Write auf. Wenn Sie Drucker wechseln im Dateimenü auswählen, sehen Sie die beiden Drucker.

Obwohl sich dieses Beispiel auf zwei Postscript-Drucker bezog, die an verschiedenen Schnittstellen angeschlossen sind, funktioniert diese Vorgehensweise bei allen Druckern, die sich einen gemeinsamen Treiber teilen, aber verschiedene Anschlüsse benutzen.

## Tip 17: Einen Anschluß in WIN.INI festlegen

Sie haben ein wenig über den *[ports]*-Abschnitt (ports engl. für Anschlüsse, Anm. d. Übersetzers) von WIN.INI in Kapitel 6 erfahren, als Sie den Eintrag *PRINTFIL.PRN* ergänzten, um den "Druck" in eine Datei zu erlauben. Wie Sie wahrscheinlich vermuteten, listet *[ports]* die Standardbezeichnungen für die MS-DOS-Anschlüsse auf, die im Anschlüsse-Dialogfeld der Systemsteuerung erscheinen. Die Einträge für die seriellen Schnittstellen, COM1: und COM2:, enthalten auch die aktuelle Konfiguration von Baudrate, Parität, Wortlänge und Stopbits einer jeden Schnittstelle, wie sie durch den Datenübertragungsanschluß-Befehl im Einstellungsmenü der Systemsteuerung festgelegt wurde. Wenn Sie Hardware-Handshaking für eine Schnittstelle spezifiziert haben, endet deren Eintrag mit einem kleinen p.

## Tip 18: Einrichtung eines programmspezifischen Abschnitts in WIN.INI

Windowsprogramme können Konfigurationsinformationen in einem programmspezifischen Abschnitt von WIN.INI abspeichern. Ein programmspezifischer Abschnitt beginnt mit dem Programmnamen in eckigen Klammern, wie in *[Microsoft Excel]* für Excel, *[Pageview]* für Microsoft Pageview oder *[MSWrite]* für Microsoft Windows Write (s. Bild 8-6). Die Programmentwickler bestimmen, ob das Programm einen Konfigurationsabschnitt braucht, und falls ja, was der Abschnitt enthält.

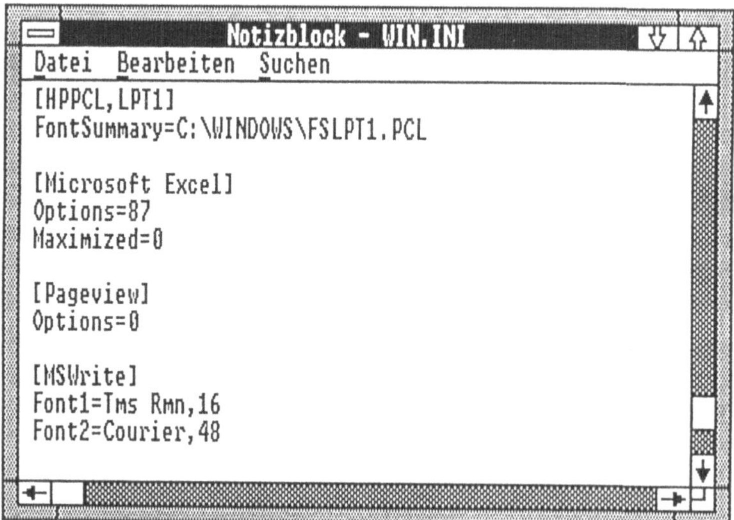


*Bild 8-6: Programmspezifische WIN.INI-Einträge*

# Kapitel 9

## PIFs und Standardprogramme

Die Fähigkeit von Windows, Standardprogramme laufen zu lassen und für diese auch die Zwischenablage zu unterstützen, öffnet Ihnen die Welt einer grafischen Benutzeroberfläche, ohne daß Sie auf Ihre existierenden Programme verzichten müssen. Die Brücke zwischen Programmen der Vergangenheit und Windows' grafischer Benutzeroberfläche ist die Programminformationsdatei PIF (Program Information File). Dieses Kapitel behandelt PIFs und geht darauf ein, wie die Zwischenablage mit Standardprogrammen zu benutzen ist.

## Eine PIF mit PIFEDIT anschauen

Kapitel 1 beschrieb kurz, wie eine PIF arbeitet und wie Windows ein Standardprogramm, basierend auf der Information, die in seiner PIF gespeichert ist, laufen läßt. Sie haben gelernt, daß die Einträge in einer PIF Windows die benötigte Information geben, damit Windows das Programm effizient laufen lassen kann, und daß Windowsprogramme keine PIFs brauchen, da die Information, die Windows braucht, um sie laufen zu lassen, direkt in ihren Programmdateien vercodet ist. Sie starten ein Standardprogramm, für die es eine PIF gibt, indem Sie die Programmdatei der Applikation oder ihre PIF auswählen und Enter drücken, oder indem Sie die Programmdatei oder PIF zweimal anklicken. Dabei verlagert das Windowsprogramm namens WINOLDAP.MOD jede andere gerade laufende Applikation und ebenso einigen Windowscode auf die Platte, damit das Standardprogramm laufen kann. Wenn Sie von einem Standardprogramm zurück zu Windows schalten (oder in ein anderes Standardprogramm), verlagert WINOLDAP.MOD die aktuell laufende Anwendung auf Platte und lädt dann erneut den Code, der vorher auf die Platte ausgelagert wurde.

Untersuchen wir die PIFs näher und schauen wir uns mit PIFEDIT, einem Windowsdienstprogramm, mit dem man PIFs erzeugen und ändern kann, eine solche Datei näher an. Lokalisieren Sie PIFEDIT in Ihrem WINDOWS-Verzeichnis und starten Sie das Programm. (Wenn Sie PIFEDIT nicht in WINDOWS finden können, schauen Sie in das PIF-Verzeichnis.) Wählen Sie als nächstes den Laden-Befehl im Dateimenü von PIFEDIT aus, geben Sie, falls notwendig, das PIF-Unterverzeichnis ein, und lokalisieren und laden Sie anschließend die Datei WORD.PIF, eine PIF für Microsoft Word (s. Bild 9-1).

Die Optionen in einer PIF zerfallen in sechs Kategorien:

**Programminformation.** Dieser Abschnitt enthält Optionen, die Windows benutzt, um Datei und Verzeichnis des Programms zu finden und Parameter an die Anwendung zu übergeben. Die vier Programminformationsoptionen sind: Programmname, Programmtitel, Programmparameter und Anfangsverzeichnis.

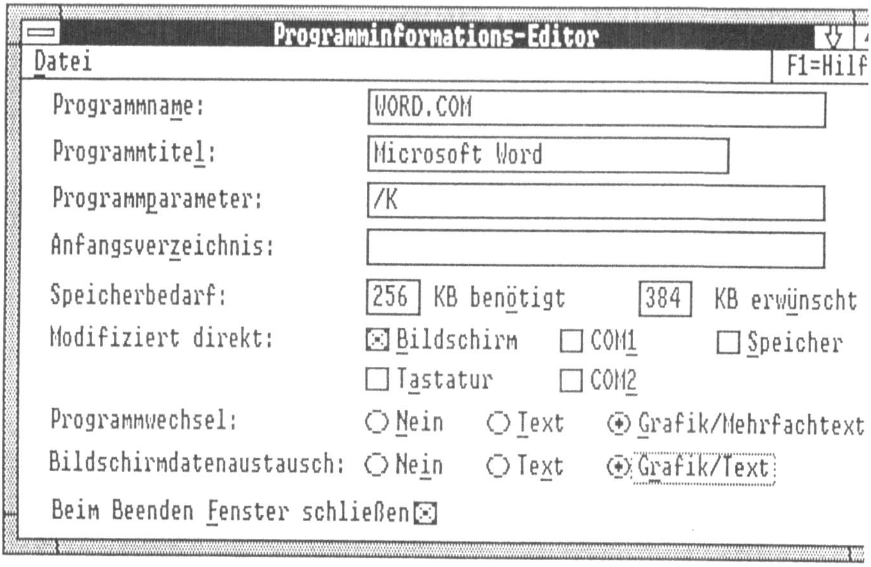

*Bild 9-1: Geladene WORD.PIF im PIF-Editor PIFEDIT*

**Speicherinformation.** Dieser Abschnitt mit dem Titel Speicherbedarf sagt Windows, wieviel Speicher das Programm zum Laufen benötigt. Die beiden Speicherinformationsoptionen sind: KB benötigt und KB erwünscht.

**Systemressourceninformation.** Im Abschnitt mit dem Titel "Modifiziert direkt" ist die Information aufgelistet, die Windows benutzt, um festzulegen, wie das Programm auf die Hardware Ihres Computers zugreift. Die Optionen legen Details fest, zum Beispiel, ob ein Programm in einem Fenster laufen kann, oder ob es den gesamten Schirm übernimmt. Die Optionen im Abschnitt Systemressourceninformation sind: Bildschirm, COM1, Speicher, Tastatur und COM2. Beachten Sie: Dieser Abschnitt ist anders als in Windows/386. Die Unterschiede werden in Kapitel 12 erklärt.

**Umschaltinformation.** Die Optionen im Abschnitt mit dem Titel Programmwechsel bestimmen, ob Windows Ihnen erlaubt, von einem Standardprogramm zurück zu Windows oder in andere Programme zu schalten. Die Umschaltinformationsoptionen sind: Nein, Text und Grafik/Mehrfachtext.

**Information zur Zwischenablage.** Dieser Abschnitt mit dem Titel Bildschirmdatenaustausch zeigt an, wie Sie auf die Zwischenablage zugreifen können, während Sie ein Standardprogramm laufen haben. Die Optionen zum Bildschirmdatenaustausch sind: Nein, Text und Grafik/Text.

**Ende-Information.** Dieser Ein-Option-Abschnitt (Titel: "Beim Beenden Fenster schließen") definiert, wie sich Windows verhält, wenn Sie das Standardprogramm verlassen. Wird das Feld angekreuzt, schließt Windows beim Verlassen das Programmfenster. Wenn nicht, läßt Windows das Programmfenster auf dem Schirm und fügt den Text *inaktiv* in die Titelleiste des Fensters.


## Programminformationoptionen

Untersuchen wir jede Option im Programminformationsabschnitt der Datei WORD.PIF von Bild 9-1.

**Programmname.** Diese Option ist der Dateiname des Standardprogramms, einschließlich der Erweiterung. Sie sollten hier das richtige Laufwerk und den Pfadnamen mit angeben, wenn das Programm nicht im Befehlspfad aufgeführt ist.

**Programmtitel.** Die Programmtiteloption bezieht sich auf den beschreibenden Text, der unter dem Sinnbild des Programms beim Aufruf und in der Programmtitelleiste erscheint. Dieser Text kann bis zu 29 Zeichen lang sein.

**Programmparameter.** Diese Option erlaubt die Eingabe beliebiger Parameter, die das Programm beim Aufruf gestattet. Der Parameter /c bei Microsoft Word, zum Beispiel, ruft den Zeichendarstellungsmodus des Programms auf. Um von Windows beim Programmaufruf Parameter anzufordern, setzen Sie ein Fragezeichen in diesen Abschnitt. Windows bringt dann beim Starten des Programms ein Dialogfeld auf den Schirm, das nach Parametern fragt. Der letztere Ansatz ist bei Programmen wie Wordstar oder Word praktisch, die ein von Ihnen zu bestimmendes Dokument beim Programmaufruf laden können.

**Anfangsverzeichnis.** Diese Option erlaubt die Eingabe von Laufwerk und Verzeichnis, die das Programm und die Datendateien oder benötigten Programm-Overlay-Dateien enthalten. (Eine Programm-Overlay-Datei enthält Code, den das Programm nachladen kann, wenn es ihn benötigt.) Befindet sich das Programm im aktuellen Verzeichnis oder in einem Verzeichnis, das im Pfadbefehl steht, können Sie auf einen Eintrag verzichten. Bild 9-2 zeigt ein Beispiel für den Eintrag eines Anfangsverzeichnisses von Micropros Wordstar, den ich in einem Verzeichnis namens \WORDSTAR speichere.

```
┌─────────────────────────────────────────────────────────────────────┐
│ ═   │          Programminformations-Editor              │    ⇩  │    │
│ Datei                                                    │ F1=Hilf    │
│                                                                       │
│   Programmname:        \WORDSTAR\WS.COM                                │
│                                                                       │
│   Programmtitel:       Wordstar                                        │
│                                                                       │
│   Programmparameter:                                                  │
│                                                                       │
│   Anfangsverzeichnis:  \WORDSTAR                                       │
│                                                                       │
│   Speicherbedarf:      [192] KB benötigt     [192]  KB erwünscht       │
│                                                                       │
│   Modifiziert direkt:  ⊠ Bildschirm    □ COM1      □ Speicher         │
│                        □ Tastatur      □ COM2                          │
│                                                                       │
│   Programmwechsel:     ○ Nein    ⊙ Text    ○ Grafik/Mehrfachtext      │
│   Bildschirmdatenaustausch: ○ Nein  ⊙ Text   ○ Grafik/Text            │
│                                                                       │
│   Beim Beenden Fenster schließen ⊠                                    │
└─────────────────────────────────────────────────────────────────────┘
```

*Bild 9-2: PIF für Wordstar in \WORDSTAR-Verzeichnis*


## Speicherinformationsoptionen

Der Speicherbedarfabschnitt einer PIF gibt Windows zwei Informationslecker-
bissen: KB benötigt und KB erwünscht. Die Option "KB benötigt" gibt an,
wieviel Arbeitsspeicher (in Kilobytes) das Standardprogramm mindestens zum
Laufen benötigt. Die Einstellung "KB erwünscht" zeigt an, wieviel Arbeitsspeicher das Programm maximal benutzen kann. (Sie erhalten diese Informationen,
wenn Sie die Handbücher Ihres Programms zu Rate ziehen.) Als allgemeine
Regel gilt: je größer der "KB erwünscht"-Wert, umso besser.


## Systemressourcenoptionen

Die Systemressourcenoptionen einer PIF zeigen an, wie das Standardprogramm
auf Bildschirm, Tastatur, Kommunikationsanschlüsse und Arbeitsspeicher Ihres
Computers zugreift.


Die Bildschirmoption

Die wichtigste Einstellung in diesem Abschnitt ist das Bildschirmfeld, das anzeigt, ob das Programm die Videoausgabe mit den Standardroutinen von MS-
DOS durchführt oder MS-DOS umgeht und direkt auf den Videospeiche: Ihres

Computers zugreift. Für Windowsanwender ist der erstgenannte Ansatz besser, da man dabei das Programm in einem Fenster laufen lassen kann.

Die meisten Standardprogramme, einschließlich einige von Microsoft, wurden nicht unter Berücksichtigung der Windowsanwender erstellt; sie umgehen MS-DOS, um direkt auf den Schirm zuzugreifen. Direkter Videozugriff erlaubt ihnen eine schnellere Bildschirmausgabe. Das ist wichtig bei bei Textverarbeitungsprogrammen, Tabellenkalkulationen und Kommunikationsprogrammen (die viel auf den Bildschirm geben müssen), und auch bei Programmen, die Grafik erzeugen. Direkter Videozugriff bedeutet aber auch, daß das Programm nicht in einem Fenster laufen kann.

Bei solchen Programmen müssen Sie das Bildschirmfeld ankreuzen. Dadurch übernimmt die Anwendung beim Starten oder, wenn Sie dorthin überwechseln, die Kontrolle über den Bildschirm. (Sie können dennoch Daten mit anderen Programmen austauschen. Ich werde in diesem Kapitel später darauf eingehen.)

## Die Tastaturoption

Die Tastatursystemressourcenoption sagt Windows, ob die Applikation direkt auf den Tastaturpuffer Ihres Computers zugreift, einen Speicherbereich, der Anschläge bis zu ihrer Verarbeitung speichert. Die meisten Programme greifen nicht direkt auf den Tastaturpuffer zu; von den Dutzenden von PIFs, die Windows beigefügt sind, hat nur die des Euroscript-Textsystems diese Option angekreuzt. Wenn diese Option ausgewählt ist, können Sie aus dem Programm nicht mit der ALT+Tab-Tastenkombination oder ALT+Esc herausgehen und können im Programm selbst auch nicht auf das Steuermenü zugreifen. Eine PIF, bei der die Tastaturoption eingeschaltet ist, verhindert auch den Ablauf des Programms in einem Fenster.

## Die COM1- und COM2-Optionen

Diese Optionen zeigen an, ob das Programm auf eine Kommunikationsschnittstelle zugreift. Wenn eine oder beide Optionen gewählt sind, läuft unter Windows kein anderes Programm, das die gleiche Schnittstelle benutzt, da zwei Programme nicht zur gleichen Zeit auf die gleiche Schnittstelle zugreifen können. Im allgemeinen brauchen Sie eine dieser Optionen nur auswählen, wenn das Standardprogramm ein Kommunikationsprogramm ist. Sie müssen eine Option, die Ihre Anwendung benutzt, aber auch dann auswählen, wenn das Programm einen Drucker über die serielle Schnittstelle ansteuert.

## Die Speicheroption

Die letzte Systemressourcenoption ist der Speicher. Wählen Sie diese Option bei speicherresidenten Programmen aus (auch TSRs genannt, weil sie den MS-DOS beenden-und-resident bleiben-Systemaufruf, Terminate-and-Stay-Resident system call, verwenden). Diese Kategorie schließt Pop-up-Software, wie Borland Internationals Sidekick, ein, sowie Dienstprogramme, wie Disk-Caching-Software und einige Netzwerktreiber. Wenn Sie ein Programm aufrufen, bei dem diese Option aktiv ist, lagert sich Windows beim Programmaufruf selbst auf die Platte aus, erlaubt MS-DOS, das Programm in den Speicher zu laden, und startet das Programm. Die Anwendung modifiziert den Speicher dann nach Bedarf (die meisten TSRs nisten sich zum Beispiel im Speicher ein und passen dann bestimmte MS-DOS-Memoryzeiger an, um den Speicherplatz, den sie besetzen, wiederzugeben). Schließlich benutzt das Programm die MS-DOS Terminate-and-Stay-Resident-Systemroutine, um die Kontrolle an MS-DOS zurückzugeben, das nun Windows von der Platte zurückholt und in den Arbeitsspeicher lädt. Wenn alles gut ging, sind Sie in der Lage, auf das Pop-up-Programm mit seiner Hot-Key-Kombination zuzugreifen.

Programmumschaltoptionen

Die Optionsschalter im Programmwechselabschnitt von PIFEDIT legen fest, ob Sie in der Lage sind, zwischen Standardprogrammen und Windows umzuschalten. Die Option Nein verhindert solche Transaktionen; sobald Sie ein Standardprogramm starten, hängen Sie darin fest, bis Sie es wieder komplett verlassen. Die Option Text ermöglicht Umschaltungen und weist Windows an, 4 KB Speicher für den Bildschirminhalt zu reservieren, wenn Sie aus dem Programm umschalten. Wenn Sie in die Anwendung zurückkehren, stellt Windows den alten Bildschirminhalt wieder her, indem es die gespeicherten Daten in den Videospeicher Ihres Computers zurückholt.

Die Option Grafik/Mehrfachtext ermöglicht Umschaltvorgänge ebenfalls, befiehlt Windows aber, daß mehr Speicher (bis zu 36 KB, je nach Grafikadapter und Grafikmodus, den das Standardprogramm verwendet) reserviert werden muß, um Grafikbildschirme aufzunehmen.

Optionen zum Bildschirmdatenaustausch

PIFEDITs Bildschirmdatenaustauschoptionen gestatten die Festlegung, ob Information von einem Standardprogramm in die Zwischenablage mit dem Kopieren-Befehl im Steuermenü oder mit der Tastenkombination ALT+Druck kopiert werden kann. Dies setzt einen Schnappschuß des Programmbildschirm in die Zwischenablage. Die Auswahl von Nein verhindert generell das Kopieren aus dem Programm heraus, indem sowohl die ALT+Druck-Kombination als auch das Steuermenü außer Kraft gesetzt werden. Die Auswahl von Text erlaubt das Kopieren von Texten über das Steuermenü oder ALT+Druck. Grafik/Text schließlich ermöglicht sowohl das Kopieren von Text als auch von Grafik.

Ob Sie aber tatsächlich in der Lage sind, Grafikbildschirme zu kopieren, hängt von der Hardware Ihres Bildschirms und dem verfügbaren Speicherplatz ab, wenn Sie ALT+Druck betätigen. Wenn Sie einen CGA-Adapter haben, braucht Windows ungefähr 32 KB Speicher, um einen niedrig auflösenden Schirm zu kopieren. Haben Sie dagegen eine EGA-Karte, braucht Windows zirka 112 KB. Mit der VGA-Lösung eines PS/2 Modells 50, 60 oder 80 werden ungefähr 256 KB benötigt. Drücken Sie ALT+Druck, wenn nicht genügend freier Speicher zum Kopieren des Bildschirms zur Verfügung steht, piepst Windows.

## Der [pif]-Abschnitt von WIN.INI

Zusätzlich zur PIF benutzt Windows den *[pif]*-Abschnitt von WIN.INI (s. Bild 9-3), um Standardprogramme laufen zu lassen. Die ersten beiden Einträge, *swapdisk* und *swapsize*, sind besonders wichtig; sie informieren Windows, welches Laufwerk zum Auslagern verwendet und wieviel Speicher dafür reserviert werden soll.

Untersuchen wir zuerst *swapdisk*. Normalerweise lautet dieser Eintrag *swapdisk=?* Das Fragezeichen bedeutet nicht, daß Windows unentschlossen wäre, welches Laufwerk es nehmen soll; es sagt Windows vielmehr: "Wenn du auslagern sollst, lagere auf das Laufwerk aus, das von der MS-DOS-Systemvariablen TEMP genannt wird oder auf die Festplatte mit dem untersten Buchstaben im System, wenn keine TEMP-Variable gesetzt ist."

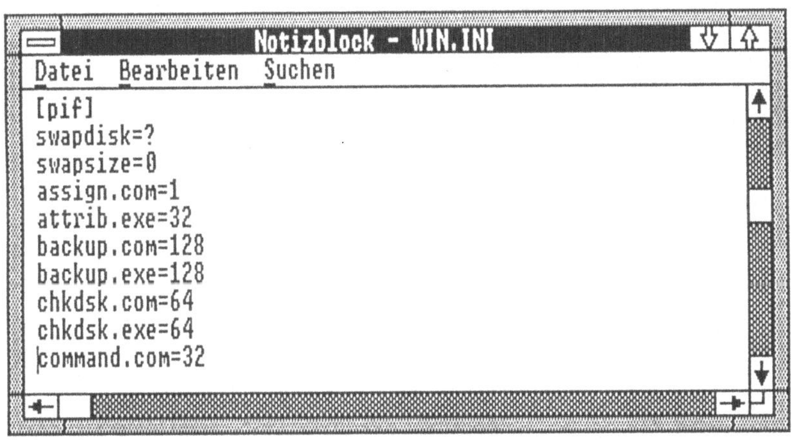


*Bild 9-3: Der [pif]-Abschnitt von WIN.INI*

Der nächste Eintrag in WIN.INIs *[pif]*-Abschnitt ist *swapsize*. Er gestattet die Kontrolle, wieviel Arbeitsspeicher Windows einem Standardprogramm zuweist. Der voreingestellte Wert ist 0. Das bedeutet für Windows, daß es den Wert in der PIF des ersten Standardprogramms nehmen soll, das Sie laufen lassen. Deshalb sollten Sie erst das Größere von zwei Standardprogrammen aufrufen.

Sie können sich die verbleibenden Einträge im *[pif]*-Abschnitt von WIN.INI als Mini-PIFs vorstellen. Sie sagen Windows, wieviel Speicher, in Kilobytes, notwendig sind, damit MS-DOS-Dienstprogramme wie FORMAT, EDLIN, BACKUP und COMMAND laufen können.

## Tip 1: In einem Schritt PIFEDIT starten und eine PIF laden

Wenn Sie normalerweise eine PIF zweimal anklicken oder sie auswählen und Enter drücken, startet Windows die PIF-Anwendung. Wenn Sie aber größere Veränderungen an PIF-Dateien vorhaben, wollen Sie vielleicht eine PIF zweimal anklicken (oder auswählen und Enter drücken), um PIFEDIT zu starten und PIF zu laden. Dies erreichen Sie, wenn Sie die folgende Zeile in den *[extensions]*-Abschnitt Ihrer WIN.INI-Datei aufnehmen:

```
pif=pifedit.exe ^.pif
```

Sobald Sie mit dem Editieren der PIF fertig sind, desaktivieren Sie die Zeile, indem Sie WIN.INI wieder laden, einen Strichpunkt an den Zeilenanfang hinzufügen und das Gleichheitszeichen durch einen Leerraum ersetzen. Dadurch verwandelt sich die Zeile in einen Kommentar. (Kommentare können keine Gleichheitszeichen enthalten.) Sie könnten die Zeile einfach löschen. Wenn Sie sie aber als Kommentar in der Datei lassen, ist es Ihnen möglich, sie für die nächste PIF-Editiersitzung sehr schnell wieder herzustellen. Denken Sie daran, daß Sie Windows verlassen und neu starten müssen, damit Ihre Änderungen an WIN.INI in Kraft treten können.

## Tip 2: Einem Anwendungsprogramm mehr Speicher geben, als seine PIF angibt

Um einem Anwendungsprogramm mehr Speicherplatz zu geben, als der Speicherbedarfabschnitt der zugehörigen PIF spezifiziert, stehen Ihnen drei Möglichkeiten zur Verfügung: Verwenden Sie einen leeren "KB erwünscht"-Eintrag und geben Sie dort *-1* ein, oder geben Sie entweder *640* im KB Benötigt-Feld oder *-1* im KB erwünscht-Feld ein und wählen Sie die Option Nein bei Bildschirmdatenaustausch aus.

Die Verwendung eines leeren "KB erwünscht"-Eintrages stellt einem Programm den gesamten freien Arbeitsspeicher zur Verfügung, d.h., den Speicherbereich, der nicht von Windows oder anderen Programmen in Beschlag genommen ist. Ein leerer "KB erwünscht"-Eintrag nützt drei Programmtypen: den Programmen, die ein ganzes Dokument im Speicher stehen haben; jenen, die den eigenen Code aus dem Speicher aus- und wieder einlagern, und denen, die Expanded Memory verwenden. Wenn man den ganzen freien Speicherbereich einem Programm zur Verfügung stellt, das ganze Dokumente im Arbeitsspeicher hält, wie Ashton-Tates Framework oder IBMs Writing Assistant, kann man größere Dokumente erstellen. (Hat ein Programm, das Teile eines Dokuments auf die Platte auslagert, wie Microsoft Word oder Write, den ganzen freien Arbeitsspeicher zur Verfügung, hat dies keine Auswirkung auf die Größe der erstellten Dokumente, da die Dokumentgröße nur vom verfügbaren Platz auf der Festplatte beschränkt wird.) Die meisten großen Programme laden heutzutage nicht alles sofort in den Arbeitsspeicher. Stattdessen laden sie nur soviel Code, wie zur Ausführung gewöhnlicher Aufgaben notwendig ist, und lagern anderen Code je nach Bedarf ein- und aus. Steht ihnen der gesamte freie Speicherbereich zur Disposition, können Sie mehr Code in den Speicher transferieren und brauchen nicht soviel Zeit für Zugriffe auf die Platte.

Die Eingabe von *-1* (ein Minus, gefolgt von einer 1) im "KB erwünscht"-Eintrag einer Anwendung befiehlt Windows, sich selbst fast vollständig auf die Platte auszulagern, wenn Sie das Programm starten oder dorthin überwechseln. (Normalerweise lagert Windows nur einen kleinen Teil von sich auf die Platte aus und konzentriert sich primär darauf, andere laufende Programme ein- und auszulagern.) Wenn sich Windows selbst auf die Platte auslagert, stoppt es, manchmal auch nur zeitweise, alle anderen laufenden Programme. Wenn ein Programm läuft, das eine serielle Schnittstelle benutzt, kann Windows auf die Auslagerung verzichten, um Konflikte mit der seriellen Schnittstelle zu vermeiden, zum Beispiel, wenn ein Programm die Konfiguration eines Ausgangs ändert, der von einem anderen laufenden Programm benutzt wird.

Geben Sie *640* in das KB benötigt-Textfeld oder *-1* in das "KB erwünscht"-Feld ein *und* wählen Sie Nein im Bildschirmdatenaustauschabschnitt aus, wird Windows angewiesen, keinen Speicherbereich zum Abspeichern des Bildschirms einer Standardanwendung bereitzustellen (was bedeutet, daß Sie keine Daten vom Standardprogramm kopieren können). Wenn Sie auf einen solchen Schritt zurückgreifen müssen, wird es Zeit, sich die Frage zu stellen, ob es überhaupt sinnvoll ist, das Programm unter Windows laufen zu lassen. Schließlich ist gerade das Kopieren von Daten eines Standardprogramms einer der Hauptvorteile des Betriebs unter Windows. Es ist vielleicht besser für Sie, das Standardprogramm durch eine Windowsapplikation zu ersetzen oder das Standardprogramm einfach unter MS-DOS laufen zu lassen, besonders, wenn das Programm Daten per Filetransfer austauschen kann.


## Tip 3: Festlegen, ob ein Programm in einem Fenster laufen kann

Wann kann man ein Standardprogramm in einem Fenster laufen lassen? Immer, wenn Sie mit Windows/386 arbeiten. Bei Windows 2.0 ist das nicht der Fall.

Wenn das Programm aber eine Installationsoption für Windows, IBMs Betriebssystemoberfläche TopView oder einen ANSI-Gerätetreiber enthält, haben Sie gute Aussichten, das Programm in einem Fenster laufen lassen zu können. Am besten, Sie probieren es aus.

Wenn Sie die PIF für das Programm erzeugen (oder die bestehende editieren), passen Sie auf, daß die Option "Modifiziert direkt Bildschirm" nicht angekreuzt ist. Versuchen Sie dann, das Programm laufen zu lassen. Stellen Sie dabei sicher, daß keine Programme mit ungesicherten Daten am Laufen sind, da Sie Ihren Computer vielleicht neu starten müssen. Wenn beim Programmstart nur ein leeres Fenster erscheint, kann das Programm nicht im Fenster laufen. Von diesem Punkt können Sie das Programm vielleicht wieder verlassen, wenn Sie den Befehl zum Abbrechen kennen. Falls nicht, führen Sie mit Ihrem Rechner einen Warmstart durch (Strg+ALT+Entf drücken). Kehren Sie schließlich in die Programm-PIF zurück und kreuzen Sie die Option für direkten Bildschirmzugriff an.

Wenn ein Anwendungsprogramm in einem Fenster laufen kann, heißt das nicht, daß Sie es auch unbedingt dort laufen lassen müssen. Es gibt dabei Vorteile und einen Nachteil.

Ein Vorteil liegt darin, daß Sie bequemer zwischen Programmen umschalten und in einem Programm Daten anschauen können, während Sie mit anderen Anwendungen weiterarbeiten. Dies ist möglich, weil sich das Programm mit allen anderen eventuell laufenden Applikationen den Bildschirm teilt.

Am wichtigsten ist aber, daß in einem Fenster laufende Anwendungen die Multitasking-Eigenschaften von Windows nutzen können. Beim Schalten in ein anderes Programm, das den Bildschirm übernimmt, stoppt Windows alle anderen Applikationen. Ein Fensterprogramm kann sich aber den Prozessor des Systems mit anderer Software teilen. Bei mir läuft zum Beispiel das Adobe-Schriftenübertragungsprogramm in einem Fenster; dadurch kann ich Schriftarten, die in den Drucker geladen werden sollen, selektieren und dann in ein anderes Programm schalten, während das Übertragungsprogramm die Schriften an den Laserdrucker sendet. Würde ich das Übertragungsprogramm als Vollbildschirm-Anwendung einsetzen, müßte ich warten, bis die Schriften übertragen sind, und könnte dann erst in ein anderes Programm gehen. Würde ich vor dem Ende der Übertragung in eine andere Applikation schalten, würde diese stoppen.

Es gibt aber einen Nachteil für den Einsatz von Standardsoftware in einem Fenster: Die Geschwindigkeit leidet. Da Windows die Prozessorressourcen Ihres Computers auf alle aktiven Programme aufteilen muß, laufen die Programme langsamer, als wenn sie den Bildschirm vollständig kontrollieren würden. Beim Adobe-Schriftenübertragungsprogramm dauert eine Übertragung zum Beispiel beträchtlich länger. Das ist meistens nicht wichtig, da ich den Computer während der Übertragung für andere Zwecke verwenden kann. Will ich nicht warten, starte ich einfach das Übertragungsprogramm mit einer zweiten PIF, bei der das Bildschirmfeld angekreuzt ist.

# Tip 4: Verwendung speicherresidenter Programme, die die ALT-Taste verwenden

Wenn die Hot-Key-Kombination Ihres speicherresidenten Programms die ALT-Taste benutzt, kann es sein, daß Sie nicht zwischen Programmen hin- und herschalten und auf Menüs innerhalb Windows zugreifen können. Da Pop-up-Programme den Status Ihres Systems bedeutend verändern, ist ihr Aufruf und Einsatz aus Windows nur wenig sicherer als Breakdance auf einer Kiste Nitroglyzerin. Verwenden Sie stattdessen Windows-Desktop-Programme; diese haben ähnliche oder bessere Eigenschaften ohne den Risiken. Benutzen Sie speicherresidente Nicht-Pop-up-Programme wie Netzwerkserver, Disk-Caches oder Expanded-Memory-Manager, laden Sie sie vor dem Windows-Aufruf.

# Tip 5: Verwendung von Programmumschaltoptionen bei großen Standardprogrammen

Da die Optionen Text und Grafik/Mehrfachtext Speicherplatz verbrauchen, wollen Sie vielleicht bei großen Standardprogrammen auf die Umschaltmöglichkeit verzichten. Als Kompromiß können Sie die Textoption auswählen. Dann können Sie umschalten, wenn das Programm im Textmodus ist, aber nicht, wenn es sich im Grafikmodus befindet.

# Tip 6: Einrichtung und Verwendung einer RAMDrive zum Auslagern von Programmen

Ihre TEMP-Systemvariable in MS-DOS setzt Windows in den meisten Fällen in ein Verzeichnis auf der Festplatte. Hat Ihr Computer aber ein paar Megabyte Arbeitsspeicher und Sie sind bereit, etwas davon für eine RAM-Disk abzuzweigen, können Sie mit dieser Maßnahme die Zeit verkürzen, die zum Umschalten zwischen Standardprogrammen benötigt wird. Verwenden Sie dafür das RAMDrive-Dienstprogramm auf einer Ihrer Windows-Dienstprogrammdisketten, um einen Teil Ihres Speicherraums für eine RAM-Disk zu reservieren. (Anweisungen für den Einsatz von RAMDrive kommen in Kapitel 10.) Editieren Sie anschließend den *swapdisk*-Eintrag, um Windows auf die RAM-Disk zu verweisen. Wenn Ihre RAM-Disk zum Beispiel Laufwerk D ist (das ist immer der Fall, es sei denn, Ihr System hat mehr als eine Festplatte), ändern Sie *swapdisk* folgendermaßen:

```
swapdisk=D:
```

Auf meinem PS/2 Modell 50 beschleunigt dieser Schritt Auslagerungen ganz erheblich. Benutzt man die Festplatte zum Auslagern, braucht man ungefähr zehn Sekunden, um von Lotus 1-2-3 Version 2.01 auf Microsoft Word Version 4.0 umzuschalten. Benutze ich stattdessen eine RAM-Disk, verringert sich diese Zeit auf weniger als vier Sekunden.

Eine RAM-Disk, die zum Auslagern von Programmen benutzt wird, muß mindestens zweimal so groß sein wie die größte Applikation, die Sie auslagern wollen, da unter Umständen zwei Programme zur gleichen Zeit ausgelagert sind. Nehmen Sie zum Beispiel an, Sie verwenden Lotus 1-2-3 und Microsoft Word unter Windows. Sie starten 1-2-3, das 256 KB Speicher benötigt. Nachdem 1-2-3 einige Zeit läuft, schalten Sie zu Windows zurück und starten Word, das ebenfalls 256 KB Speicherplatz braucht. In diesem Moment verlagert Windows 1-2-3 aus seinem 256 KB-Speicherbereich auf eine temporäre Plattendatei und lädt dann Word in den frei gewordenen Bereich. Der Engpaß für die Plattenkapazität kommt, wenn Sie wieder von Word zu 1-2-3 umschalten. Nun muß Windows Word aus dem Speicher in eine temporäre Plattendatei versetzen und darauf 1-2-3 von der Platte zurück in den Speicher holen. Für einen Moment, wenn Word auf die Platte verlagert wurde, aber bevor 1-2-3 in den Speicher zurückgeholt worden ist, residieren beide Programme in temporären Dateien auf der Platte. *Deshalb* muß die RAM-Disk mindestens zweimal so groß wie die größte zu verschiebende Anwendung sein. Um die RAM-Disk-Größe zu errechnen, addieren Sie die PIF-Werte für den benötigten Speicherbereich der beiden Programme, die wechselseitig aktiv sein sollen, und fügen Sie dazu noch etwa 20 KB zum Abspeichern der Information hinzu, die Windows benutzt, um das Programm wiederherzustellen, wenn Sie in die betreffende Applikation zurückschalten. Verdoppeln Sie den dabei erhaltenen Wert. Wenn Ihr Standardprogramm temporäre Dateien erzeugt (wie Word), geben Sie noch mehr Speicher hinzu, um dies zu berücksichtigen. Um zum Beispiel zwischen 1-2-3 und Word hin- und herzuschalten, brauchen Sie eine RAM-Disk mit etwas mehr als einem freien Megabyte. Ist Ihre RAM-Disk nicht groß genug, bringt Windows beim Versuch, zwischen den Programmen zu wechseln, eine Fehlermeldung mit der Aussage *Need more disk space* auf den Bildschirm.

## Tip 7: Einen Mindestspeicherbereich zum Auslagern von Standardprogrammen festlegen

Durch Ersetzen der Voreinstellung 0 im *swapsize*-Eintrag von WIN.INIs *[pif]*-Abschnitt durch einen festzulegenden Wert (in Kilobytes) können Sie zum Auslagern einen Mindestbereich definieren.

Warum soll man sich darum kümmern? Schauen wir uns dazu ein Beispiel mit Lotus 1-2-3 und Micropros Wordstar an. Von beiden Programmen hat 1-2-3 einen größeren Bedarf an Arbeitsspeicher (256 KB) als Wordstar (192 KB bei Version 3.3). Da Windows Standardprogrammen ihren Speicherbereich normalerweise auf Basis der ersten gestarteten Standardanwendung zuteilt, sollten Sie zuerst 1-2-3 starten, um die meiste Leistung zu bekommen, wenn beide

Programme laufen. Um die Leistung zu optimieren, egal, welches Programm zuerst geladen wurde, ändern Sie Ihren *swapsize*-Eintrag auf 265. (Es ist sehr sinnvoll, dem benötigten Speicherbedarf eines Programms rund 10 KB hinzuzufügen, um die Zusatzinformation zu berücksichtigen, die Windows aufgrund des Programmstatus beim Auslagern abspeichert.) Danach stellt Windows immer 265 KB Arbeitsspeicher beim Aufruf eines Standardprogramms bereit, egal, welche Werte in der Programm-PIF stehen.

## Tip 8: Eigene [pif]-Einträge in WIN.INI erzeugen

Sie können Ihre eigenen *[pif]*-Einträge in WIN.INI für Standardprogramme erzeugen, die in einem Fenster laufen können, und brauchen dann keine separate PIF mehr. Beim Starten eines Standardprogramms überprüft Windows zuerst, ob das Programm im *[pif]*-Abschnitt von WIN.INI genannt ist. Falls ja, benutzt Windows den Wert neben dem Dateinamen des Programms als Benötigter-Speicher-Wert und nimmt folgende Information anstelle der Programm-PIF an:

**Programmtitel.** Windows benutzt den Dateinamen des Programms ohne die Erweiterung.

**Anfangsverzeichnis.** Das Verzeichnis, das beim Programmaufruf das aktuelle Verzeichnis ist, ist das Anfangsverzeichnis.

**Parameter.** Es werden dem Programm keine Parameter übergeben; Sie können auch keine festlegen.

**Erwünschter Speicher.** Windows benutzt den Wert, den Sie im *[pif]*-Eintrag des Programms eingeben.

**Modifiziert direkt.** Windows nimmt an, daß das Programm nicht direkt auf Bildschirm, Tastatur, Kommunikationsanschlüsse oder Speicher zugreift.

Haben Sie ein Standardprogramm, das diesen Erfordernissen gerecht wird, erwägen Sie dessen Aufnahme in den *[pif]*-Abschnitt. Dann brauchen Sie keine separate PIF erzeugen (und dafür Platz auf der Platte reservieren).

## Tip 9: Aus einem Standardprogramm in die Zwischenablage kopieren

Windows leistet eindrucksvolle Arbeit beim Übertragen von Zwischenablage-Eigenschaften auf Standardprogramme, die nicht für Ausschneiden-und Einfügen-Funktionen konzipiert wurden. Ich werde die Techniken für den Zugriff auf die Zwischenablage durch Standardprogramme Revue passieren lassen sowie einige zusätzliche Kommentare und Anwendungsbeispiele geben. (Beachten Sie, daß Sie die Programmwechsel-Optionen und die Einstellung Grafik/Text der Option Bildschirmdatenaustausch in der PIF eines Programms aktivieren müssen, wenn Sie die folgenden Techniken einsetzen wollen.)

Um einen ganzen Bildschirm in die Zwischenablage zu kopieren, drücken Sie ALT+Druck. Windows invertiert kurz Ihren Schirm, um anzuzeigen, daß es den Bildschirm kopiert, ein Vorgang, der dem Fotografieren ähnlich ist. Hat Ihr System nicht genügend freien Arbeitsspeicher, um den ganzen Schirm zu kopieren, piepst Ihr Computer.

Um einen Teil des Bildschirms in die Zwischenablage zu kopieren, drücken Sie ALT+Leertaste, um das Steuermenü des Programms anzuzeigen. Wählen Sie den Markieren-Befehl. Bewegen Sie dann den Zeiger mit den Richtungstasten an den Anfang der Information, die Sie kopieren wollen. Drücken Sie die Umschalttaste und wählen Sie die Information mit den Richtungstasten aus. (Um die Auswahl rückgängig zu machen, drücken Sie Esc.) Kopieren Sie schließlich die Information, indem Sie ALT+Leertaste drücken. Dadurch wird das Steuermenü wieder angezeigt. Drücken Sie anschließend Ja, um den Kopieren-Befehl auszuwählen.

Grafiken, die aus Standardprogrammen kopiert wurden, werden in der Zwischenablage im Bitmap-Format gespeichert. Text wird in zwei Formaten gespeichert: Text und OEM-Text. Beim OEM-Text-Format werden die Daten genau so abgespeichert, wie sie auf dem Schirm erschienen, mit den Zeichen, die im Zeichensatz Ihres Computers präsent sind. Beim Textformat werden die Daten unter Verwendung des ANSI-Zeichensatzes abgespeichert; beim Kopieren von besonderen Textzeichen wie etwa Doppelbalken, konvertiert Windows diese in Zeichen, die ihnen nahekommen, zum Beispiel Gleichheitszeichen. Wenn Sie die Daten in ein Windowsprogramm einfügen, benutzt Windows das Textformat. Wenn Sie die Daten aber in ein anderes Standardprogramm importieren, verwendet Windows das OEM-Text-Format und läßt die besonderen Zeichen, wie sie sind, sofern das Standardprogramm sie darstellen kann.

Sie können Text auch in Standardprogramme einfügen. Um zum Beispiel eine Tabelle aus einem Lotus 1-2-3-Spreadsheet in ein Microsoft Word-Dokument einzufügen, benutzen Sie zuerst den Markieren-Befehl im Steuermenü, um die Tabelle zu selektieren, und kopieren Sie sie dann in die Zwischenablage. Starten Sie nun Word, oder schalten Sie dorthin um (wobei Sie erst, nach Belieben, 1-2-3 verlassen können), positionieren Sie den Cursor an der Stelle, wo die Tabelle erscheinen soll und wählen Sie den Einfügen-Befehl im Steuermenü aus. In unserem Beispiel werden die Spalten durch Leerstellen und nicht durch Tabulatoren getrennt; um ihre Anordnung zu ändern (und in einer Linie stehende Spalten auf einem Drucker auszudrucken, der Proportionalschriften verwendet), müssen Sie die Leerstellen durch Tabulatorzeichen ersetzen und anschließend mit dem Word-Befehl "Format Tabulator setzen" die Tabulatoren korrekt anpassen.

# Kapitel 10

## Hardware-Entscheidungen

Sie brauchen ein System mit fünf Hardware-Komponenten, um das volle Leistungsvermögen von Windows auszuschöpfen: eine Maus, gute Grafikfähigkeiten, eine Festplatte, ausreichend Speicher und einen schnellen Prozessor. Obwohl Sie die meisten Windowsprogramme mit der Tastatur bedienen können, ist eine Maus schneller und bei vielen Aufgaben leistungsfähiger. Wenn Sie Windows auf einem Computer mit begrenzten grafischen Eigenschaften einsetzen, können Sie nicht die Farbfähigkeiten von Windows genießen oder seine verschiedenen Schriftarten richtig schätzen. Arbeiten Sie mit Windows auf einem Rechner ohne Festplatte, ist es bei Aufruf und Betrieb langsam, und Sie können nicht mehrere Programme gleichzeitig laufen lassen und zwischen diesen hin- und herschalten, ohne ständig Disketten wechseln zu müssen. Haben Sie nicht genügend Arbeitsspeicher für Windows, können Sie seine Multitasking-Eigenschaften nicht voll nutzen. Fahren Sie Windows schließlich auf einer langsamen Maschine, fühlen Sie sich, als ob Sie mit Bleischuhen liefen.

Das folgende Kapitel untersucht die Hardwaremöglichkeiten, die dem Windowsanwender offen stehen. Es ist mein Ziel, Ihnen beim Zusammenstellen eines für Windows optimal geeigneten Systems zu helfen. Ich habe auch einige Markennamen angegeben, um Ihnen einen Anhaltspunkt bei Ihrer Suche zu geben, vermied es aber im allgemeinen, bestimmte Produkte im Detail zu beschreiben. Die Computerhardware entwickelt sich ständig weiter, so daß detaillierte Produktbeschreibungen dieses Buch schnell veralten lassen würden. Stattdessen habe ich, indem ich die Faktoren vorstelle, die bei der Auswahl jeder Hardwarekomponente in Betracht gezogen werden müssen, versucht, die Informationen zu vermitteln, die Sie besser für den Kauf vorbereiten. Wo es angebracht ist, gebe ich auch einige technische Hintergrundinformationen, damit Sie besser verstehen, wie eine bestimmte Option funktioniert. Bevor Sie kaufen, besuchen Sie die örtlichen Händler und lesen Sie Testberichte in Computerzeitschriften.

# Mäuse und andere Zeigegeräte

Bei Windows ist es nicht nur fein, mit der Maus zu arbeiten, es ist wünschenswert. Obwohl Sie, wie in Kapitel 3 erörtert, fast jede Operation auch per Tastatur durchführen können, ist eine Maus oder ein anderes Zeigegerät bei vielen Aufgaben viel leistungsfähiger und wird bei vielen Zeichen- und Desktop Publishing-Programmen unbedingt benötigt. Wie in Kapitel 3 ebenfalls erwähnt wurde, kann eine Maus Operationen bei jedem Programm rationalisieren. Mit einer Maus wählen Sie Dialogfeldoptionen viel schneller aus als mit der Tastatur. Sie macht aus der Positionierung des Cursors in einem Textprogramm oder des Feldes in einer Tabellenkalkulation einen Ein-Klick-Vorgang. Sie können damit von einem Programm zu einem anderen schalten, indem Sie das Fenster des zweiten Programms anklicken, statt ALT+Tab zu drücken, bis das gewünschte Programm aktiv ist.

Eine Maus verkürzt auch das Redimensioniere von Fenstern, Tabellenkalkulationsspalten und Grafiken. Um eine Fenstergröße mit der Tastatur zu vergrößern, wählen Sie den Befehl "Größe ändern" im Steuermenü des Fensters und betätigen dann die Richtungstasten, bis das Fenster die gewünschte Größe erreicht. Um das gleiche mit der Maus zu tun, setzen Sie den Zeiger auf den Fensterrahmen und ziehen einfach. Um eine Spalte in Microsoft Excel per Tastatur in der Größe zu verändern, drücken Sie ALT, T und dann b, um den Befehl Spaltenbreite auszuwählen; dann geben Sie die gewünschte Spaltenbreite ein und schließen mit Enter ab. Wenn die Spalte zu breit oder zu schmal ist, wiederholen Sie den gesamten Vorgang. Mit der Maus bewegen Sie einfach den Zeiger an die Grenze zwischen den Spalten und ziehen nach links oder rechts und ändern so die Spaltebreite.

Sie können natürlich immer die Tastatur verwenden, wenn das besser ist. Kapitel 3 erörtert, wann es am effizientesten ist, die Tastatur, die Maus oder eine Kombination aus beidem zu verwenden.

## Die zwei Maustypen

Es gibt zwei Kategorien von Mäusen: optische und mechanische.

Optische Mäuse

Eine optische Maus, wie die PC-Maus von Mouse Systems, funktioniert, indem ein Lichtstrahl auf eine reflektierende Mausplatte fällt. Die Platte hat eine sechs bis acht Quadratzoll große Metalloberfläche, die von einem Netz aus Punkten oder Linien bedeckt ist. Wird die Maus bewegt, liest ein Sensor in ihr das

Licht, das vom Netz zurückgestrahlt wird, und interpretiert den Umfang der Mausbewegung.

## Mechanische Mäuse

Eine mechanische Maus, wie die Microsoft Maus und IBMs PS/2-Maus, enthält einen Hartgummiball, der bei jeder Mausbewegung mitrollt. Der Ball fährt gegen zwei Metallroller, die über Stiele an runde Chiffrierscheiben angeschlossen sind, die wiederum von elektrischen Kontakten umschlossen werden, die die Rotationsbewegung letztendlich in elektrische Signale übertragen. Ein Satz Roller und Scheibe mißt die Horizontalbewegung; der andere mißt die Vertikalbewegung. Eine mechanische Maus braucht keine spezielle Platte, ihre mechanischen Teile können aber verschleißen und sind empfindlich für den Staub und Schmutz auf einer normalen Schreibtischoberfläche. Das sind aber nur geringfügige Nachteile. Eine mechanische Maus hat eine Lebenserwartung von ungefähr fünf Jahren; es ist sehr wahrscheinlich, daß Sie Ihren Computer vor der Maus ersetzen müssen. Und das Reinigen einer Maus ist einfach: Entfernen Sie einfach den Gummiball entsprechend den Anweisungen des Herstellers, reiben Sie ihn in einem sauberen, fusselfreien Tuch, das mit Isopropylalkohol angefeuchtet wurde, und putzen Sie anschließend mit dem Tuch die internen Roller der Maus. Bauen Sie zum Schluß wieder alles zusammen. Arbeiten Sie in einer staubigen Umgebung, erwägen Sie vielleicht ein Mausreinigungskit, wie Ergotrons MausReiniger 360, der eine Reinigungslösung, ein Tuch und einen velkronbedeckten Ball enthält, den man befeuchtet, in die Ballkammer setzt und rollt, um damit die Roller der Maus zu säubern.

Eine Variation der mechanischen Maus ist die optomechanische Maus. Eine optomechanische Maus, wie die von Logitech Inc., benutzt Technologie aus beiden Lagern. Wie eine mechanische Maus, beherbergt eine optomechanische Maus einen rollenden Gummiball, der über Stifte an runden Scheiben angeschlossen ist. Die Scheiben sind aber nicht von elektrischen Kontakten umschlossen, wie bei der mechanischen Maus, sondern mit Löchern durchsetzt, durch die Licht aus einer Licht emittierenden Diode (LED) tritt und auf einen lichtempfindlichen Transistor trifft.

## Wie eine Maus arbeitet

Interne Unterschiede außer Acht gelassen, arbeiten alle Mäuse auf die gleiche Weise. Sie erzeugen ständig elektrische Impulse, die an den Computer übertragen und vom Maustreiber ausgewertet werden, der seinerseits mit Windows kommuniziert. Windows antwortet, indem es bestimmte Tests durchführt, zum Beispiel überprüft, ob Knöpfe gedrückt wurden und ob sich die Maus bewegt hat. Falls sie sich bewegt hat, muß Windows bestimmen, wie weit sie sich bewegt hat, gemessen in Einheiten, den kleinsten Bewegungsschritten, die eine Maus registrieren kann. Die meisten IBM-PC- und PS/2-Mäuse, einschließlich der Microsoft Maus, registrieren 200 Einheiten pro Zoll. Je mehr Einheiten eine Maus pro Zoll registrieren kann, umso größer müßte theoretisch ihre Auflösung sein. In der Praxis aber können die meisten Leute geringe Unterschiede in der Mausauflösung nicht feststellen.

## Serielle versus Bus-Maus

Innerhalb der optischen und mechanischen Kategorien gibt es zwei zusätzliche Kategorien: seriell und Bus. Eine serielle Maus hängt an der seriellen RS-232C-Schnittstelle des Computers. Eine -Busmaus ist an einer Erweiterungskarte angeschlossen, die Sie in einem Steckplatz im Innern des Rechners installieren. Obwohl beide ungefähr das gleiche kosten, haben beide Vor- und Nachteile. Eine serielle Maus benutzt einen seriellen Ausgang, den Sie sonst für ein Modem, einen Drucker oder ein anderes serielles Gerät verwenden könnten. Eine Busmaus auf der anderen Seite benutzt einen Steckplatz, den Sie für eine Speicherkarte, internes Modem oder andere Erweiterungen nutzen könnten. Ihre Entscheidung hängt vom System ab. Wenn Sie über Ihre seriellen Schnittstellen viel mit Modems und Druckern kommunizieren, verwenden Sie eine Busmaus; wenn Ihre Steckplätze schon knallvoll sind, Sie aber noch eine Schnittstelle übrig haben, benutzen Sie eine serielle Maus. Haben Sie ein IBM PS/2 oder einen anderen Computer mit eingebautem Anschluß für ein Zeigegerät, fällt die Entscheidung leichter; Sie können die Maus dann nämlich anschließen, ohne einen Steckplatz oder eine serielle Schnittstelle belegen zu müssen.

## Microsoft InPort-Maus

Wenn Sie kein PS/2 oder eine Schnittstelle bzw. Steckplatz übrig haben, besteht immer noch Hoffnung. Im Juli 1986 brachte Microsoft seine InPort-Schnittstelle heraus, einen hochintegrierten Chip mit der gleichen Funktion wie die Logikbausteine auf der Microsoft Maus-Buskarte. Microsoft stellt die InPort-Schnittstellenspezifikationen und den Chip Hardwareentwicklern zur Verfügung, die die InPort-Eigenschaften in ihre Erweiterungskarten integrieren wollen. Wenn Sie eine solche Karte mit InPort haben, können Sie eine Microsoft Busmaus einsetzen, ohne eine serielle Schnittstelle oder einen Steckplatz für die Karte der Busmaus opfern zu müssen. Die Microsoft Maus für IBMs PS/2-Rechner ist eine InPort-Maus; Sie stecken Microsofts InPort-Adapter von der Größe einer Zigarettenschachtel in das PS/2 und schließen die Maus am Adapter an. Die Microsoft Mach-20-Erweiterungskarte, die wir später in diesem Kapitel besprechen, stellt ebenfalls einen InPort-Anschluß bereit, einige andere Erweiterungskarten ebenfalls.

## Die richtige Mausauswahl

Bei der Jagd nach der Maus treffen Sie vielleicht auf Gattungen mit unterschiedlich vielen Knöpfen, von einem bis zu sechs, wenngleich Zwei-Knopf- und Drei-Knopf-Modelle am üblichsten sind. Unter Windows brauchen Sie nur zwei Knöpfe. Die meisten Windowsprogramme kommen sogar mit einem Knopf aus, obwohl bei manchen ein zweiter Knopf für Spezialaufgaben vorgesehen ist. Aldus Pagemaker schaltet zwischen der Darstellung der tatsächlichen Größe und der Größe im Fenster um, wenn Sie den zweiten Mausknopf betätigen. Micrografx Designer erlaubt, daß dem zweiten Knopf beliebige Menübefehle zugewiesen werden, und ermöglicht Ihnen damit auf komfortable Weise die Eingabe des am häufigsten benutzten Befehls.

Die Verfügbarkeit von Schnittstellen und Steckplätzen in Ihrem Rechner engt Ihre Maussuche auf einige wenige Kandidaten ein, die Sie unbedingt vor dem Kauf testen sollten. Stellen Sie sich selbst Fragen, wenn Sie eine Maus ausprobieren. Liegt sie angenehm in der Hand? Rollt sie leicht? Bei Erwägung einer optischen Maus, können Sie es sich leisten, sechs bis acht Quadratzoll Ihres Schreibtisches für die Mausplatte zu vergeben? Sind die Mausknöpfe groß genug und leicht zu betätigen, oder sind sie klein und schwer zu drücken? Erzeugen die Knöpfe ein hörbares Klicken, wenn sie ausgelöst werden? (Diese letzten beiden Punkte scheinen vielleicht nicht wichtig zu sein, das täuscht aber; wie bei einer Tastatur erscheint eine Maus schneller reagierend, wenn sie sich durch gute taktile und akustische Rückkopplung auszeichnet.) Gleitet ihr Zeiger über den Schirm, oder schlingert er und bleibt stecken? Ist das Kabel lang genug? (Die Kabellänge ist besonders wichtig, wenn sich die Systemeinheit Ihres Rechners unter oder neben Ihrem Schreibtisch befindet.) Mögen Sie ihr Aussehen? (Lachen Sie nicht - die Maus wird Teil Ihrer Schreibtischausstattung sein, und ich persönlich bin der Meinung, daß einige der Nager auf dem Markt häßlich sind.) Sie werden viel Zeit mit der Maus verbringen; suchen Sie eine, mit der Sie angenehm arbeiten können.

## Andere Zeigegeräte

Haben Sie ein paar Mäuse ausprobiert und können einfach nichts damit anfangen, oder auf Ihrem Schreibtisch sind die paar Quadratzentimeter Platz für die Maus nicht vorhanden, verzweifeln Sie nicht. Obwohl eine Maus das beste Allzweck-Zeigegerät ist, gibt es noch andere Zeigemöglichkeiten.

### Lichtgriffel

Eine Alternative ist der Lichtgriffel, ein Gerät, das wie ein Stift aussieht, bei dem ein Spiralkabel aus der Kappe heraus kommt. Aus Gründen, die ich kurz erklären werde, sind Lichtgriffel nicht gut geeignet für allgemeine Windows-

Navigationsaufgaben, wie Menübefehle und Dialogfeldoptionen auswählen. Sie eignen sich besser für spezialisierte Anwendungen, bei denen kurze Objektkontakte vorkommen, wie bei Kassensystemen im Handel und in der industriellen Kontrolle.

Bei den meisten Lichtgriffeln wird das Kabel am CGA-Adapter Ihres Computers angeschlossen. Verwenden Sie einen anderen Adapter (und unter Windows sollten Sie dies tun), müssen Sie eine Erweiterungskarte für den Griffel einbauen.

Wenn Sie mit der Griffelspitze die Oberfläche Ihres Bildschirms berühren, können Sie Menübefehle auswählen, Text oder Grafik selektieren und zeichnen. Das optische System des Griffels enthält einen lichtempfindlichen Transistor, der ein Signal erzeugt, wenn er Licht entdeckt, das vom Phosphor des Monitors ausgestrahlt wird. Durch Messung der Lichtintensität und Berechnung, wie lange es dauert, bis der Elektronenstrahl der Bildschirmröhre den Griffelsensor erreicht, stellt der Griffel fest, wo Sie gerade mit dem Cursor stehen. Der Griffel sendet dann über das Kabel ein Signal an den Computer, wo es durch den Software-Treiber des Griffels in eine Form übersetzt wird, die Windows verstehen kann.

Lichtgriffel brauchen keinen Schreibtischplatz, haben dafür andere Nachteile. Wenn Sie nicht die optionalen Erweiterungskarten kaufen, können sie nicht exakt genug kleine Bewegungen registrieren. Mit einer Erweiterungskarte können Griffel, wie FTG Data Systems' FT-156, jede Bewegung bis herunter auf Pixelebene auflösen. Und da Sie ständig den Arm heben und senken müssen, um den Griffel aufzunehmen und wieder abzustellen (im Gegensatz zum einfachen Greifen nach der Maus), kann die Verwendung des Lichtgriffels über längere Zeit recht ermüdend werden. Nach stundenlanger Anwendung wird der Lichtgriffel schwer wie Blei.

Grafiktabletts

Eine andere Mausalternative ist das Grafiktablett, eine flache Plattform von ungefähr der Größe einer Schallplattenhülle. Man bewegt sich auf der Plattform mit einem elektronischen Stift oder einer beweglichen Marke (Cursor). Der Stift ähnelt einem normalen Schreibstift; der Cursor hat die Größe einer Maus, mit einer runden Öffnung, die ein Fadenkreuz enthält. Die Fadenkreuzmündung gibt die gegenwärtige Position auf dem Bildschirm wieder. Stift oder Cursor sind am Tablett angeschlossen und übertragen ein elektronisches oder magnetisches Signal, das ein Empfangsgitter im Tablett zur Positionsberechnung von Griffel oder Cursor aufnimmt. (Grafiktabletts der Kurta Corporation, von Pencept und Summagraphics arbeiten alle nach diesem Prinzip.) Das Tablett selbst wird normalerweise an die serielle Schnittstelle des Computers angeschlossen. Manche benötigen auch ihre eigenen Schnittstellenkarten.

Zwei Abwandlungen der Grafiktabletts sind akustische Tabletts und berührungsempfindliche Tabletts. Akustische Tabletts verwenden einen Stift, der hochfrequente akustische Wellen aussendet, die von Mikrofonen an den Kanten des Tabletts zur Standortbestimmung des Stifts benutzt werden. Berührungssensitive Tabletts enthalten zwei Schichten aus leitendem Material, die dicht übereinander liegen. Wird mit Stift oder Finger auf das Tablett gedrückt, berühren sich beide Schichten an einem Punkt und erzeugen so ein Signal.

Da Grafiktabletts den normalen menschlichen Zeichenvorgang (Stift auf Papier) genau nachbilden, eignen sie sich gut für Konstruktions- und Zeichenanwendungen. Man kann sie auch dazu hernehmen, bestehende Zeichnungen nachzufahren und so in den Computer einzugeben, da man solche Zeichnungen nur auf das Tablett zu legen braucht. Es ist interessant, den fundamentalen Unterschied zu Mäusen festzuhalten: Ein Grafiktablett repräsentiert absolute Bewegung; die Maus dagegen repräsentiert relative Bewegung. Jeder Punkt auf der Oberfläche eines Grafiktabletts entspricht einem bestimmten Bildschirmpunkt. Bei der Maus besteht keine solche 1:1-Beziehung zwischen dem physikalischen Standort des Geräts und der Position des Zeigers auf dem Bildschirm; Sie können die Maus aufnehmen und sie irgendwo auf dem Schreibtisch plazieren.

Ein letzter Punkt bezüglich alternativer Zeigegeräte: Wenn Sie eines erwägen, aber auch eine Maus verwenden, stellen Sie sicher, daß das neue Gerät mit der Maus zusammenarbeitet. Einige Lichtgriffel oder Grafiktabletts benutzen einen Maustreiber und können deshalb nicht gleichzeitig mit einer Maus arbeiten. Und passen Sie auf, daß das Gerät mit Windows kompatibel ist.

# Videoadapter und Bildschirme

Bei grafischen Betriebssystemoberflächen wie Windows ist die visuelle Gestaltung alles. Umso größer das Auflösungsvermögen von Bildschirm und Videokarte, umso besser sieht Windows aus. Wenn Sie viel mit Windows arbeiten, liegt es in Ihrem ureigenen Interesse, daß es möglichst gut aussieht.

## Videoadapter

Bessere Auflösung bedeutet schärferen Text, besonders bei kleinen Größen, und schärfere Grafiken mit weniger sichtbaren Treppenstufen (hervortretenden Kanten, die bei Kurven und diagonalen Linien auftreten). Hochauflösende Grafikkarten lassen Windows durch Farbgrafiken und gestochen scharfen Text glänzen; niedrig auflösende Karten geben Windows ein grobes, klumpiges Aussehen. Bild 10-1 listet die führenden Grafikstandards in der MS-DOS-Welt auf. (Die Auflösungsangaben enthalten zuerst die Zahl der horizontalen Pixel und dann die Werte für die vertikalen Pixel.)

Die Grafikstandards in Bild 10-1 stehen in aufsteigender Reihenfolge nach Auflösung und Eignung für Windows, das Listing könnte aber auch fast als chronologisch betrachtet werden. Die Auflösung der Grafikdarstellung hat sich in der Mikrocomputerwelt ständig verbessert, und es ist kein Ende in Sicht. Ein Grund ist Speicher: Jede neue Generation von Speicherchips bringt höhere Kapazitäten bei geringeren Kosten, und Speicher ist die entscheidende Komponente bei der Grafikauflösung.

| *Kategorie* | *Auflösung* | *Farbe b. Windows* | *Eignung f. Windows* |
|---|---|---|---|
| Color/Graphics Adapter (CGA) | 640 x 200 | Nein | Schlecht |
| Hercules-Grafikadapter | 720 x 348 | Nein | Gut |
| Enhanced Graphics Adapter (EGA) | 640 x 200 | Ja | Gut |
| EGA mit mehr als 64 KB Speicher* | 640 x 350 | Ja | Sehr gut |
| Multicolor Graphics Array (MCGA) | 640 x 480 | Nein | Sehr gut |
| Video Graphics Array (VGA) | 640 x 480 | Ja | Exzellent |

* Die meisten Nicht-IBM-EGA-kompatiblen Adapter fallen in diese Kategorie.

*Bild 10-1: MS-DOS-Grafikstandards*

Wie beeinflußt der Speicher die Grafikauflösung? Bei einer grafischen Betriebssystemoberfläche wie Windows ist alles, was Sie sehen, einschließlich Text, Grafik. Statt Text mit der im Computer eingebauten Zeichenerzeugungselektronik darzustellen, zeichnet Windows ihn mit der Grafischen Geräteschnittstelle GDI, die in Kapitel 1 erörtert wurde. Dieser Dreh erlaubt es Windows, Text in einer Vielzahl von Größen und Stilen abzubilden. Wie in Kapitel 7 erwähnt wurde, heißen Grafikdarstellungen, wie die von Windows, Bitmap-Darstellungen, da jedes Pixel auf dem Schirm einem Bit im Videospeicher des Computers entspricht.

Farb-Bitmap-Darstellungen verlangen mehr Speicher als Monochromdarstellungen; separate Bit-Bereiche müssen im Videospeicher eingerichtet werden, um mehrere Farben darzustellen. Ein Monochrom-Adapter braucht nur einen Speicherbereich und kann daher Pixel in einem von zwei Werten darstellen. In der monochromen Welt gibt es keine Graustufen oder Farben. (Graustufen können aber mit einer besonderen Technik simuliert werden, bei der Pixelgruppen zu Mustern kombiniert werden.)

Fügen Sie aber mehr Bitbereiche hinzu, erlangen Sie die Fähigkeit, jedem Pixel zusätzliche Speicherbits zuzuweisen. Diese zusätzlichen Bits können dazu verwendet werden, Farb- oder Graustufeninformationen über das Pixel abzuspeichern.

Um zu verstehen, wie zusätzliche Bitbereiche mehr Farben ermöglichen, schauen wir uns die zwei Modi an, in denen der CGA-Adapter von IBM arbeitet. Dieser Karten-Oldie stellt 16 KB Videospeicher bereit. Dieser Speicher läßt sich auf verschiedene Weise aufteilen. Jede Aufteilung bringt eine andere Auflösung und ein anderes Farbvermögen. In einem Modus (Modus 4) kann der Adapter Vier-Farb-Darstellungen mit einer Auflösung von 320 x 200 Pixeln erzeugen. In diesem Modus wird der Speicher des Videoadapters in zwei 8 KB große Bereiche unterteilt. Bei zwei Bereichen kann ein Pixel eine von vier Farben annehmen. Zwei Bits können vier Farben repräsentieren, da vier verschiedene An-Aus-Kombinationen existieren:

- Ein Bit kann Eins sein, das andere Null.

- Das erste kann Null sein, das zweite Eins.

- Beide können Eins sein.

- Beide können Null sein.

Aber 320 x 200 ist zu grob für eine grafische Betriebssystemoberfläche. Windows benutzt daher diesen Modus nicht.

In einem anderen Modus (Modus 6) kann CGA eine Auflösung von 640 x 200 Punkten erreichen. In diesem sogenannten Hochauflösungsmodus stehen alle 16 KB des Videospeichers einem einzigen Bitbereich zur Verfügung. Das bedeutet höhere Auflösung, aber ohne Farbe, da die CGA-Karte nur noch soviel Platz hat, um eine An-Aus-Kombination für jedes Pixel zu speichern. Ist Ihr Computer mit CGA ausgestattet, benutzt Windows diesen Modus.

Je mehr Videospeicher ein Computer hat, desto mehr Pixel und Farben kann er repräsentieren. Bild 10-2 veranschaulicht das; es ist praktisch die gleiche Tabelle wie in Bild 10-2, außer, daß die Spalten "Farbe b. Windows" und "Eignung f. Windows" durch die Video-Speicherkapazität und die maximale Zahl von Farben für den höchstauflösenden Modus jedes Adapters ersetzt sind.

| *Kategorie* | *Auflösung* | *Anzahl Farben* | *Video-Speicher* |
|---|---|---|---|
| Color/Graphics Adapter (CGA) | 640 x 200 | 2 (s/w) | 16 KB |
| Hercules-Grafikadapter | 720 x 348 | 2 (s/w) | 64 KB |
| Enhanced Graphics Adapter (EGA) | 640 x 200 | 16* | 64 KB |
| EGA mit mehr als 64 KB Speicher** | 640 x 350 | 16 | 128 od. 256 KB |
| Multicolor Graphics Array (MCGA) | 640 x 480 | 2 (s/w) | 64 KB |
| Video Graphics Array (VGA) | 640 x 480 | 16* | 256 KB |

* Windows stellt aufgrund der Art und Weise, wie es diese Adapter benutzt, nur acht Farben dar.

** Die meisten Nicht-IBM-EGA-kompatiblen Adapter fallen in diese Kategorie.

*Bild 10-2: Auflösung, Farben und Speicher der MS-DOS-Videostandards*

## Bildschirme

Natürlich schauen Sie das Bild nicht auf einer Adapterkarte an. Ihr Bildschirm ist das reale Fenster für Windows. Er spielt deshalb eine wichtige Rolle, wenn es um das Aussehen von Windows geht.

In der Vergangenheit war die Monitorauswahl ziemlich einfach. Für Textverarbeitungs- und andere textorientierte Aufgaben pflegte man gewöhnlich einen Monochromschirm auszuwählen. Bei Grafikanwendungen, wie Konstruktionszeichnungen und Business-Grafiken, wurde nach einem Farbmonitor gerufen. Nach dieser Entscheidung kauften Sie einen Bildschirm, der die gleiche Auflösung bot, wie Ihr Videoadapter.

Heute ist es nicht mehr so einfach. Grafikstandards entwickeln sich weiter, wobei jede neue Generation höhere Auflösungen bringt. Dank der erweiterbaren Natur der meisten MS-DOS-Rechner besteht das Aufrüsten auf einen neuen Videostandard nur im Einbauen der neuen Karte. Aber was passiert mit dem Monitor? Wenn Sie einen Schirm gekauft haben, der zu einem bestimmten Grafikstandard gepaßt hat, bedeutet das Aufrüsten des Videosystems auch die Anschaffung eines neuen Monitors.

### Multifrequenzschirme

Glücklicherweise haben die Bildschirmhersteller eine mächtige Waffe gegen die Veraltung des Displays entwickelt. Multifrequenzschirme genannt, enthalten solche Monitore eine spezielle Elektronik, die sich an unterschiedliche Grafikstandards anpaßt. NECs Multisync-Monitor war der erste Multifrequenzschirm; heute gibt es fast ein Dutzend Hersteller solcher Bildschirme von Firmen wie Zenith, Sony, JVC, Magnavox und Taxan.

Multifrequenzmonitore haben ihre Vielseitigkeit von der Fähigkeit, sich an verschiedene Abtastfrequenzen der Videokarten anzupassen. Eine solche Frequenz ist die horizontale Abtastrate, die Geschwindigkeit, mit der die Elektronenstrahlen des Monitors über die Röhre gelenkt werden. Der CGA-Standard benutzt eine Horizontalrate von 15,75 KHz, d.h. die Videokarte lenkt den Elektronenstrahl 15,750 mal in der Sekunde auf den Bildschirm. EGA erhöht diesen Wert auf 21,85 KHz; VGA schafft sogar 31,75 KHz. Je höher diese horizontale Abtastrate, umso besser ist die horizontale Auflösung.

Multifrequenzmonitore können sich auch an unterschiedliche Wiederholfrequenzen anpassen, die Geschwindigkeit, mit der das Bild immer wieder auf den Schirm gezeichnet wird. Umso höher die Bildwiederholfrequenz eines Monitors ist, umso besser kann die vertikale Auflösung sein. Die meisten Multifrequenzschirme können sich auf Wiederholfrequenzen von zirka 50 bis 75 Hz einstellen, das bedeutet, sie können ein Bild in jeder beliebigen Geschwindigkeit zwischen 50 und 75 mal pro Sekunde wiederholen. Sonys Multifrequenzmonitor

(Modell CPD-1302) hat ein Bildwiederholspektrum von 50 bis 100 Hz. Weil eine höhere Grafikauflösung höhere Wiederholraten benötigt, ist ein Monitor mit einer höheren, maximalen Bildwiederholrate eine stärkere Bastion gegen Veralten.

Ein Faktor, der die Schärfe jedes Farbmonitors bestimmt, ob Multifrequenz oder nicht, ist das Design der Videoröhre. Die Röhre eines Farbmonitors enthält eine Lochmaske aus Metall, die zwischen der roten, grünen und blauen Elektronenkanone der Röhre und der Oberfläche des Bildschirms liegt. Die Lochmaske ist von winzigen Schlitzen durchsetzt, einer für jedes Pixel. Der Raum zwischen den Schlitzen ist der Schlitzabstand. Je kleiner der Schlitzabstand, umso schärfer sind die Pixel auf dem Monitor. Die meisten Farbmonitore haben einen Schlitzabstand von 0,31 mm, d.h., es liegt weniger als ein Drittel Millimeter zwischen jeder Öffnung in der Lochmaske. Einige Bildschirme haben aber feinere Lochmasken und von daher potentiellerweise ein schärferes Bild. IBMs Farbmonitor 8513 für die PS/2-Systeme hat einen Schlitzabstand von 0,28 mm. Sonys Multiscan-Schirm hat einen Lochabstand von 0,26 mm. Die Größe jedes Lochs beeinflußt die Schärfe ebenfalls, aber nur wenige Hersteller geben die Lochgröße ihrer Produkte an.


Spezialschirme

Zusätzlich zu den Standardadapterkonfigurationen gibt es viele spezielle Grafikadapter und Bildschirme. Für Desktop Publishing- und Konstruktionsanwendungen denken Sie vielleicht an einen großen Monochromschirm, wie Moniterms Viking I oder Sigma Designs' LaserView. Mit einer Größe von 19 Zoll und Auflösungen von 1280 x 960 Pixeln beim Viking I bis zu 1664 x 1200 beim LaserView, zeigen solche Schirme mehr von einer Seite zur gleichen Zeit auf dem Monitor, in der Tat, bis zu zwei 8,5-mal-11-Zoll-Seiten nebeneinander. Sieht man mehr von einer Seite zur gleichen Zeit, muß man weniger rollen und zoomen und hat einen besseren Überblick über das Erscheinungsbild der Seite.

Große Bildschirme werden mit ihren eigenen Adapterkarten ausgeliefert, die normalerweise mit einem eigenen Mikroprozessor bestückt sind. Diese Mikrochips senden Bits schnell vom Videospeicher der Karte zum Schirm. Dies ist notwendig, wenn man bedenkt, daß ein 1664 x 1200-Display fast zwei Millionen Bits braucht, um ein Bild zu erzeugen. Ohne einen Mikroprozessor auf der Karte könnte ein großer Bildschirm zuviel Rechenzeit Ihres Computers in Anspruch nehmen und die Leistungsfähigkeit des Rechners verschlechtern.

Sind Ihre Hauptanwendungen aber Textverarbeitung, Tabellenkalkulationen oder Datenbanken, finden Sie den überbreiten Platz eines großen Monitors vielleicht allzu überwältigend. Wenn auch manche Textverarbeitungs- und Spreadsheetfreaks mehr von Ihren Dokumenten auf dem Schirm sehen wollen, finde ich es schwer, den Cursor oder die aktuelle Zelle auf einem großen Schirm zu lokalisieren.

Wie dieser Abschnitt gezeigt hat, beeinflussen zahlreiche Faktoren, viele davon subjektiv, den Monitorkauf. Nirgendwo ist der Satz "Erst ausprobieren, dann kaufen" gültiger als hier.

# Festplatten

Ein Festplattenlaufwerk ist das wichtigste einzelne Peripheriegerät für den Betrieb von Windows. Eine Festplatte überträgt Daten viel schneller als ein Diskettenlaufwerk und erlaubt Ihrem Computer, Windows und dessen Programme schneller zu starten und zu betreiben. Zusätzlich hält eine Platte genug Speicherplatz bereit, um Dutzende von Programmen aufzunehmen, je nach Kapazität. Das bedeutet, Sie können Windows' Eigenschaft nutzen, mehrere Anwendungsprogramme gleichzeitig einzusetzen, ohne ständig Disketten wechseln zu müssen. Und da Windows Daten auf die Festplatte auslagert, wenn ein Standardprogramm läuft, macht eine Platte den Einsatz von Standardprogrammen unter Windows viel praktischer und bequemer.

Mehrere Faktoren arbeiten zusammen, um einer Festplatte ihre Geschwindigkeit und Speichervermögen zu geben. Die Platte besteht aus hoch poliertem, festem Metall. Der Computer kann Daten auf einer Festplatte dichter als auf einer Diskette packen. Die meisten Platten enthalten mehrere Scheiben übereinander gestapelt. Die Scheiben drehen sich viel schneller als eine Diskette, gewöhnlich mit 3600 Umdrehungen pro Minute (revolutions per minute, RPM) im Gegensatz zu den 300 RPM einer Diskette. Die Scheiben und ihre Schreib/Leseköpfe sind luftdicht von der Umwelt abgeschlossen, um zu verhindern, daß sich Staub oder Dreck auf die Plattenoberfläche kommt und sich dort absetzt, was möglicherweise ein katastrophales Ereignis wäre. Die Köpfe des Laufwerks berühren die Platten nicht; stattdessen sitzen sie den Bruchteil eines Zolls über den Platten. Ein winziges Staubkörnchen auf einer Scheibe kann bereits verursachen, daß der Kopf auf der Oberfläche aufsitzt und das Laufwerk permanent beschädigt. (Ein solches Aufsitzen kann auch passieren, wenn Sie an eine Festplatte rempeln, während diese läuft oder Sie sie transportieren. Sie können ersteres Problem umgehen, wenn Sie den Computer im Betrieb nicht transportieren oder anstoßen. Um letzteres Problem zu vermeiden, suchen Sie eine Festplatte, die ihre Köpfe automatisch über einem nicht benutzten Bereich der Platte parkt, wenn der Computer ausgeschaltet wird.)

Viele MS-DOS-Rechner haben heute eine Festplatte eingebaut. Wenn Sie keinen solchen haben, können Sie aus Dutzenden von Laufwerken auswählen, von denen man viele selbst installieren kann. Der Einbau eines internen Laufwerks bedeutet normalerweise, daß man die Controllerkarte des Laufwerks in einen freien Steckplatz steckt, eines der Diskettenlaufwerke entfernt, die Festplatte an ihrer Stelle montiert und sie dann mit einem Flachbandkabel an die Controllerkarte anschließt. Hat Ihr Computergehäuse genug Platz, brauchen Sie das Diskettenlaufwerk vielleicht nicht herauszunehmen, um Platz für die Festplatte zu schaffen. Vielleicht überlegen Sie auch die Anschaffung einer der immer beliebter werdenden Festplattenkarten, Wunderwerke der Miniaturisierung, die eine Festplatte und die Steuerelektronik auf einer einzigen Erweiterungskarte unterbringen. Das erste solche Laufwerk war die HardCard von Plus Development; sie wird von vielen immer noch für die beste gehalten.

Wenn Sie ein Laufwerk kaufen, sollten Sie seine Spezifikationen in drei wichtige Bereiche einteilen: Kapazität, Übertragungsrate und Zugriffszeit.

**Kapazität.** Die Speicherkapazität des Laufwerks wird normalerweise in Megabytes (Millionen Bytes) angegeben. Laufwerke von 5 und 10 MB Kapazität waren früher Standard, die meisten Anwender greifen heute aber zu 20- und 40-MB-Modellen. Betrachten Sie auch die Kosten pro Megabyte. Hochkapazitätslaufwerke kosten oft weniger pro Megabyte als ihre Niedrigkapazitätsgegenstücke. Das bringt natürlich wenig, wenn Sie nicht mehr Geld ausgeben können. Letztlich wird wahrscheinlich ohnehin Ihr Budget entscheiden.

**Übertragungsrate.** Die Übertragungsrate ist die Geschwindigkeit, mit der der Laufwerkscontroller Daten zwischen Laufwerk und Bus überträgt. Unter Bus versteht man die Straße, auf der die Daten zwischen Arbeitsspeicher, Mikroprozessor und Peripheriegeräten hin- und herflitzen. Umso höher die Übertragungsrate eines Laufwerks, umso besser (unter der Voraussetzung, daß der Bus Ihres Computers die Daten eines schnelleren Controllers aufnehmen kann).

**Zugriffszeit.** Zugriffszeit ist die durchschnittlich von den Laufwerksköpfen benötigte Zeit, in Millisekunden, um einen bestimmten Punkt auf der Platte zu erreichen. Je niedriger die Zugriffszeit eines Laufwerks, umso besser.

Ein obskureres Merkmal, auf das Sie vielleicht stoßen, ist der Interleave-Faktor, der sich auf die Organisation der Laufwerkssektoren bezieht. Die Sektoren sind keilförmige, magnetische Abschnitte auf jeder Scheibe des Laufwerks. Im allgemeinen ist ein 1:1-Faktor am besten; er bedeutet, daß der Laufwerkscontroller schnell genug ist, um Sektoren aufeinander folgend zu lesen. (Wie bei der Übertragungsrate muß Ihr System in der Lage sein, die Daten so schnell anzunehmen, wie sie vom Controller kommen.) Bei einem 2:1-Interleave-Faktor liest der Controller einen Sektor und muß dann eine ganze Umdrehung warten, bis er den nächsten Sektor lesen kann.

Angaben können aber irreführend sein. Ein Laufwerkshersteller kombiniert vielleicht ein Laufwerk, das eine blitzschnelle Zugriffszeit von 30 Millisekunden hat, mit einem langsamen Controller, der einen 2:1- oder 3:1-Interleave-Faktor benötigt. Ein anderer Produzent benutzt vielleicht ein Laufwerk mit der relativ langsamen Zugriffszeit von 80 Millisekunden, kombiniert es aber mit einem schnellen Controller, der einen Interleave-Faktor von 1:1 ermöglicht. Wenn reine Geschwindigkeit die oberste Überlegung ist, versuchen Sie, mit mehreren Laufwerken einige Benchmarks durchzuführen. Ansonsten lesen Sie Testberichte in Computerzeitschriften und kaufen Sie das Laufwerk, das die beste Mischung aus Leistungsvermögen, Zuverläßigkeit und Wert darstellt. Jede

Festplatte ist schneller als eine Diskette, und im täglichen Einsatz sind die Leistungsunterschiede vieler Laufwerke kaum spürbar.

# Expanded und Extended Memory

Windows' Speicherverwaltungstechniken gestatten es, soviel Code wie möglich in den Speicher Ihres Computers zu schaufeln. Windows kann in der Tat mehr aus dem Speicher herausquetschen als jede andere grafische Benutzeroberfläche, einschließlich der des Macintosh. Das bringt aber wenig Nutzen, wenn Sie versuchen, mehr als ein großes Anwendungsprogramm gleichzeitig laufen zu lassen und sehen müssen, wie Ihr System langsam wird wie eine Schnecke.

Die technische Komplexität der Windowssoftware und ihre Fähigkeit, mehrere Programme gleichzeitig laufen zu lassen, geben Windows einen gefräßigen Appetit auf Speicher. Sie können diesen Appetit aber durch mehr Speicher befriedigen. Mehr Speicher erlaubt den gleichzeitigen Betrieb von mehr Anwendungen, und jede Anwendung läuft schneller, weil Windows seine Codesegmente nicht in freien Speicher verlegen und wieder von Platte laden muß, wenn sie benötigt werden.

Aber wieviel ist "mehr"? Bis vor kurzem bedeutete das Hinzufügen von Speicher den Ausbau des Rechners auf die Grenze für IBM-PCs und Kompatible von 640 KB. Für die meisten Anwender waren 640 KB ein riesiger Arbeitsraum, den man nie brauchen würde. (Bedenken Sie, der Original-IBM-PC debütierte mit 64 KB Arbeitsspeicher, und *das* war für die Leute 1981 ein Haufen Zeug.) Aber als Software immer komplexer wurde, stieg der Speicherbedarf mit den Anwenderwünschen. Mittlerweile sind 640 KB für jeden, der riesige Tabellenkalkulationen vornehmen oder eine Benutzeroberfläche wie Windows verwenden möchte, eine Einengung.

## Expanded Memory-Spezifikationen

Die Freiheit kam im Frühjahr 1985 bei der COMDEX-Computermesse. Dort kündigten Lotus Development Corporation und Intel Corporation, die Firma, die die Mikroprozessoren entwirft, um die herum MS-DOS-Computer gebaut werden, die Expanded Memory Spezifikation (EMS) an, eine Hard/Software-Lösung für die 640-KB-Barriere. EMS wurde ursprünglich erzeugt, um Lotus 1-2-3-Anwendern mehr Platz zu geben. Ingenieure bei Microsoft versprachen sich davon aber mehr und erkannten auch, daß Microsoft bei einer so bedeutenden Erweiterung von MS-DOS mitreden könnte und sollte. Microsoft kündigte die Unterstützung von EMS an und gab bekannt, daß eine zukünftige Windowsversion in der Lage sein würde, auf Expanded Memory zuzugreifen. Lotus, Intel und Microsoft arbeiteten zusammen, um EMS zu überarbeiten und ergänzten zusätzliche Unterstützung für Multitasking-Betriebssystemoberflächen. Ein neues EMS kam heraus. Es erhielt die Bezeichnung Lotus/Intel/Microsoft Expanded Memory Spezifikation 3.2.

Die Expanded Memory-Gewässer trübten sich aber, als AST Research, ein Hersteller von Erweiterungskarten, sich mit mehreren Softwarehäusern zusammentat, um eine neue Version der Spezifikation, bekannt als Erweitertes EMS oder EEMS, zu schaffen. EEMS fügte bedeutende Erweiterungen hinzu, aber auf Kosten der Kompatibilität. Die Lösung des Problems wurde im August 1987 in der Form von EMS 4.0 enthüllt, eine neue Version der Spezifikation, die die EEMS-Erweiterungen einbaute und einige eigene ergänzte.


## Wie Expanded Memory arbeitet

Um zu verstehen, wie EMS funktioniert und wie es Windowsanwendern nutzt, machen wir einen Schritt zurück und schauen uns an, wie MS-DOS-Computer den Speicher nutzen. Aufgrund des Designs seines 8088-Mikroprozessors hat der Original-IBM-PC einen Adreßraum von einem MB, d.h., er kann maximal 1 MB Speicher adressieren. Einige dieser Speicheradressen sind aber für den Speicher des Videoadapters, für die BIOS-Dienste des Rechners (den Basiscode, der den Zugriff auf Peripherie, wie Tastatur und Massenspeicher, erlaubt) und für andere interne Zwecke reserviert. Insgesamt werden 384 KB für diese wichtigen Funktionen abgezweigt, so daß dem Anwender maximal 640 KB übrig bleiben. Der Speicherbereich für den Anwender ist der Bereich, in dem MS-DOS, Windows und Anwendungsprogramme ihren Platz haben; ich werde in der folgenden Erörterung diesen Bereich als Hauptspeicher bezeichnen.

Die heutigen Top-MS-DOS-Maschinen basieren auf Intels 80286- oder 80386-Prozessor, die viel mehr Speicher als ein bloßes Megabyte adressieren können. Der 80286 adressiert bis zu 16 MB; der 80386 bis zu kolossalen 4 Gigabytes (GB). MS-DOS aber ist immer noch auf das Speichermodell (die Art, mit Speicher umzugehen) des 8088 ausgelegt und bleibt in seiner Zugriffsfähigkeit auf insgesamt 1 MB begrenzt, von dem nur 640 KB Hauptspeicher sind.

MS-DOS kann direkt nicht über den Adressraum von 1 MB hinaus adressieren, indirekt ist es aber über ein technisches Prinzip namens Bank Switching möglich. Bank Switching ist ein entfernter Verwandter des Swapping (Auslagern auf Massenspeicher, Anm. d. Übersetzers), das in Kapitel 9 behandelt wurde. Sie werden sich erinnern, daß beim Auslagern Teile von Programmcode vom Speicher auf die Festplatte transferiert werden und dann von dort in neu frei gewordene Arbeitsspeicherbereiche zurückgeholt werden.

Beim Bank Switching dagegen werden Programmcode oder Daten nicht tatsächlich von einem Ort zum anderen bewegt. Stattdessen teilt ein Softwaretreiber namens Expanded Memory-Manager Teile des Expanded Memorys innerhalb und außerhalb des physikalischen Adressraums von 1 MB ein. Der Programmcode bewegt sich dabei nicht. Vielmehr gaukelt der Expanded Memory Manager dem System vor, daß ein Teil des Codes, der im Hauptspeicher war, jetzt im Expanded Memory ist, und umgekehrt. Dieses Umadressieren braucht viel weniger Zeit als das reale Verlagern von Codes, wie es schneller ist, die Straßenadressen zweier Häuser zu ändern, statt jedes Haus physikalisch an die Stelle des anderen zu setzen.

Der EMS-Memory-Manager wird in den Speicher Ihres Maschine geladen, wenn Sie den Computer starten. Ein Eintrag in Ihrer CONFIG.SYS lädt den Manager und konfiguriert ihn entsprechend den Vorgaben, die Sie machen, wenn Sie den Manager installieren. (Die meisten Expanded Memory-Karten haben ein Installationsprogramm, mit dem Sie den Speicher auf verschiedene Weise unterteilen können; ich werde bald genauer darauf eingehen.)

## Wie Windows Expanded Memory nutzt

Windows nutzt dieses Pseudo-Auslagern, um Programme vom Expanded Memory aus laufen zu lassen. Das folgende Szenario veranschaulicht, wie Windows mit dem Bank Switching arbeitet.

Nehmen Sie an, Sie haben gerade Windows vom MS-DOS-Prompt aus gestartet. Wenn das MS-DOS-Fenster geladen wird, verlangt es und bekommt auch einen Speicherbrocken, in dem es operiert. Starten Sie als nächstes Windows Write. Dabei schiebt der Expanded Memory-Manager die Speicheradresse des MS-DOS-Fensters nach draußen und holt freie Speicheradressen aus dem Expanded Memory herein. Es wurden keine Daten bewegt; stattdessen wurden die Speicheradressen von MS-DOS-Fenster und freiem Speicher ausgetauscht. Wenn Write in diesen freien Speicher geladen wird, wird es eigentlich in Expanded Memory geladen; Ihr System wurde einfach getäuscht, so daß es Expanded Memory als Hauptspeicher behandelt.

Gehen wir im Szenario noch einen Schritt weiter. Sie vervollständigten mit Write ein Dokument und sind bereit, es in den Pagemaker zu importieren. Um Pagemaker zu starten, benutzen Sie ALT+Tab, um das MS-DOS-Fenster zu reaktivieren. Dabei tauscht der Expanded Memory-Manager wieder die Adressen von Write und dem MS-DOS-Fenster aus. (Wieder bewegt sich weder der Code von Write noch der des MS-DOS-Fensters; durch den wechselseitigen Adressentausch wird der Speicherbereich, in dem das MS-DOS-Fenster residiert, wieder als Hauptspeicher behandelt.) Starten Sie nun Pagemaker. Wieder tauscht der Memory Manager die Adressen aus, so daß freier Speicher im Expanded Memory als Hauptspeicher behandelt und Pagemaker dorthin geladen wird.

Übrigens, wenn Sie ein Programm einsetzen, das Expanded Memory für Daten nutzen kann (wie Microsoft Excel oder 1-2-3), ist der Vorgang ähnlich. Statt die Adressen von Programmcode zu ändern, ändert der EMS Memory Manager die Adressen für die Daten.

Es gibt viele andere technische Einzelheiten beim Expanded Memory. Eine betrifft die Größe des Adreßfensters der Speicherkarte, das Page Frame genannt wird. Das Adreßfenster ist kein Fenster, das Sie am Bildschirm sehen; es ist die kleinste Speichereinheit, die umadressiert werden kann. Die erste Expanded Memory-Spezifikation stellte 64 KB-Einheiten zum Umadressieren bereit. EMS 4.0 gestattet bis zu 1 MB pro Adreßfenster. Größere Adreßfenster ermöglichen größere Programme im Expanded Memory.

## Der Kauf von Expanded Memory-Hardware

Glücklicherweise brauchen Sie nicht zu verstehen, wie Expanded Memory funktioniert, um es auszunutzen. Sie sollten aber folgende Überlegungen im Auge behalten, wenn Sie Expanded Memory-Hardware kaufen.

- Wieviel Hauptspeicher hat Ihr System im Augenblick? Wenn es weniger als 640 KB hat, fragen Sie nach, Sie ob einen Teil des Expanded Memory-Speichers als Hauptspeicher benutzen können.

- Ist der EMS Memory Manager der Karte kompatibel mit Version 4.0 der EMS-Spezifikation? Als dieses Buch aufgelegt wurde, waren noch nicht alle Memory Manager der Karten auf dem Stand von EMS 4.0. Obwohl Sie EMS-Memory der Versionen 3.0 und 3.2 als RAM-Disk oder Plattencache verwenden können (zwei Konzepte, die im Abschnitt "RAMDrive und SMARTDrive" behandelt werden), sind diese beiden Speicheranwendungen nicht so nützlich wie die Möglichkeit, mehrere Programme gleichzeitig laufen zu lassen.

- Wieviel Speicher paßt auf die Karte? Umso mehr, umso besser. Einige Karten, wie die Cumulus CuRAM-Serie für die PS/2-Modelle 50 und 60, nehmen Tochterkarten auf, die man auf das Hauptboard stecken kann, und erlauben so 2 bis 8 MB Speicherkapazität. Microsofts Mach 20-Turbokarte (wird in diesem Kapitel später behandelt) leistet Ähnliches und kann dadurch bis zu 3,5 MB Expanded Memory einem PC, XT oder Kompatiblen hinzufügen.

- Welche Konfigurationsoptionen hat die Karte? Wenn Ihre Karte mehr als ein paar Megabytes Speicher hat, erhöht die Reservierung eines Teils davon als RAM-Disk oder Plattencache die Geschwindigkeit von Windows. Wirklich vielseitige Karten enthalten Installationsprogramme, durch die man den Speicher auf vielerlei Weise aufteilen kann.

## Extended Memory

Noch ein Punkt: Wenn Sie Speicher kaufen, hören Sie vielleicht den Ausdruck Extended Memory. Verwechseln Sie ihn nicht mit Expanded Memory. Die beiden Begriffe klingen ähnlich, könnten sich aber nicht mehr unterscheiden. IBM prägte den Ausdruck "Extended Memory" 1984 für die Beschreibung des Speichers jenseits des 1 MB-Adressraums eines PC/ATs. Heute bezieht sich der Begriff auf jedes Nicht-Expanded Memory über 1 MB in jedem 80286-Computer unter MS-DOS. (Mit "Nicht-Expanded" meine ich Speicher, der nicht unter der Kontrolle eines EMS-Memory Managers ist.) Zum Beispiel hat IBMs PS/2-Modell 50 mit seiner Basiskonfiguration von 1 MB RAM 384 KB Extended Memory. (Denken Sie daran, daß der 1 MB-Adressraum sowohl den Hauptspeicherbereich einschließt als auch die reservierten Adressen, die wir vorher erörtert haben.)

Extended Memory kann man unter MS-DOS nicht direkt adressieren, weil MS-DOS den 80286-Mikroprozessor in einem Modus namens Real-Mode betreibt, in dem der Mikroprozessor den älteren 8088 einschließlich seiner 1 MB-Barriere emuliert. OS/2 betreibt den 80286 im Gegensatz dazu in einem Modus namens Protected-Mode; in diesem Modus kann der 80286 bis zu 16 MB Speicher direkt adressieren.

Wir geraten schon wieder in eine Welt technischer Komplexitäten und Fachbegriffe. Erinnern Sie sich einfach an eines: Unter MS-DOS ist Extended Memory weniger vielseitig als Expanded Memory. Es hat aber auch seine Anwendungszwecke; sie werden in diesem Kapitel im Abschnitt "RAMDrive und SMARTDrive" beschrieben.

## Turbokarten

Windows läuft auf einem IBM-PC oder PC/XT nicht, es geht. Grafische Betriebssystemoberflächen legen einem Computer eine schwere Last auf, und IBMs früheren Maschinen (und ihre Kompatiblen) haben nicht die Verarbeitungsgeschwindigkeit, um Windows so schnell und so agil erscheinen zu lassen, wie es die Oberfläche verdient.

Windows läuft am besten auf Computern auf Basis der Mikroprozessoren 80286 und 80386, wie der IBM PC/AT, die PS/2-Modelle 50, 60 und 80 und der Compaq Deskpro 386. Das bedeutet aber nicht, daß die Millionen von PCs, XTs und Kompatiblen Windows nicht fahren können. Unter der großen Vielzahl von Erweiterungskarten für diese Computer sind Turbokarten, die das Leistungsvermögen in den AT-Bereich bringen, indem sie den 8088 durch einen 80286 (oder, im Fall des Intel-Inboard-386/PC, durch einen 80386) ersetzen.

Wenn Sie eine Turbokarte installieren, führen Sie im wesentlichen mit Ihrem PC oder Kompatiblen eine Gehirntransplantation durch. Es klingt schwierig, ist aber eine unkomplizierte, wenn auch kitzlige Aufgabe. Obwohl die Installationsschritte unter den Produkten variieren, müssen im allgemeinen die Turbokarte in einen freien Steckplatz eingebaut, dann vorsichtig der bestehende 8088-Mikroprozessor herausgenommen und schließlich ein kleiner Stecker von der Turbokarte in den frei gewordenen Sockel des 8088 gesteckt werden. Einige

Produkte erfordern die Installation des 8088 in einem Sockel auf der Turbokarte, wo der Chip die Aufgabe bekommt, Ein/Ausgabe-Operationen für den
neuen 80286 Ihres Computers zu überwachen. Am Schluß der Installation müssen meistens noch einige Steckbrücken oder DIP-Schalter eingestellt werden,
um Ihr System zu konfigurieren. (Es versteht sich, daß diese Zusammenfassung
nicht die Instruktionen für die Karte ersetzt. Studieren Sie diese, bevor Sie mit
dem Einbau beginnen. Und passen Sie auf, daß Sie ohne jede statische Elektri-
zität sind: Berühren Sie einen metallischen Heizkörper, einen metallenen Licht-
schalterdeckel, oder, wenn Ihr Computer an einer geerdeten Steckdose angeschlossen ist, wie es der Fall sein sollte, sein Metallgehäuse.)

## Microsoft Mach 20

Wenn Sie eine Turbokarte kaufen, kaufen Sie keine, ohne sich das Microsoft
Mach 20-Board anzuschauen. Ich sage das nicht, weil mich jemand bei
Microsoft darum gebeten hat, sondern weil das Mach 20 mehrere bedeutende
Vorteile gegenüber anderen Turbokarten hat. Zusätzlich zum Anheben der Lei-
stung eines PC, XT oder Kompatiblen um das Zwei- bis Sechsfache (je nach
dem, wozu Sie Ihren Computer einsetzen), ermöglicht sein eingebauter InPort-
Anschluß die Erweiterung um eine Maus, ohne daß Sie eine serielle Schnitt-
stelle oder eine Steckkarte für einen Mauscontroller opfern müssen.

Wie viele Turbokarten enthält Mach 20 einen Cache-Speicher für häufig benutzten Code und Daten. Da dieser Cache-Speicher auf dem 16-Bit-Bus des
Mach 20 sitzt, kann Ihr System bei diesem Speicher im 16-Bit-Modus auf Daten
zugreifen, genau wie ein AT. (PCs, XTs und Kompatible haben einen 8-Bit-
Datenbus, d.h., sie können immer nur 8 Bits auf einmal übertragen. Im Gegensatz dazu haben 386-Rechner wie IBMs PS/2-Modell 80 einen 32-Bit-Daten-
bus.) Viele Turbokarten verfügen nur über 8 KB Cachespeicher; Mach 20 hat
16 KB.

Darüberhinaus kann Mach 20 optionale Erweiterungsmodule aufnehmen, wo-
durch Sie mehr auf einem Steckplatz unterbringen können. Das Memory Plus-
Modul liefert zwischen 512 KB und 3,5 MB Expanded Memory, das, wie der
Cache-Speicher von Mach 20, 16 Bits auf einmal überträgt. Die Elektronik der
Speicherkarte enthält auch 30 Registersets. In der Welt des Expanded Memory
ist ein Registerset eine wichtige Komponente, die darüber wacht, wie die Expanded Memory-Adressen verwaltet werden. Wenn Sie von einem Programm in
ein anderes wechseln, durchläuft der Expanded Memory Manager einen relativ
zeitraubenden Prozeß, in dessen Verlauf er den Inhalt der Registersets in den
Speicher kopiert und dann das Registerset für das Programm konfiguriert, in
das Sie wechseln. Bei den Registersets von Mach 20 ist dieser Vorgang anders.
Jedes Registerset läßt sich einem bestimmten Programm zuordnen, während ein
spezielles Auswahlregister festlegt, welches der 30 Registersets gerade aktiv
ist. Wenn Sie zwischen Programmen umschalten, ändert der Memory Manager
einfach einen einzigen Wert im Auswahlregister, anstatt ein Registerset zu mo-

difizieren. (Siehe für Details über Expanded Memory den Abschnitt mit dem Titel "Expanded und Extended Memory" in diesem Kapitel.)

Das Mach 20-Disk Plus-Modul ist ein Diskettencontroller, der einem PC, XT oder Kompatiblen den Zugriff auf 5 1/4-Zoll-Laufwerke erlaubt, außerdem auf AT-1,2-MB-Laufwerke und 3 1/2-Zoll-Laufwerke mit den Formaten 720 KB und 1,44 MB (wenn die richtigen Diskettenlaufwerke existieren). Selbst wenn Sie solche Laufwerke nicht brauchen, ist die Disk-Plus-Karte ein wertvolle Ergänzung. Wenn Sie nämlich Ihre vorhandene Floppydisk-Controller-Karte ersetzen, können Sie den Controller entfernen und an seiner Stelle das Mach 20 plazieren. Über diesen Weg können Sie auch dann das Mach 20 einbauen, indem Sie das Disk-Plus-Modul kaufen und den bestehenden Floppydisk-Controller ersetzen, wenn Ihr PC, XT oder Kompatibler keine freien Steckplätz hat. (PC- oder XT-Kompatiblen, bei denen Floppy- und Festplatten-Controller auf einer Karte untergebracht sind oder deren Floppy-Controller sich auf der Mutterplatine des Rechners befindet, nützt dieser Vorteil nichts; das Disk-Plus-Modul ersetzt keine Festplattencontroller-Karte. Ist Ihre Maschine ein PC- oder XT-Kompatibler, prüfen Sie mit Ihrem Händler, ob sich das Mach 20 bzw. jede andere Turbokarte, die Sie in Erwägung ziehen, in Ihrer Maschine verwenden läßt.)

Am bedeutsamsten ist vielleicht, daß Ihr Rechner mit Mach 20 OS/2-fähig ist. Die Hardware enthält den für das Umschalten zwischen Tasks wichtigen Systemtakt, einen ständigen Herzschlag, den der Systemtaktgeber (Scheduler) von OS/2 benötigt, um zu bestimmen, ob Tasks beendet werden müssen. Und Microsoft hat sich verpflichtet, eine spezielle OS/2-Anpassung für Mach 20 herauszubringen. Als dieses Buch in Druck ging, konnte noch kein anderer Turbokartenhersteller OS/2-Kompatibilität für sich beanspruchen. Falls in der Tat kein Hersteller Klons der OS/2 bezogenen Hardware von Mach 20 entwickeln und auch OS/2 anpassen, ist es unwahrscheinlich, daß überhaupt OS/2-kompatible Turbokarten erscheinen werden. Mach 20 unterstützt auch den 80287-Arithmetik-Coprozessor. (Dieser wird in diesem Kapitel im Abschnitt "Arithmetik-Coprozessoren" behandelt.)

Natürlich ist OS/2-Kompatibilität für Sie vielleicht nicht wichtig. Es ist gut möglich, daß Ihre Computerbedürfnisse von Windows auf Ihrem alten PC, XT oder Kompatiblen, ausgerüstet mit einer Mach 20-Karte und einem oder zwei Megabytes Expanded Memory, befriedigt werden. Und es ist ebenfalls möglich, daß selbst ein mit Mach 20 ausgerüsteter PC, XT oder Kompatibler Ihren Bedürfnissen nicht gerecht wird, wenn Sie sich für OS/2 entscheiden.

## Turbokarte oder neuer Rechner?

Das bringt uns auf eine wichtige Frage: Bei Turbokartenpreisen zwischen 500 und 1200 Dollar, wie entscheiden Sie sich zwischen dem Tunen eines 8088-PCs, und dessen Verkauf und Anschaffung einer 80286- oder 80386-Maschine? Es gibt auf diese Frage keine Pauschalantwort, aber einige Anhaltspunkte.

Wenn Ihr Computer zum Beispiel keine Festplatte hat und nur über einen niedrigauflösenden Grafikadapter verfügt, bringt Sie eine Turbokarte nur ein Fünftel auf Ihrem Weg zu einer idealen Windowsmaschine weiter. Umgekehrt, verwenden Sie einen XT oder Kompatiblen mit Festplatte und einer EGA- oder VGA-Karte, könnte die Turbokarte das ideale fünfte Glied im für Windows benötigten Quintett sein (Maus, gute Grafik, Festplatte, ausreichend Speicher und schneller Prozessor). Sie müssen letzlich Ihre jetzigen und zukünftigen Bedürfnisse abschätzen und dann entscheiden, ob sich diese durch einen aufgerüsteten (obwohl veralteten) 8088-PC befriedigen lassen, oder ob der große Sprung auf einen echten 80286- oder 80386-Computer notwendig ist.

Falls Sie sich für eine Turbokarte entscheiden, welcher Leistungszuwachs läßt sich erwarten?

Bild 10-3 zeigt die Ergebnisse einiger Microsoft-Benchmarks, durchgeführt auf einem IBM PC/XT mit Festplatte und unter Pagemaker, mit und ohne Mach 20 mit der Memory-Plus-Option.

|  | *Ohne*<br>*Mach 20* | *Mit*<br>*Mach 20* |
|---|---|---|
| Umschalten aus 75%-Ansicht zu Vollfenster-Darstellung | 4,1 sec. | 1,32 sec. |
| Umschalten aus Vollfenster-Darstellung zu aktueller Größe | 7,82 sec. | 2,19 sec. |
| Umschalten aus Vollfenster-Darstellung zu 200%-Ansicht | 6,08 sec. | 1,85 sec. |

*Bild 10-3: Windowsperformance mit und ohne Mach 20*

## Arithmetik-Coprozessoren

Ein Arithmetik-Coprozessor ist ein Mikroprozessor, der sich besonders gut für mathematische Berechnungen eignet; fügen Sie einen solchen Ihrem System hinzu, kann das die Geschwindigkeit und Genauigkeit der mathematischen Berechnungen Ihrer Maschine dramatisch verbessern. Ein Arithmetik-Coprozessor fungiert als Assistent des Mikroprozessors und führt Gleitkommaoperationen viel schneller und genauer aus, als es der Mikroprozessor könnte. Die Ergebnisse seiner Berechnungen leitet der Arithmetikchip diesem zu.

Ein Grund, warum ein Coprozessor so schnell rechnet, liegt darin, daß er sieben eingebaute Konstanten (unveränderliche Werte) enthält, wie 0, 1, pi, sowie mehrere Werte, die für Logarithmen benötigt werden. Außerdem enthält er fünf transzendente Standardoperationen für trigonometrische und logarithmische Berechnungen. Arithmetik-Coprozessoren haben ihre Genauigkeit daher, daß sie alle Berechnungen mit 10-Byte-Gleitkomma-Werten durchführen. Die Berechnungen sind auf 18 Dezimalstellen hinter dem Komma genau. (Ohne einen Arithmetik-Coprozessor beträgt die Genauigkeit annähernd sechs oder 16 Dezimalkommastellen, je nachdem, ob der Coprozessor mit einfacher oder doppelter mathematischer Genauigkeit rechnet.)

Programme müssen speziell geschrieben werden, damit sie nach einem Coprozessor suchen und verwenden. Im allgemeinen werden Coprozessoren von Tabellenkalkulationssoftware unterstützt, zum Beispiel Microsoft Excel, von Datenbanken und spezialisierten Ingenieuranwendungen. Aber ein Coprozessor beschleunigt nicht Pagemaker oder Reversi. Ob Ihnen ein Coprozessor also helfen kann, hängt davon ab, wie Sie Ihren Computer einsetzen.

Ein Arithmetik-Coprozessor ist so konzipiert, daß er einen bestimmten Mikroprozessor ergänzt. Der Chip, den Sie auswählen können, hängt also von Ihrer Maschine ab. Für 8088-PCs-, XTs und Kompatible verwenden Sie den 8087-Coprozessor, für 80286-Computer den 80287. Stellen Sie vor dem Kauf sicher, daß der gewünschte Chip in Ihrem Computer betrieben werden kann. Viele 80287-Chips sind zum Beispiel auf AT-Taktfrequenzen von sechs oder acht MHz ausgelegt; sie können nicht mit den 10 MHz eines PS/2-Modells 50 oder 60 laufen.

## Scanner

Scanner verwandeln Zeichnungen oder Photographien in elektronische Bilder. Wenn Sie ein Bild gescannt haben, können Sie es mit einem Grafikprogramm verändern und dann in Dokumente einfügen, die Sie mit anderen Windowsprogrammen erstellen. Scanner sind besonders bei Desktop Publishing-Leuten populär, die Sie verwenden, um Photos und andere Illustrationen in Publikationen einzufügen. Sie haben aber auch andere Einsatzzwecke. Wenn Sie einen Scanner mit einem Datenbankprogramm verwenden, das Grafiken speichern kann (wie der Palantir Filer), können Sie die Photos von Angestellten in eine Personaldatenbank oder die Abbildungen von Häusern in eine Immobilien-Datenbank einscannen. In Verbindung mit einer optionalen Software zum Erkennen von Zeichen (OCR, Optical Character Recognition), kann ein Scanner, mit wechselnder Genauigkeit, getippte oder gedruckte Dokumente in Textdateien konvertieren, die sich mit einem Textprogramm weiterverarbeiten lassen.

Es gibt bei den Scannern zwei Hauptkategorien: Blattscanner und Flachbettscanner.

### Blattscanner

Um ein Kunstwerk mit einem Blattscanner, wie dem MS-300A von Microtek (einem Gerät, das unter anderem Namen auch von Abaton und AST Research verkauft wird), abzuscannen, stecken Sie das Original in einen Schlitz am Gerät, wo es von einem Satz Gummirollern eingezogen und durch den optischen Mechanismus des Scanners gerollt wird. Der Scanner enthält eine Lichtquelle und eine Bank Photosensoren, die die unterschiedlichen Lichtgrade, die vom Original reflektiert werden, in Stromspannungen entsprechend den Graustufen konvertiert. Die Steuerlogik des Scanners übersetzt die Stromspannungen in eine Bitkarte des Bildes. Das Bild reist durch die Scannerschnittstelle zu Ihrem Computer. (Einige Scanner haben ihre eigenen Adapterkarten, andere benutzen die serielle Schnittstelle.) Wenn das Bild in Ihrem Rechner ist, können Sie es ändern oder in einer Vielfalt von Grafikdateiformaten abspeichern.

## Flachbettscanner

Bei einem Flachbettscanner bleibt das Bild stationär, während sich der optische Mechanismus des Scanners darüber bewegt. Flachbettscanner, wie der Datacopy 730, ähneln einem kleinen Kopierer; Sie plazieren das Original mit der Vorderseite nach unten auf einer Glasplatte, legen eine herunterklappbare Abdeckung darauf und scannen. Flachbettscanner akzeptieren eine größere Vielfalt von Originalen, einschließlich Büchern, Zeitschriften, unregelmäßig geformten künstlerischen Zeichen und Originalen, die zu klein oder zu empfindlich sind, um die Reise durch einen Blattscanner anzutreten. Und Flachbettscanner sind nicht anfällig für die Bildausrichtungsprobleme bei Blattscannern, wenn deren Roller nicht richtig justiert sind, die Roller das Papier nicht fest greifen können oder einfach, wenn Sie das Original nicht völlig gerade einführen.

## Andere Scannertypen

Zusätzlich zu diesen zwei Kategorien gibt es nicht standardisierte Alternativen. Epson bietet sein Bild-Scanner-Optionskit an, ein Scanner, der an den Druckkopf der Punktmatrixdrucker LQ-2500, EX-800 und EX-1000 angeschlossen wird und so den Drucker in einen Scanner verwandelt. Sie führen das Kunst-Original in den Drucker ein, als ob es ein Blatt Druckerpapier wäre. Der Drucker bewegt die Scannerkassette nach links und rechts und führt das Original nach jeder "Zeile" ein kleines Stückchen nach. Das Kit ist auf eine Auflösung von 180 Punkten pro Zoll begrenzt (verglichen mit der 300 Punkte-Auflösung der meisten Flachbett- und Blattscanner). Es ist auch viel langsamer als ein dedizierter Scanner, kostet dafür aber nur ein Drittel bis ein Viertel so viel.

AT&Ts Overview-Scanner ist ein weiteres Nichtstandardangebot. Ähnlich einem Overheadprojektor kann es dreidimensionale Objekte bis zu einer Dicke von einem Zoll scannen. Und Produkte wie Aldus' SnapShot können Bilder von Videokameras oder Videorekordern einfangen; solche Geräte eignen sich gut für Anwendungen mit dreidimensionalen Objekten.

## Scannersoftware

Fundieren Sie beim Kauf eines Scanners Ihre Entscheidung nicht allein auf die Hardware. Fast jeder Scanner hat seine eigene Scannersoftware, mit der Sie die Größe des einzuscannenden Bildes festlegen, Helligkeit und Kontrast einstellen, den eigentlichen Scanprozeß einleiten und das gescannte Bild ändern. Die letzte Kategorie kann die wichtigste sein; dort finden sich auch die größten Produktunterschiede. Die beste Scannersoftware ermöglicht es, das gescannte Bild mit Malwerkzeugen wie Zeichenstift und Pinsel elektronisch zu retuschieren. Sie ermöglicht auch das Abschneiden ungewünschter Teile und stellt einen Zoom-Modus für feine Detailarbeiten bereit.

Wenn Sie vorhaben, die gescannten Bilder in Dokumenten zu verwenden, die mit anderen Programmen erzeugt wurden, passen Sie auf, daß das Produkt, das Sie kaufen, Bilder in den von Ihnen benötigten Dateiformaten abspeichert. Dateiinkompatibilität sollte kein Problem sein, da die meisten Scannerprogramme so verbreitete Grafikformate wie Paint, TIFF und EPS unterstützen. (Im Anhang finden Sie Beschreibungen dieser und anderer verbreiteter Dateiformate.)

Und taxieren Sie natürlich den Komfort und die Bedienerfreundlichkeit der Software. Ein Programm, das innerhalb Windows läuft, spart Ihnen Zeit, da Sie Windows nicht verlassen müssen, um das Scannerprogramm laufen zu lassen. Ein Scannerprogramm, das eine echte Windowsanwendung ist, ist noch besser. Aldus SnapShot ist ein echtes Windowsprogramm, Hammerlab Corporations ScanDo ebenfalls. Neben der Fähigkeit, alle beliebten Scanner zu steuern, hat ScanDo eindrucksvolle Bildeditier- und retuschiereigenschaften.

# Verwendung von Windows im Netzwerk

Ein lokales Netzwerk ist eine effiziente Möglichkeit, Information und teure Peripheriegeräte, wie Festplatten und Laserdrucker, gemeinsam zu nutzen. Viele Netzwerkprodukte sind für MS-DOS-Computer verfügbar; sie reichen von langsamen und billigen Netzwerken zu teuren Hochgeschwindigkeits-Fileservern. Niedriggeschwindigkeitsnetze verbinden die Computer an der seriellen Schnittstelle und gestatten den Zugriff auf die Laufwerke anderer Rechner. Netzwerke können auch Kommunikationsverbindungen zwischen Mitarbeitern eröffnen, indem Sie den Austausch elektronischer Post erlauben und den Zugriff auf zentrale E-Mail-Dienste ermöglichen. Fileserver verlangen eine Erweiterungskarte in jeder Maschine, können aber ein Gebäude voll mit Computern vernetzen und als zentrale Ablage für Daten hergenommen werden.

Microsofts Stab für technischen Support berichtet, daß Windows mit allen beliebten Netzwerkprodukten, die es für MS-DOS-Computer gibt, zusammenarbeitet. Ihre Daumenregel heißt: Wenn Standardprogramme, wie Lotus 1-2-3 oder Ashton-Tates DBase-III, im Netz funktionieren, funktioniert auch Windows. Der folgende Abschnitt untersucht die Frage, was Sie beachten müssen, wenn Sie Windows oder Windowsprogramme im Netzwerk einsetzen wollen.

Mit einer einfachen Prozedur können Sie eine Windowskopie auf Ihrem Netzwerkserver abspeichern, wo sie allen Benutzern des Netzwerks verfügbar ist. Mehrere Anwender können die Windowskopie gleichzeitig einsetzen. Dies ist nach der Standardlizenzvereinbarung von Microsoft verboten, wenn Sie eine Windowskopie nicht für jeden Benutzer kaufen oder eine Sondervereinbarung treffen. Informationen über die Windowslizenzvereinbarungen erhalten Sie bei Microsoft.

## Windows auf einem Fileserver installieren

Um Windows auf einem Netzwerkserver zu installieren, aktivieren Sie das Setup-Programm und geben an, welche Festplatte auf dem Server für Windows das Ziellaufwerk sein soll. Sie müssen Lese/Schreibzugriff auf das Netzwerkverzeichnis haben, um Windows auf dem Fileserver zu installieren. Die meisten Netzwerkprogramme enthalten die Möglichkeit, verschiedene Zugriffsberechtigungen zu vergeben, damit Sie sich gegen unbefugte Veränderungen des Fileserverinhalts des schützen können. Ziehen Sie die Dokumentation Ihrer Netzwerksoftware für Details über Zugriffspriviligien heran.

Wenn das Setup beendet ist, erzeugen Sie eine Kopie der WIN.INI-Konfigurationsdatei auf jeder Maschine, auf der Windows laufen soll. Wenn jeder Anwender seine oder ihre eigene WIN.INI-Datei hat, stehen ihm oder ihr auch seine bzw. ihre Windowseinstellungen zur Verfügung. Wenn auf jeder Maschine eine WIN.INI-Kopie ist, löschen Sie die Kopie von WIN.INI auf dem Fileserver; Sie können sie auch dort belassen, um Anwendern die Option zu geben, Windows mit den netzwerkweiten Einstellungen laufen zu lassen. (Ich werde gleich beschreiben, wie.)

Als nächstes müssen Sie das Attrib-Dienstprogramm von MS-DOS starten, um die Windowsdateien auf dem Fileserver zu bestimmen, die allen zur Verfügung stehen, aber nur gelesen werden können. Zu diesem Zweck wechseln Sie in das Fileserververzeichnis, das die Windowsinstallation enthält, und geben Sie dann den Befehl *attrib + r *.** ein. Passen Sie schließlich auf, wenn Sie die WIN.INI-Datei im Fileserver gelöscht haben, daß das Verzeichnis mit der lokalen Kopie von WIN.INI im Pfad-Befehl jedes Anwenders aufgeführt ist. Wenn ein Anwender Windows vom Fileserver aus aufruft, sucht Windows die Verzeichnisse in seinem oder ihrem Pfad ab, wenn es entdeckt, daß im eigenen Verzeichnis keine WIN.INI-Datei existiert.

Falls Sie WIN.INI nicht im Fileserver gelöscht haben, können Sie Windows mit der Fileserver-WIN.INI-Datei oder mit der eigenen WIN.INI laufen lassen. Beim Aufruf benutzt Windows die erste WIN.INI-Datei, die es im Suchpfad Ihres Computers findet. Sie werden sich aus Kapitel 4 erinnern, daß die Pfadsuche im aktuellen Verzeichnis beginnt. Ist eine Datei nicht im aktuellen Verzeichnis, durchsucht MS-DOS die Verzeichnisse, die im Pfadbefehl genannt sind, und zwar in der Reihenfolge, in der Sie aufgelistet sind. Um also die eigene WIN.INI-Datei zu benutzen, starten Sie Windows von dem Verzeichnis aus, das Ihre WIN.INI-Kopie enthält, d.h., wechseln Sie in dieses Verzeichnis mit dem CHDIR (CD)-Befehl von MS-DOS, geben Sie *win* und drücken Sie Enter. Um die Netzwerk-WIN.INI-Datei zu verwenden, machen Sie das Fileserververzeichnis mit Windows zum aktuellen Verzeichnis und starten Sie Windows dann.

Als Alternative zum Wechseln in das Verzeichnis, das Ihre WIN.INI-Datei enthält, können Sie Ihren Pfadbefehl editieren, so daß das Verzeichnis mit Ihrer WIN.INI vor dem Fileserververzeichnis, das Windows enthält, aufgelistet wird. Windows benutzt bei diesem Ansatz Ihre WIN.INI, es sei denn, Sie starten es vom Fileserververzeichnis aus.

## Andere Netzwerküberlegungen

Wahrscheinlich unterscheiden sich die Computer in Ihrem Netzwerk bei der Bildschirm- oder Zeigegerätausstattung voneinander. Falls dem so ist, müssen Sie eine separate Windowskopie für jede Konfiguration erstellen. Erzeugen Sie eigene Verzeichnisse auf dem Fileserver und befolgen Sie die soeben aufgezeigten Maßnahmen, um eine Windowskopie in jedem Verzeichnis zu installieren. Geben Sie jedem Verzeichnis einen Namen, der seine Windowskonfiguration wiedergibt, zum Beispiel VGAPS2 für eine VGA-Installation von Windows, die auf einem PS/2 benutzt wird. Um auf der Festplatte des Servers Platz zu sparen, wollen Sie vielleicht Write, Paint und die Windows-Desktop-Programm in jedem installierten Verzeichnis löschen und nur jeweils eine Kopie davon in einem eigenen Verzeichnis aufheben, auf das alle Anwender zugreifen können. Vergessen Sie nicht Attrib, um die Programme als allgemein zugängliche, schreibgeschützte Dateien zu definieren, und auch nicht, dieses Verzeichnis im Pfadbefehl jedes Anwenders aufzuführen.

Für Maschinen im Netzwerk, die keine Festplatten haben, wollen Sie vielleicht den Swapdisk-Eintrag im [pif]-Abschnitt von WIN.INI ändern, damit dort der Netzwerkserver eingetragen wird. Wenn der Server zum Beispiel die Laufwerksbezeichnung D hat, ändern Sie den Swapdisk-Eintrag folgendermaßen:

```
swapdisk=D:
```

Damit wird der Fileserver von Windows zum Auslagern von Standardprogrammen benutzt. Bedenken Sie aber, daß dies den Verkehr im Netzwerk erhöht und infolgedessen die Leistungsfähigkeit des Servers beeinträchtigen könnte.

Ein Wort noch zum Ausdrucken: Ob Sie einen allgemein verfügbaren Netzwerkdrucker von Windows aus ansprechen können, hängt von Ihrer Netzwerksoftware ab. Die Software von Microsoft-Netzen und Net/One von Ungermann-Bass ermöglicht zum Beispiel die Umleitung der LPT- und COM-Ausgänge auf einen Netzwerkdrucker. Wenn Sie dies mit dem betreffenden Netzwerkbefehl durchgeführt haben, können Sie sich mit dem Anschlüsse-Befehl im Einstellungsmenü der Systemsteuerung an den Netzwerkdrucker anschließen und dann ausdrucken, als wäre der Drucker direkt an Ihren Computer angeschlossen.

Andere Produkte, wie Novells Netware, erfordern einen zweistufigen Prozeß, bei dem der "Druck" in eine Datei erfolgt und die Datei anschließend mit einem Dienstprogramm des Netzwerks an den Drucker gesendet wird. Hinweise zum Erzeugen und Verwenden von Druckdateien finden Sie in Kapitel 5. Da sich die Druckeigenschaften- und techniken von Netzwerkprodukt zu Netzwerkprodukt unterscheiden, konsultieren Sie die Dokumentation Ihrer Netzwerksoftware in Hinsicht auf Informationen über das Drucken.

# RAMDrive und SMARTDrive

Wenn Ihr Computer Expanded oder Extended Memory hat, können Sie eines von zwei Dienstprogrammen, RAMDrive oder SMARTDrive, nutzen, um zusätzliche Leistung aus Windows herauszuholen.

RAMDrive, das den Gerätetreiber RAMDRIVE.SYS benutzt, verwandelt einen Teil Ihres Arbeitsspeichers (RAM) in ein Pseudolaufwerk, das im Speicher vorhanden ist und seinen Inhalt nur solange behält, wie der Computer eingeschaltet bleibt. Da eine RAM-Disk keine beweglichen Teile hat, ist sie schneller als eine Festplatte. Ist Ihre RAM-Disk groß genug, können Sie Windows und seine Programme beim Starten des Computers dort hinein kopieren. Danach wechseln Sie in die RAM-Disk, rufen Windows auf und laden Programme so schnell, wie Ihr Computer auf den Speicher zugreifen kann.

SMARTDrive, das den Gerätetreiber SMARTDRV.SYS verwendet, steigert die Leistung ebenfalls, indem es eine überwiegend mechanische Festplatte durch Speicher ersetzt, geht dabei aber anders vor. SMARTDrive ist ein Disk-Cache-Programm; es speichert Daten im Expanded oder Extended Memory, die am häufigsten gelesen oder auf Platte geschrieben wurden. Wenn die Information wieder gebraucht wird, stellt SMARTDrive sie direkt aus dem Speicher bereit und muß nicht von der Platte geholt werden. Um die Vorteile der Leistungssteigerungen von SMARTDrive zu nutzen, brauchen Sie keine Dateien zu kopieren oder besondere Schritte nach dem Starten vornehmen. Da SMART-Drive aber nur Information speichert, die bereits von der Platte gelesen wurde, werden SMARTDrives Gewinne nicht sofort offenkundig. Sie kommen stattdessen im Lauf der Zeit an die Oberfläche, während Sie Programme starten, verlassen und zwischen ihnen umschalten. Bei diesen Aktivitäten greift Windows normalerweise auf die Festplatte zu. Wenn die Daten oder der Programmcode, den Windows braucht, aber im Speicher ist, stellt ihn SMARTDrive blitzartig bereit.

Verwende ich zum Beispiel SMARTDrive auf meinem PS/2-Modell 50, brauche ich 11 Sekunden, um Microsoft Excel zu laden und zu starten. Verlasse ich Excel und rufe es dann erneut auf, dauert das nur 6 Sekunden. Wenn ich dagegen Excel und Windows von einer RAM-Disk aufrufe, die mit RAMDrive erzeugt wurde, starten die Programme das erste und jedes weitere mal in 7 Sekunden.

Da beide am Speicher besondere Tricks vornehmen, können Sie RAMDrive und SMARTDrive nicht gleichzeitig einsetzen. Welches Sie wählen, hängt davon ab, wie Sie mit Windows arbeiten. Wenn Sie darauf Wert legen, daß ein bestimmtes Programm vom ersten Augenblick des Aufrufs an schnell geladen wird, ist RAMDrive am besten, vorausgesetzt, Sie sind bereit, das Programm (und Windows, falls es der Speicher erlaubt) vor dem Windowsaufruf in die RAM-Disk zu kopieren. (Ergänzen Sie den entsprechenden Copy-Befehl in Ihrer AUTOEXEC.BAT-Datei, damit MS-DOS diese Aufgabe für Sie beim Einschalten des Rechners übernimmt.) Aber seien Sie vorgewarnt: Verwenden Sie eine RAM-Disk nicht zum Speichern von Dokumenten. Wenn der Strom weg ist, sind es Ihre Dokumente auch.

Auf der anderen Seite sollten Sie SMARTDrive verwenden, wenn Sie nicht sicher sind, welches Programm Sie im Laufe Ihrer Windowssitzung laufen lassen. SMARTDrive ist auch vorzuziehen, wenn Sie häufig zwischen vielen Programmen umschalten. In solchen Fällen hätten Sie wahrscheinlich nicht genügend Arbeitsspeicher, um eine RAM-Disk einzurichten, die alle einzusetzenden Programme aufnehmen kann. Statt des Versuches, jedes Byte einer jeden Anwendung aufzunehmen, arbeitet SMARTDrive im Stillen hinter den Kulissen, um nur die am häufigsten benutzten Plattenbereiche im Speicher zu halten. Und im Gegensatz zu einigen Disk-Cache-Programmen kopiert SMARTDrive neue oder geänderte Daten auf die Platte. (Ein Disk-Cache, der immer geänderte Daten auf die Platte kopiert, heißt Write-Through-Cache.)

## Installation und Verwendung von SMARTDrive

Da SMARTDrive ein MS-DOS-Gerätetreiber ist, installieren Sie es durch Hinzufügen einer Zeile in Ihrer CONFIG.SYS-Datei. Eine SMARTDrive-Befehlszeile hat folgende Form (der Text in Klammern ist optional):

```
device=[d:] [path] smartdrv.sys [size] [/a]
```

Der [size]-Wert sagt SMARTDrive, wieviel Speicher Sie dem Disk-Cache geben wollen. Lassen Sie diesen Wert weg, bekommt SMARTDrive 256 KB. Benutzen Sie den /a-Schalter, wenn Sie Expanded Memory haben oder wenn Sie eine Extended Memory-Karte als Expanded Memory einsetzen wollen. Die Zeile:

```
device=c:\dos\smartdrv.sys 1024 /a
```

zum Beispiel, gibt SMARTDrive 1 MB Expanded Memory und informiert MS-DOS, den SMARTDRV.SYS-Treiber im Verzeichnis DOS auf Laufwerk C: zu suchen. Die Zeile:

```
device=c:\dos\drivers\smartdrv.sys
```

gibt SMARTDrive 256 KB Extended Memory und informiert MS-DOS, daß SMARTDRV.SYS im Verzeichnis \DOS\DRIVERS auf Laufwerk C: abgespeichert ist.

Sie können die SMARTDrive-Befehlszeile mit dem Notizblock in Ihrer CONFIG.SYS ergänzen. Verwenden Sie eine Expanded Memory-Karte, passen Sie auf, daß Sie die Befehlszeile nach den Zeilen eintragen, die einen Expanded Memory-Treiber in den Speicher laden. (Eine solche Zeile könnte heißen: *device=emm.sys*.) Löschen Sie auch alle Zeilen, die sich auf andere Disk-Caching- oder RAM-Disk-Software beziehen, die Sie vielleicht ausprobiert haben; im Gegensatz zu Nicht-Microsoft-Disk-Caching- oder RAM-Disk-Programmen ist SMARTDrive darauf abgestimmt, mit Windows zusammenzuarbeiten.

Nach dem Hinzufügen der SMARTDrive-Befehlszeile in der CONFIG.SYS speichern Sie die Datei ab, verlassen Sie Windows und starten Sie Ihren Computer neu. Beim Laden zeigt SMARTDrive in einer Meldung an, wie groß sein Disk-Cache ist. Wenn der MS-DOS-Prompt erscheint, können Sie Ihren Computer wie immer verwenden. Erschien stattdessen eine Fehlermeldung, konsultieren Sie die Liste mit SMARTDrive-Fehlermeldungen in Anhang C des *Microsoft Windows User's Guide.*

## Installation und Verwendung von RAMDrive

Die Schritte zur Installierung von RAMDrive sind mit den Schritten für SMARTDrive identisch. RAMDrive akzeptiert sogar identische Parameter in seiner Befehlszeile. Wenn Sie Expanded Memory verwenden, vergessen Sie nicht, die RAMDrive-Befehlszeile nach den Zeilen einzusetzen, die zum Laden eines Expanded Memory-Treibers dienen. Speichern Sie Ihre CONFIG.SYS-Datei nach dem Einbau der RAMDrive-Befehlszeile ab, verlassen Sie Windows und starten Sie den Computer neu.

Nach dem Laden von RAMDrive erkennt MS-DOS einen neuen Laufwerksbuchstaben - den nächsten, der auf den niedrigsten Buchstaben für ein physikalisches Laufwerk in Ihrem System folgt. Wenn Ihr Laufwerk mit dem niedrigsten Buchstaben zum Beispiel C ist, erzeugt RAMDrive eine RAM-Disk mit der Bezeichnung D. Sie können die RAM-Disk wie ein physikalisches Laufwerk einsetzen (sollten in ihr aber keine Dokumente abspeichern). Beim Windowsstart erscheint das Sinnbild der RAM-Disk im MS-DOS-Fenster.

# Kapitel 11

# Windowsprogramme

Dieses Kapitel enthält Beispiele für aktuell und bald verfügbare Windowssoftware. Ich habe versucht, die Charakteristika jedes Programms darzustellen und werde keine detaillierte Analyse präsentieren; gründen Sie also keine Kaufentscheidung alleine auf die folgenden Beschreibungen. Dieses Kapitel soll außerdem kein vollständiger Führer für Windowsprogramme sein; beschränken Sie Ihre Suche also nicht auf die Produkte, die hier beschrieben wurden. Mehr Windowsprogramme denn je sind in der Entwicklung, so daß wahrscheinlich jedes hier erörterte Programm bald schon Konkurrenz haben wird (vielleicht sogar schon hat). Nutzen Sie dieses Kapitel als Ausgangspunkt für Ihren Softwareeinkauf.

Die Behandlung der Programme erfolgt aufgabenorientiert: Textverarbeitung, Tabellenkalkulation, Desktop Publishing, Zeichnen und Konstruieren, Datenbankverwaltung und Telekommunikation. Viele Erörterungen enthalten ein Szenario, das zeigt, wie ein besprochenes Programm eingesetzt werden könnte. Der Text stellt die wichtigsten Eigenschaften jedes Programms heraus.

## Textverarbeitung

Textverarbeitung ist die beliebteste Computeranwendung - und aus gutem Grund. Ob Sie Briefe, Memos, Angebote oder Erzählungen schreiben, Sie profitieren immer von den leichten Änderungs- und Formatierungsmöglichkeiten, die ein Textprogramm bietet.

### Microsoft Windows Write

Vielleicht wollen Sie gar kein Textprogramm für Windows kaufen. Sie haben ja Windows gekauft. Microsoft Windows Write, das zu Windows mitgeliefert wird, ist ein ideales Textverarbeitungsprogramm für Schreibaufgaben, die kein komplexes Formatieren des Textes erfordern. (Ich schrieb damit viele Passagen des Manuskriptes für dieses Buch.)

Write unterstützt voll die Zwischenablage, so daß Ihre Dokumente Grafiken oder Text aus anderen Programmen enthalten können. (Kapitel 5 stellt mehrere Beispiele des Datenaustauschs mit Write vor.) Es enthält auch mausorientierte Schnellkombinationen zum Editieren. Sie können Text zum Beispiel schnell bewegen oder kopieren, ohne dabei den Inhalt der Zwischenablage zu ersetzen. Um Text von einer Stelle zur anderen zu bewegen, wählen Sie den Text aus, halten die Umschalt- und ALT-Taste nieder, zeigen auf den Zielort des Textes und klicken. Um den Text woanders hin zu kopieren, wählen Sie ihn aus, halten ALT nieder und klicken, wo Sie die Kopie haben wollen.

## Palantir Windows Spell

Sind Sie schlecht in Rechtschreibung, empfiehlt es sich, Write durch ein Orthographiekontrollprogramm (Spellchecker, z.B. Windows Spell von Palantir Software) zu ergänzen. Spell benutzt ein 65000 Wörter umfassendes Wörterbuch, das Sie durch eigene Begriffe erweitern können. Spell liest Nur-Text-Dateien (ASCII) und Dokumente von Write, Microsoft Word und Micrografx Draw und Designer gegen. Es kann auch den Inhalt der Zwischenablage überprüfen und erlaubt so das Gegenlesen von Text aus jedem anderen Programm, das auf die Zwischenablage zugreift.

Spell nutzt auch Windows' Multitaskingfähigkeiten, indem es Dokumente überprüft, während Sie mit anderen Programmen arbeiten. In seinem Hintergrundmodus verkleinert es sich selbst auf sein Sinnbild, sobald Sie ein Dokument laden, und prüft dann die Rechtschreibung des Dokuments, während Sie andere Aufgaben erledigen. Jedes mal, wenn es auf ein unbekanntes Wort trifft, blitzt Spells Sinnbild auf, um Ihre Aufmerksamkeit auf sich zu ziehen.

## High-End-Textverarbeitungsprogramme und die Zwischenablage

Write ist für die Bedürfnisse vieler Anwender geeignet, aber ihm fehlen die Formatierungseigenschaften für komplexe Aufgaben wie das Erstellen von Handbüchern, Angeboten, Managementübersichten und -berichten. Diese Anwendungen verlangen oft Eigenschaften zum Gestalten von Inhaltsangaben und Sachwortverzeichnissen, Fußnoten, Tabellenspalten mit Leitpunkten, die das Auge eine Textzeile entlang führen, und Druckformatvorlagen zur Automatisierung sich wiederholender Formatierungsaufgaben.

Windows ist schlecht für die genannten anspruchsvollen Aufgaben gewappnet. Kein Windowstextprogramm weist bisher die erwähnten Merkmale auf. Glücklicherweise hat Windows die Fähigkeit, Standardprogramme laufen zu lassen, und unterstützt dabei die Zwischenablage. Alle mächtigen Textverarbeitungsprogramme sind heute in Windows lauffähig; Windows wird mit PIFs für Microsoft Word, Euroscript und Wordperfect ausgeliefert.

**Microsoft Word und Microsoft Pageview**

Obwohl Windows bei Standardprogrammen begrenzt die Zwischenablage unterstützt, verleiht es keinem Programm zusätzliche Eigenschaften. Keines dieser Programme unterstützt die Windowsfähigkeit, Grafiken in ein Textverarbeitungsdokument einzufügen. Wenn Sie aber mit Microsoft Word arbeiten, können Sie mit Microsoft Pageview Grafiken in Dokumente einfügen. Pageview ist ein Windowsprogramm, mit dem Sie Word-Dokumente laden, das Erscheinungsbild jeder Seite vorher anschauen und ändern und Grafiken, die von anderen Programmen stammen und aus der Zwischenablage eingefügt wurden, hinzufügen können. Bild 11-1 zeigt ein Beispiel für einen Pageview-Bildschirm.

Da Word und Write zufälligerweise ähnliche Dateiformate benutzen, können Sie mit Pageview auch Write-Dokumente laden. Wählen Sie zu diesem Zweck einfach den Pageview-Befehl Laden im Dateimenü aus und geben Sie *.*wri* im Dateinamenbereich des Laden-Dialogfeldes ein. Obwohl Sie Pageview zum Hinzufügen von Grafiken zu Write-Dokumenten nicht benötigen, können Sie damit Seiten vorher anschauen und bequem Ränder und das jeweilige Seitenende ausrichten.

# Textretrieval

Egal, welches Textprogramm Sie verwenden, wenn Sie sehr viel schreiben, können Sie sich wahrscheinlich gelegentlich nicht erinnern, in welchen Dokumenten ein bestimmtes Stück Text steht. Statt auf der Suche nach diesem wichtigen Satz mühsam Dokument für Dokument zu laden und zu schließen, erwägen Sie ein Textretrievalprogramm.

Ein solches Textretrievalsystem für Windows ist Dragnet von Access Softek.

Dragnet durchsucht Textdateien (oder Arbeitsblätter oder Datenbanken) auf der Basis von anzugebenden Schlüsselwortmustern. Ein Architekt zum Beispiel verwendet vielleicht die Schlüsselwörter *historisch* UND *renov**, um alle Angebote für Projekte zu finden, bei denen es um die Renovierung historischer Gebäude geht. Der Sternchen-Joker ermöglicht es Dragnet, verwandte Begriffe zu finden, wie z.B. *Renovierung*, *Renovation* und *Renovieren*, . Ein Anwalt benutzt vielleicht die Schlüsselwörter *scheiden* UND *Regelung* NICHT *Sorgerecht*, um wichtige Passagen über Scheidungsregelungen im geltenden Recht zu suchen, bei denen es aber nicht um Sorgerechtklagen ging. Die Wörter UND und NICHT sind logische Operatoren - Spezialbefehle zur Beschreibung der Beziehungen zwischen Schlüsselwörtern in einer Suche.

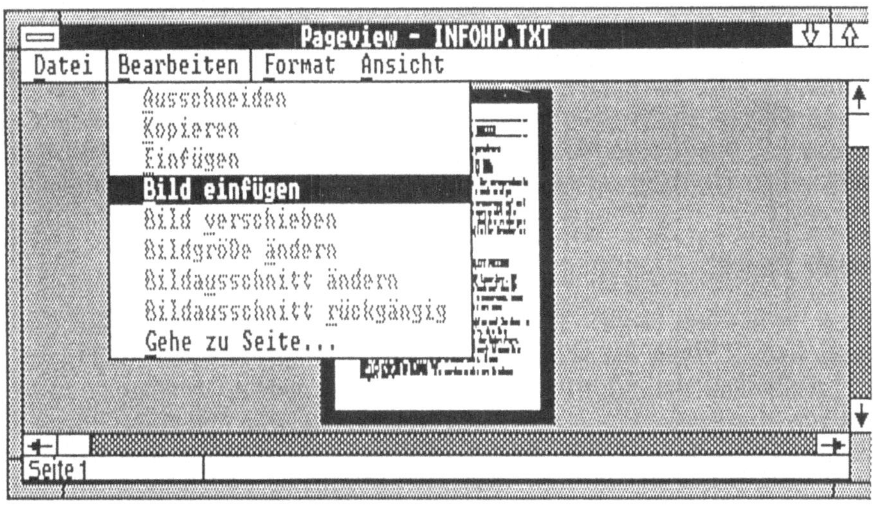


*Bild 11-1: Mit einfach zu bedienender Fenstertechnik lassen sich Microsoft Pageview Grafiken in Word-Dokumente einfügen*

Sie können Dragnet nur in bestimmten Dateien oder Verzeichnissen suchen lassen oder auf der gesamten Festplatte. Wenn Dragnet Ihren Text findet, kopiert es ihn zusammen mit dem Kontext und dem Namen und der Position der Datei, in der er gefunden wurde, in eine Nur-Text-Ausgabe-Datei. Im interaktiven Modus pausiert Dragnet jedesmal, wenn es fündig wird. Es zeigt dann den gesuchten Text an und fragt, ob Sie ihn in der Ausgabe-Datei abspeichern wollen. Im Durchlauf-Modus präsentiert Dragnet ein Dialogfeld, das Ihre Suchbegriffe und Dragnets Fortschritt zeigt. Im Sinnbild-Modus führt Dragnet die Suche im Hintergrund durch, während Sie in anderen Windowsprogrammen weiterarbeiten können.

Version 1.0 von Dragnet läuft nur unter Windows/386; es läuft nicht unter Windows 2.0. Access Softek war dabei, eine Dragnetversion für Windows 2.0 zu entwickeln, als dieses Buch in Druck ging.

## Tabellenanalyse und Grafik

Elektronische Tabellenkalkulationsprogramme sind ein hauptbuchartiges System mit Speicherplätzen, die Zellen genannt werden und Texte und Zahlen aufnehmen. Durch die Kombination von Zahlenspeicherung mit der Durchführbarkeit von Berechnungen stellen Tabellenkalkulationsprogramme ein hervorragendes Umfeld zur Analyse von Zahlen dar. Sie definieren die Beziehung zwischen den eingegebenen Werten, indem Sie Formeln erzeugen. Sobald die

Formeln erstellt sind, können Sie beliebig viele "Was wäre, wenn?"-Szenarios durchspielen. Fragen wie "Was ist, wenn meine Zinsrate um 10 % fallen würde?" oder "Was ist, wenn sich unsere Umsätze im vierten Quartal verdoppeln würden?" wird so einfach wie das Eingeben neuer Werte. Und weil ein Bild soviel wert ist wie tausend Zellen, ist es sinnvoll, Tabellenkalkulationsapplikationen mit Businessgrafikprogrammen zu verbinden, die Zahlenkolonnen in übersichtliche Grafiken verwandeln, aus denen Trends sofort ablesbar sind.

## Microsoft Excel

Wenn Sie "Was wäre, wenn?" fragen, ist Windows dafür ein idealer Ort, dank Microsoft Excel. Wenn Sie schon mit Lotus 1-2-3 oder anderen nicht-grafischen Tabellenkalkulationsprogrammen gearbeitet haben, erscheinen viele Aspekte von Microsoft Excel sonderbar. Das grundlegende Zeilen-und-Spalten-Tabellenformat ist das gleiche, aber Microsoft Excel stellt es innerhalb des Rahmens der Windowsbenutzeroberfläche. Das bedeutet zunächst einmal weniger Tippen, mehr Formatierungsmöglichkeiten, leichten Datenaustausch und großartige Grafiken. Geht man mehr in die Tiefe, bedeutet es darüber hinaus hochentwickelte Datenaustauschmöglichkeiten auf der Basis von DDE (Dynamischer Datenaustausch, beschrieben in Kapitel 5) als auch die Fähigkeit, maßgeschneiderte Anwendungen mit eigenen Menüs und Dialogfeldern zu entwickeln, und die Möglichkeit, sich wiederholende Aufgaben durch Makros zu automatisieren.

Bild 11-2 zeigt die Schritte, die ein bundesweit operierender Verkaufsmanager vielleicht macht, um ein einfaches Arbeitsblatt für die Verkaufszahlen pro Quartal zu erstellen. In Schritt 1 wird ein Auswahlbereich definiert. Beachten



(A)

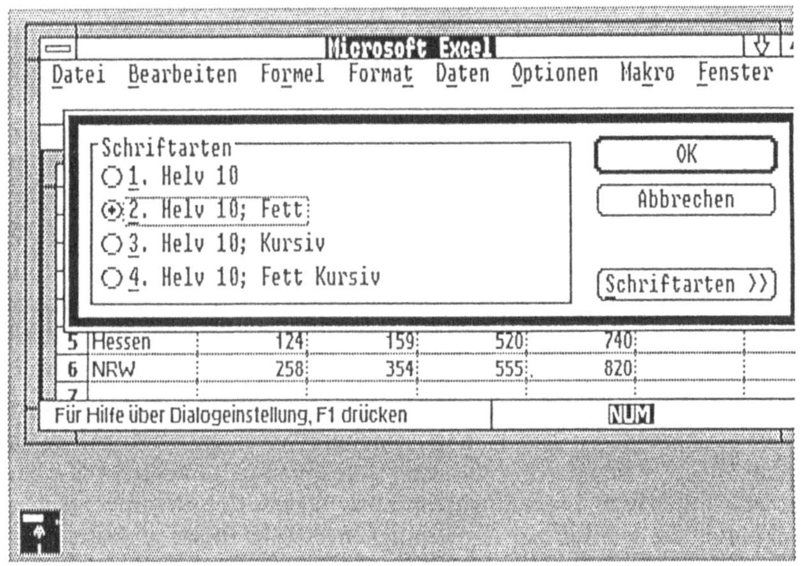

(B)

(C)

*Bild 11-2: Ein Arbeitsblatt unter Microsoft Excel*
*(A)   Definierung eines Auswahlbereichs*
*(B)   Formatierung des Bereichs in Helv 10-Fettschrift*
*(C)   Excel setzt die Fettschrift auf den Bildschirm um*

Sie in Schritt 2, wie Microsoft Excel den Zugriff auf die typografischen Möglichkeiten von Windows zur attraktiven Formatierung von Text erlaubt.

Schritt 3 zeigt das Endergebnis. Der Text des Auswahlbereichs wird fett dargestellt.

Microsoft Excel-Makros

Microsoft Excel ist auch eine mächtige Programmierumgebung zur Entwicklung von Tabellenkalkulationsprogrammen mit eigenen Aufklappmenüs und
Dialogfeldern. Eine gut konzipierte Excel-Anwendung läßt sich von Anfängern
in der Tabellenkalkulation einfach bedienen, auch von solchen, die Excel noch
nicht kennen.

Der Kern der Excel-Programmierumgebung ist ihre Makrosprache. Makros
werden in einer gleichnamigen Tabelle abgespeichert (Makrotabelle). Mit ihnen
lassen sich zum Beispiel Standardmenüleisten durch maßgeschneiderte Varianten ersetzen. Auch spezielle Dateneingabemasken lassen sich damit erzeugen.
Die neuen Menübefehle werden zur Bedienungsoberfläche einer spezialisierten
Excel-Datenbank, so daß auch Leute, die nie mit einer Datenbank gearbeitet
haben, Abfragen durch einfaches Auswählen der vordefinierten Befehle durchführen können.

Makros müssen aber nicht komplexe Programmierroutinen zum Erzeugen von
Dialogfeldern oder Menüs sein. Es kann sich auch um zeitsparende Maßnahmen
handeln, die sich wiederholende Aufgaben automatisieren.

## Tabellenkalkulations- und Grafikalternativen

Vielleicht brauchen Sie die hochentwickelten Excel-Eigenschaften gar nicht.
Oder vielleicht läuft Windows bei Ihnen auf einem 8088-Computer. In beiden
Fällen erwägen Sie unter Umständen Win Calc, das zum Zeitpunkt der Entste-
hung dieses Buches bei Palantir Software entwickelt wird. Win Calc verspricht,
ein Tabellenkalkulationsleichtgewicht zu sein, eignet sich dabei genau für pra-
xisgerechte Aufgaben, wie z.B. die persönliche Finanzverwaltung.

Eine ideale Ergänzung zu Win Calc oder für diesen Zweck auch zu Excel ist
Micrografx Graph. Graph bietet viele der Grafikeigenschaften von Excel, und
darüber hinaus auch ein paar mehr, wie zum Beispiel die Fähigkeit, einer Grafik Tiefe zu verleihen und somit ein dreidimensionales Aussehen zu kreieren.
Graph ist auch besser beim Zeichnen; es hat Befehle zum Hinzufügen von Linien, Rechtecken und anderen Grafikformen. Seine Bildschirmlineale vereinfachen das Dimensionieren und Positionieren der Elemente und sind besonders
nützlich beim Erzeugen von Grafiken einer bestimmten Größe, die in andere
Dokumente eingefügt werden müssen. Graph lädt auch grafische Dokumente im
PIC-Format, die von den anderen Micrografx-Produkten wie Draw und Designer erzeugt wurden. (Diese werden im Abschnitt "Malen und Zeichnen" in die-

sem Kapitel beschrieben.) Dadurch ist es möglich, Grafiken auf Bilder zu legen. Graph arbeitet ähnlich wie Draw und Designer; wenn Sie mit einem von beiden schon gearbeitet haben, sind Sie bereits auf dem besten Weg, Graph bedienen zu können.

Mit seiner Ausrichtung auf Zeichnen und Grafiken ist Graph ein ideales Programm für Präsentationsgrafiken, zum Beispiel für Overhead-Projektionen. Paaren Sie Graph noch mit Micrografx' MGX-Schnittstellendienstprogramm, können Sie mit der nötigen Hardware, die Abbildungen auf fotografischem Material ausgibt, tolle Farbdias machen.

Graph unterstützt Windows' DDE-Eigenschaften (DDE=Dynamischer Datenaustausch) und arbeitet dadurch eng mit anderen DDE-Programmen, einschließlich Excel, zusammen. Zusätzlich zur Unterstützung dynamischer Verbindungen zwischen einer Excel-Tabelle und Graphs Tabellenfenster enthält Graph mehrere DDE-Funktionen, die es anderen Programmen erlauben, Graph das Laden von Dateien zu befehlen: um das Tabellen- oder Grafikmodul zu leeren, und um Graphs Aktualisierungsmodus einzustellen, der die Kontrolle hat, wenn Graph eine Grafik neu zeichnet - entweder immer, wenn sich Daten ändern oder nur, wenn eine explizite Anweisung dazu erfolgt. Micrografx liefert Graph mit mehreren Excel-Makros aus.


# Desktop Publishing

Aufgrund seines "What you see is what you get"-Betriebsmodus, seiner typografischen Talente und der Mausunterstützung ist Windows eine ideale Grundlage für Desktop Publishing. Während mehrere Publishing-Programme für MS-DOS-Computer verfügbar sind, laufen zwei der besten - Aldus Pagemaker und "Ready,Set,Go!" von Manhattan Graphics - unter Windows.


### Aldus Pagemaker

Aldus Pagemaker war das erste Publishing-Programm auf Windowsbasis. Es kam Anfang 1987 heraus. Ein Jahr später erschien Pagemaker 3.0 mit bedeutenden neuen Merkmalen. Dennoch wurde die einfache Bedienungsweise der Originalversion beibehalten.

Pagemaker erlaubt den Zugriff auf Grafik und Text von anderen Programmen. Es importiert Text von allen gängigen Textverarbeitungsprogrammen und übernimmt dabei die meisten Formatierungsmerkmale. Version 3.0 importiert und interpretiert außerdem Formatdateien von MS-Word. Dadurch kann man komplizierte Formatierungsaufgaben automatisieren, indem man einen Befehl mit Formatierungsinformationen belegt und diese Informationen anschließend mit dem gleichen Befehl auf eine Textpassage überträgt. Formatdateien lassen sich auch direkt innerhalb von Pagemaker erzeugen, um die Produktion längerer Publikationen zu automatisieren.

Pagemaker plaziert Text ähnlich wie Grafiken: Nach Auswahl einer Datei ändert der Zeiger seine Form und sieht dann wie eine kleine Textspalte aus, um anzuzeigen, daß er Text geladen hat. Der Anwender zeigt dann auf die erste Spalte auf der Seite und klickt; der Text fließt dann bis zum Boden in die Spalte. Wenn das gesamte Dokument nicht in die erste Spalte paßt, wird dies von Pagemaker durch ein Plus-Zeichen unten am Textblock angezeigt. Um den verbleibenden Text zu plazieren, klickt der Anwender auf das Plus-Zeichen. Bewegt er den Zeiger in die zweite Spalte und klickt, erscheint der verbleibende Text.

Pagemaker weiß, daß die zwei Textblöcke das gleiche Dokument enthalten, und stellt zwischen ihnen eine unsichtbare Verbindung her. Bei Größen- und Formatänderungen und beim Editieren der Textblöcke fließt der Text komplett nach. Jeder, der schon einmal geringfügige Änderungen an einem konventionellen Layout vorgenommen hat und dann mühsam Textstreifen ausschneiden und wieder einfügen mußte, um sich den Änderungen anzupassen, wird Ihnen sagen, daß das automatische Nachfließen von Text eine der größten Stärken eines Desktop Publishing-Programms ist. Ob die verbundenen Textblöcke nebeneinander auf einer Seite oder 50 Seiten auseinander liegen, spielt keine Rolle. Änderungen in einem Block lösen das Nachfließen des Textes aller Blöcke aus, die an diesen Block logisch angebunden sind.

Pagemaker enthält auch Exportfilter, die das Kopieren von geändertem Text aus Pagemaker in separate Textverarbeitungsdokumente erlauben, die sich mit einem Textprogramm laden lassen. Mit den Exportfiltern können Sie Änderungen am Text und der Formatierung innerhalb von Pagemaker vornehmen und dann den geänderten und reformatierten Text exportieren, um sicherzustellen, daß die Originaldateien aktuell bleiben. Pagemaker 3.0 enthält Exportfilter zur Erstellung von Microsoft Word 4.0- und DCA-Format-Dokumenten; das Programm kann auch direkt Publikationsdateien mit der Apple Macintosh-Version von Pagemaker auslagern.

Desktop Publishing bringt oft das Importieren gescannter Bilder mit sich. Alle Publishing-Programme können importierte Grafiken verändern und redimensionieren. Pagemaker 3.0 ermöglicht zusätzlich die Steuerung von Kontrast und Helligkeit zur Modifikation von Bitmap-Grafiken. (In Kapitel 10 finden Sie mehr Informationen über Scanner und Bildverarbeitungsprogramme.) Pagemaker kann außerdem Text um unregelmäßig geformte Grafiken herumlaufen lassen.

Wenn Sie kein Layouter sind, werden Sie die 20 vorgefertigten Muster von Pagemaker nützlich finden, die so typische Publikationen wie Nachrichtendienste, Broschüren, Angebote, Kalender, Preislisten, Overheadfolien und Firmenverzeichnisse abdecken. Sie laden einfach das gewünschte Muster und ersetzen den serienmäßigen Platzhaltertext durch Ihren eigenen Text.

Aldus hat noch einen langen Weg vor sich, bis Desktop Publishing-Anfänger die Feinheiten in Layout und Typographie heraus haben. Pagemaker wird mit einem Layout-Basisführer ausgeliefert. Aldus bietet zudem eine große Sammlung von Lernmaterialien und vorproduzierten Publikationsmustern an. Wenn Ihnen die Layout-Erfahrung fehlt, nutzen Sie diese Lernhilfen. Das Layouten einer Druckseite ist wie mit dem Spielen eines Musikinstrumentes: Mangelnde Übung fällt auf.

### Ready,Set,Go! von Manhattan Graphics

Ready,Set,Go! hat ähnliche Eigenschaften wie Pagemaker, aber in einer etwas anderen Form. Zum Beispiel plaziert man Text nicht durch die Auswahl eines entsprechenden Befehls und anschließendes Anklicken eines auf der Seite geladenen Sinnbildes. Stattdessen zeichnet man zuerst Textblöcke wie Seitenfelder. Um einen Block zwecks Nachfließen mit einem anderen zu verbinden, aktivieren Sie ein Verbindungswerkzeug und klicken dann mit dem Mauszeiger in jedem anzuschließendem Textblock.

Pagemaker erhebt keinen Anspruch, ein Textverarbeitungsprogramm zu sein. Seine Editierfähigkeiten sind rudimentär: Man kann Text direkt im Layout eingeben und editieren. Das ist alles. Ready,Set,Go!, auf der anderen Seite, verfügt auch über Suchen-und-Ersetzen-Funktionen, ein Rechtschreibkontrollprogramm und eine Glossarfunktion zur Ein-Tasten-Eingabe häufig benutzter Wörter und Sätze. Diese Extrafunktionen machen aus Ready,Set,Go! kein Textprogramm, aber ausgiebiges Editieren innerhalb des Programms wird dadurch viel praktischer.

### Publisher's Type Foundry von ZSoft Corporation

Brauchen Sie Spezialzeichen, die in Ihren jetzigen Schriftsätzen nicht enthalten sind, beschäftigen Sie sich mit Publisher's Type Foundry (engl. für Typengießerei, Anm. d. Übersetzers) von ZSoft Corporation. Dieses Programm gestattet das Erstellen von Druckerschriften für Postscript-Drucker und HP-Laserjet Plus- und Serie-II-Modelle. Außerdem kann man Bitmap-Schriften zum Einsatz mit ZSofts PC Paintbrush und Publisher's Paintbrush erzeugen. Eine Windowsversion von PC Paintbrush wird bei Publisher's Type Foundry mitgeliefert. (PC Paintbrush wird im Abschnitt "Malen und Zeichnen" in diesem Kapitel beschrieben.)

## Malen und Zeichnen

Angesichts der Grafikorientierung von Windows ist es nicht überraschend, daß Mal- und Zeichenprogramme die größte Auswahl bieten. Ob Sie die Programme als elektronische Leinwand verwenden, präzise technische Illustrationen gestalten oder einfach Ausschnittbilder für Desktop Publishing-Zwecke benutzen und modifizieren wollen, ein Windowsgrafikprogramm kann Ihre Bedürfnisse befriedigen.

Es gibt zwei grundlegende Kategorien von Grafikprogrammen: Bitmap- und objektorientierte Applikationen. Bitmap-Programme wie Microsoft Windows Paint und ZSofts PC Paintbrush behandeln eine ganze Zeichnung als eine Reihe - eine Karte - von Bits im Speicher des Computers. Objektorientierte Programme, wie Micrografx Draw und Designer behandeln eine Zeichnung als eine Reihe von Objekten - Kreisen, Rechtecken, Linien, Bögen usw. Jedes Objekt hat eine korrespondierende Beschreibung für GDI, Windows' Grafikroutinenbibliothek. Malprogramme sind also Bitmap-Grafikprogramme; Zeichenprogramme sind objektorientierte Applikationen. (Kapitel 5 erwähnt diese Punkte bei der Erörterung der Zwischenablage-Formate.)

Bitmap-Programme sind am besten bei feinen Schattierungen und Details; Scanner erzeugen auch Bitmap-Bilder. Objektorientierte Programme eignen sich ideal zum Zeichnen von Linien, wie bei Grundrissen, architektonischen Illustrationen, Karten, Diagrammen und Schemadarstellungen. Objektorientierte Programme haben auch den Vorteil, daß sie auflösungsunabhängige Bilder produzieren. Da jedes Objekt als GDI-Beschreibung und nicht als Bitserie gespeichert ist, nutzt eine objektorientierte Grafik vollständig das Auflösungsvermögen Ihres Druckers. Eine Bitmap-Grafik wird immer in der Auflösung, mit der sie erstellt wurde, gedruckt; ein objektorientiertes Bild dagegen wird in der Auflösung Ihres Druckers gedruckt, egal, ob es sich um einen 70 Punkte-pro-Zoll-Matrixdrucker oder um eine 2450 Punkte-pro-Zoll-Linotronic-Postscript-Fotosatzmaschine handelt. Schließlich können objektorientierte Grafiken ohne Verzerrung in der Größe verändert werden, weil Windows nur die Beschreibung jedes Objekts verändern braucht, um sich der neuen Größe anzupassen.

## Microsoft Windows Paint

Paint ist ein monochromes (schwarz-weiß) Malprogramm.

Weil es bei Windows schon dabei ist, eignet es sich hervorragend zum Erforschen der elektronischen Mal-Welt. Wenn Sie bereits eine Windowskopie haben, ist die Wahrscheinlichkeit hoch, daß Sie Paint bereits ausprobiert haben; deshalb beschreibe ich hier keine typische Anwendung. Kapitel 5 enthält Beispiele, wie man Paint-Grafiken in Dokumente anderer Windowsprogramme einfügt.

## PC Paintbrush von ZSoft Corporation

PC Paintbrush für Windows (Ich werde es ab sofort PC Paintbrush nennen, wenngleich Sie es nicht mit der gleichnamigen Nicht-Windowsversion von ZSoft verwechseln dürfen) ist ein volles Farb-Malprogramm.

PC Paintbrush verfügt über die gleichen grundlegenden Zeichenfunktionen wie Paint, viele Werkzeugnamen und Symbole sind aber anders. Bei Paint verwendet man zum Beispiel das Auswahlnetz zum Selektieren eines unregelmäßig geformten Bereichs; bei Paintbrush benutzt man die Schere. Und statt eine Menge von Mustern zur Auswahl bereitzustellen, sieht PC Paintbrush eine Farbpalette vor. Sie können eigene Farbtöne erstellen, indem Sie zweimal auf einer existierenden Farbe klicken und die Rolleisten Rot, Grün und Blau zum Mischen der drei Grundfarben verwenden. Andere Paintbrush-Werkzeuge werden speziell an die Arbeit mit Farben angepaßt. Der Farblöscher löscht zum Beispiel die gerade ausgewählte Farbe.

PC Paintbrush harmoniert gut mit Paint. Sie wollen zum Beispiel vielleicht ein Bild mit Paint anfangen, weil Sie das Werkzeug für Dreidimensionalität und bestimmte Muster brauchen; dann können Sie das Bild mit Paintbrush laden, um es zu kolorieren. PC Paintbrush hat mehr Druckoptionen als Paint, einschließlich der Fähigkeit, Teile der Grafik und mehrere Kopien zu drucken.


## Micrografx Draw

Das erste Windowszeichenprogramm war Micrografx Draw. (Sie erinnern sich vielleicht von Kapitel 1, daß Draw noch vor Windows auf den Markt kam.) Micrografx bleibt mit drei Anwendungen ein führender Anbieter grafikorientierter Windowsprogramme: Draw, Designer und Graph. (Letzteres wird im Abschnitt "Tabellenanalyse und Grafik" in diesem Kapitel beschrieben.) Alle drei Programme teilen ähnliche Dateiformate, so daß sie gut zusammenpassen. Sie wollen zum Beispiel vielleicht eine Säulengrafik mit Graph erstellen und es dann zur Verschönerung in Draw oder Design importieren. Micrografx bietet auch eine Bibliothek von mehr als 1000 Clip-Art-Bildern an - objektorientierten Grafiken, die man einsetzen kann, wie sie sind, oder die sich zum Einfügen in eigene Zeichnungen oder Desktop-Publikationen auch modifizieren lassen.


## Micrografx Designer

Draw und Designer haben viele ähnliche Funktionen, Designer ist aber das leistungsfähigere Programm. Draw ist zum einfachen Zeichnen konzipiert - zum Erzeugen von Organisationsgrafiken, einfachen Grundrissen und Flußdiagrammen, oder zum Modifizieren von Clip-Art. Designer ist für Computer Aided Design (CAD), für Konstruktionsanwendungen und zum Produzieren komplizierter Illustrationen im Desktop Publishing-Bereich gedacht. Viele der Menü-befehle von Designer ähneln denen von Draw und vereinfachen den Wechsel zwischen beiden Programmen.

Eine herausragende Eigenschaft von Designer ist seine Fähigkeit, den Objekten einer Zeichnung Beschreibungen zuzuweisen und dann eine Teileliste zu erstellen, die die Beschreibung jedes Objekts enthält und angibt, wie oft ein Objekt in der Zeichnung vorkommt. Die Teileliste läßt sich direkt aus Designer heraus ausdrucken oder als Textdatei zur Importierung in ein Tabellenkalkulationsblatt, ein Textverarbeitungsdokument oder eine Desktop-Publikation abspeichern. Noch besser ist, daß sich mit einem Microsoft Excel-Makro eine Verbindung zwischen einer Teileliste und einer Spreadsheet-Tabelle herstellen läßt. Micrografx entwickelt Makros für Designer, die genau dies tun werden. Ein Makro startet Designer, lädt eine Zeichnung, stellt eine Teileliste dar, kopiert sie in die Zwischenablage, fügt sie in eine Tabellenkalkulation ein (die eine Datenbank mit der Auflistung jedes Teils und seines Preises enthält) und druckt schließlich einen formatierten Materialkostenbericht.

Desktop Publishing-Anwender können mit Designer Linienzeichnungen machen, indem sie die Umrisse von Bitmapgrafiken nachfahren. Designer bietet noch viel mehr Funktionen, als wir hier vorstellen können. Es rühmt sich fortgeschrittener Möglichkeiten zur Farbmanipulation, einschließlich des Mischens von Farben, über das sich 3,6 Millionen verschiedene Farbtöne kreiern lassen. Außerdem kann man Objekte in 0,1-Grad-Schritten rotieren lassen, eigene Ausfüllmuster definieren und editieren, und Zeichnungen bis zu einer Größe von 168 mal 168 Zoll machen.

## Pro3D von Enabling Technologies

Pro3D ist ein dreidimensionales Modellierprogramm von Enabling Technologies. Pro3D wird anders als die übrigen Windowsgrafikprogramme eingesetzt. Statt Bilder mit Malpinseln oder Formgestaltungswerkzeugen zu erstellen, kombinieren Sie grundlegende geometrische Formen mit Objekten, die mit den Werkzeugen von Pro3D gezeichnet wurden. Pro3D fügt Gestaltungs- und Perspektiveneffekte dem Basis-Rahmen hinzu und erzeugt so eindrucksvolle 3D-Bilder.

Beachten Sie: Version 1.0 von Pro3D hatte mehrere Kompatibilitätsprobleme mit Windows 2.0. Als dieses Buch geschrieben wurde, entwickelte Enabling Technologies gerade eine neue Version, die die Probleme lösen und neue Funktionen ergänzen soll.

# Datenbankverwaltung

Weil Computer besonders gut beim Sortieren und Speichern von Information sind, rangiert die Datenbankverwaltung neben der Textverarbeitung und Tabellenanalyse als eine der beliebtesten Computeranwendungen. Datenbankprogramme speichern und finden Information, die in einem bestimmten Format organisiert ist. Die Bausteine einer Datenbank sind Felder und Sätze. In dieser Hinsicht ist eine Datenbank wie ein Adreßbuch: Ein Feld in einer Datenbank entspricht einer Informationseinheit (einem Namen, einer Adresse, einer Stadt usw.) über eine Person in einem Adreßbuch. Zusammengenommen bilden die Felder für eine Person einen Datensatz. Datenbankprogramme erlauben die Eingabe der Information in einer oder mehrerer Dateneingabemasken, die man selbst erzeugt. Man gewinnt die Information, indem man Datensätze auf dem Schirm darstellt oder Berichte ausdruckt, in denen die Information in der Datenbank in Zeilen-und-Spaltenform dargestellt wird, meist nach vorgegebenen Kriterien sortiert.

Bessere Datenbankprogramme ermöglichen die Erstellung maßgeschneiderter Eingabemasken, die ihren Papiergegenstücken (den Formularen, Anm. d. Übersetzers) ähneln. Eine Personaldatenbank, zum Beispiel, benutzt vielleicht eine Maske, die dem Papierpersonalformular Ihrer Firma ähnlich ist. Oder, vielleicht verwendet die Fakturierungsdatenbank Ihres Unternehmens eine Maske, die der Faktura Ihrer Firma ähnelt. Masken, die die Erscheinungsform von Papierformularen imitieren, helfen dabei, die Dateneingabe, insbesondere für Datenbankanfänger, weniger Öde und abschreckend zu machen.

Um eigene Masken zu erstellen, brauchen Sie ein Datenbankprogramm, das Ihnen die Positionierung der Feldnamen überall auf dem Schirm gestattet und Sie nicht zu einem voreingestellten Feldlayout zwingt. (Idealerweise sollten Sie ein Feld durch Anklicken und Ziehen des Feldes positionieren können und nicht durch Eingeben von Leerstellen nach rechts oder durch Löschen von Leerstellen nach links bewegen müssen.) Noch besser ist ein Programm, das die typografischen Möglichkeiten von Windows nutzt, indem es die Formatierung der Felder und anderen Textes in verschiedenen Schriftarten- und stilen erlaubt. Kombinieren Sie ein solches Programm mit einem Laserdrucker, können Sie Masken und Berichte drucken, die aussehen, als wären sie im Fotosatz gesetzt worden.

Es gibt zwei grundlegende Datenbankprogrammtypen: Zettelkastenprogramme und relationale Datenbanken. Ein Zettelkastenprogramm gestattet zu einem Zeitpunkt die Arbeit mit genau einer Datei. Zettelkastenprogramme sind ein elektronischer Ersatz für einfache Papierordnungssysteme, wie Adreßbücher oder Zettelkästen. Ein Zettelkastenprogramm folgt im Aufbau seinem physikalischen Vorbild; ein relationales Datenbankprogramm ist einem Kreuzbezugsdateisystem vergleichbar. Es erlaubt die Arbeit mit mehreren Dateien gleichzeitig und stellt Verbindungen, oder Relationen, zwischen ihnen her. Der Hauptvorteil liegt bei diesem Vorgehen in der Effizienz: Durch die Verbindung separater Dateien können Sie auf Information aus beiden Dateien zugreifen, ohne sie speziell eingeben zu müssen. Eine Anwendung für eine relationale Datenbank ist ein Faktura- und Lagersystem für ein Versandhaus. So eine Datenbank verwendet vielleicht zwei getrennte, aber in Bezug zueinander stehende Dateien: eine Kundendatei und eine Lagerdatei. Erfolgt ein Kauf, produziert das Datenbankprogramm eine Rechnung, indem es den Kundennamen aus der Kundendatei mit den Feldbezeichnungen, Beschreibungen und Preisen aus der Lagerdatei kombiniert. Zur gleichen Zeit wird die Lagerdatei aktualisiert, um die verkauften Posten wiederzugeben.

## Palantir Filer

Palantir Softwares Filer ist ein Zettelkastenprogramm. Es ermöglicht die Abspeicherung von eingescannten Bildern als Grafiken. Datensätzen lassen sich dadurch bestimmte Bilder zuordnen.

Da die Dateien von Filer das gleiche Format wie Ashton-Tates Dbase-III haben, kann Filer Dateien aus Dbase-III oder Dbase Mac direkt lesen und aktualisieren. Und das bedeutet natürlich auch, daß Sie Filer-Datenbanken mit Microsoft Excel laden oder Excel-Datenbanken in Filer durch Abspeichern der Daten als DBF-Datei laden können. (Kapitel 5 beschreibt Datenaustauschtechniken in größeren Einzelheiten.) Enthält eine Filer-Datenbank grafische Felder, behält Filer jede Grafik in einer separaten Datei und speichert Zeiger in den entsprechenden Dateien der Datenbanken ab. Diese Trennung von Text und Grafik erlaubt den Einsatz von Filer-Datenbanken mit Grafiken in Programmen, die an sich keine Text- und Grafikdatenbanken unterstützen, wie die Dbase-Reihe und Microsoft Excel.

Filer gestattet keine Berichtgestaltung mit verschiedenen Schriftarten- und stilen, kann aber Daten in einer Textdatei exportieren, die Sie dann mit Write in unterschiedlichen Schriftarten formatieren können oder um Grafiken, wie ein Firmenlogo, hinzuzufügen. Schließlich bleibt noch zu erwähnen, daß die letzte Filer-Version (3.01) beim Schreiben dieser Zeilen einige Kompatibilitätsprobleme mit Windows 2.0, die meisten kosmetischer Art, hat. Vielleicht stören Sie nicht Filers begrenzte typografischen Möglichkeiten, Sie sollten aber überprüfen, ob das Programm aktualisiert wurde, um mit Windows 2.0 zu harmonieren.

## Omnis Quartz von Blyth Software

Dieses Programm nutzt die Windowsbenutzeroberfläche zur Vereinfachung des Erstellens komplizierter Relationaler Datenbanken. Omnis Quartz stellt auch Funktionen zur Programmentwicklung und eine eingebaute Programmiersprache zum Erstellen von Datenbankanwendungen mit ihren eigenen Menüs und Dialogfeldern bereit. Unternehmensberater und Entwickler können diese Programmierfunktionen benutzen, um komplette Applikationen zu schaffen, die auch Newcomer in der Datenbankverwaltung einsetzen können.

Die Konzeption einer Omnis Quartz-Anwendung ist normalerweise ein fünf-stufiger Prozeß. Als erstes erzeugt man die Dateien und definiert Feldnamen und Datentyp (Text, Zahlen, Datumsangaben usw.). Dann konzipiert man die Layout- und Berichtformate. Layoutformate sind Fenster zur Eingabe und Gewinnung von Information in den Dateien. Berichtformate beschreiben, wie die Information der Datenbank auf dem Ausdruck erscheint. Man kann auch Suchformate definieren, die das Finden von Information nach bestimmten Kriterien zulassen. Zum Schluß verbindet man alles mit eigenen Menüs und Sequenzen, Omnis Quartz' Ausdruck für Programmierroutinen. Eine Sequenz bestimmt, was passiert, wenn der Befehl eines selbst erstellten Menüs gegeben wird.

Unter der Omnis Quartz-Oberfläche befindet sich ein leistungsfähiges Datenbankprogramm, das mit bis zu 2,5 Gigabytes in Dateien arbeiten kann, die bis zu 120 Felder zu je maximal 2400 Zeichen enthalten dürfen. Omnis Quartz kann ASCII-, Dbase-, Lotus 1-2-3-WKS- und DIF-Dateien im- und exportieren.

# Telekommunikation

Ein Modem und ein Kommunikationsprogramm können Sie in die weite Welt der neuesten Nachrichten und Geschäftsinformationen, elektronischen Post, freier Software und vieles mehr führen.

### Palantir Intalk

Palantir inTalk ist ein voll ausgestattetes Telekommunikationsprogramm, ideal geeignet für den Zugriff auf elektronische Postdienste, für Vielzweckdienste wie Geonet, und auch für Schwarzes-Brett-Dienste - privaten Informationsdiensten von Anwendergruppen und engagierten Computerfreaks.

Intalk besitzt eine eigene Kommandosprache namens CCL (Communications Control Language, dt. Kommunikationssteuersprache, Anm. d. Übersetzers). Damit lassen sich Steuersequenzen zur Automatisierung von Kommunikationssitzungen erstellen. Zum Beispiel bedeutet die Steuersequenz:

```
WAIT STRING "Password:",SEND "Swordfish"
```

daß Intalk solange eine Pause macht, bis der Text *Password:* empfangen wird und dann den Text *swordfish* überträgt.

Ein CCL-Programm kann so einfach wie die obige Sequenz oder so kompliziert sein wie ein Modul zum automatischen "Abholen" der empfangenen Post, das sich um 23.00 einloggt (wenn die Telefongebühren billiger sind), die eingegangene elektronische Post in den eigenen Computer überträgt, dort in einer Datei abspeichert, und das sich dann wieder ausloggt. CCL-Programme werden mit einem in Intalk eingebauten Texteditor geschrieben, der auch zum Zusammenstellen und Lesen von elektronischer Post und anderen Textdateien nützlich ist.

Intalk unterstützt alle gängigen Filetransferprotokolle, einschließlich XMODEM, Kermit und Crosstalk, und hat auch ein eigenes Übertragungsprotokoll für einfachen Dateiaustausch mit anderen Intalk-Anwendern. Wenn zwei Intalk-Anwender mit dem Intalk-eigenen Protokoll Dateien austauschen, kann der eine den Filetransfer mit dem Befehl "Binärdatei senden" oder "Binärdatei empfangen" beginnen. Die Kopie dieses Intalk-Anwenders kommuniziert mit der Intalk-Kopie am anderen Ende der Leitung und weist sie an, eine Datei zu senden oder zu empfangen. Das Intalk-Protokoll überträgt auch Binärdateien des Macintosh, die ein spezielles Format verwenden, das von anderen MS-DOS-Übertragungsprotokollen nicht gesendet werden kann. Dieses Merkmal macht, zusammen mit der Tatsache, daß Palantir eine fast identische Intalk-Version für den Macintosh verkauft, aus Intalk eine Wahl erster Art, wenn Sie sowohl MS-DOS-PCs als auch Macintosh-Computer einsetzen.

Schließlich sei noch darauf hingewiesen, daß man ankommenden Text in die Zwischenablage kopieren und in andere Windowsprogramme einschleusen kann. (Kapitel 5 zeigt, wie.)

# Kapitel 12

# Windows/386

Windows/386 ist eine Windowsversion für Computer auf Basis des Intel 80386
- Rechner, wie zum Beispiel das IBM PS/2-Modell 80, der Compaq Deskpro
386 und der Tandy 4000. Obwohl Windows/386 sehr ähnlich wie Windows 2.0
aussieht und arbeitet, gibt es doch einige erhebliche Unterschiede, besonders
beim Einsatz von Standardprogrammen. Dieses Kapitel befaßt sich mit den
inneren und äußeren Unterschieden zwischen Windows 2.0 und Windows/386.

## Wie Windows/386 arbeitet

Microsoft kombinierte bei Windows/386 die Multitasking-Talente von Windows mit einem speziellen Betriebsmodus des 80386, um eine Betriebssystemoberfläche zu schaffen, die die gleiche Plattform für Grafikprogramme wie
Windows 2.0 bietet, und darüber hinaus aber Standardprogramme viel besser
unterstützt. Windows/386 hat diesen Vorteil, da es einen Spezialbetriebsmodus
des 80386 namens "Virtual 86 Mode" nutzt. Im Virtual 86 Mode agiert der
80386 wie viele separate 8086-Mikroprozessoren, die Vorgänger der heutigen
80286- und 80386-Prozessoren. Windows/386 benutzt den Virtual 86 Mode,
um viele virtuelle Maschinen zu erzeugen - Pseudomaschinen, von denen jede
ein Standardprogramm laufen lassen kann - soweit es der Speicher Ihres Computers erlaubt.

### Der Virtuelle DOS-Manager

Die Windows/386-Komponente, die für die Erzeugung und Kontrolle der virtuellen Maschinen verantwortlich ist, heißt Virtueller DOS-Manager (engl.
Virtual DOS Machine Manager, abgekürzt VDMM; Anm. d. Übersetzers).
Beim Starten von Windows/386 lädt die Datei WIN386.COM den VDMM in
das Extended Memory Ihres Systems. (Wie in Kapitel 10 erklärt, ist das Extended Memory der Speicherbereich jenseits des physikalischen MS-DOS-Adress-
raums von 1 MB.) Als nächstes erzeugt der VDMM eine virtuelle Maschine mit
640 KB Speicher, kopiert Teile von MS-DOS dorthin und lädt eine Spezialver-

sion von Windows 2.0 in die virtuelle Maschine. Dann übergibt der VDMM die Kontrolle über Ihr System an Windows 2.0, das seine eigene WIN.INI-Datei liest und das MS-DOS-Fenster startet.

Beim Aufruf eines Standardprogramms erzeugt der VDMM eine neue virtuelle Maschine, kopiert MS-DOS und andere wichtige Systemdaten dorthin und lädt anschließend das Programm in die neue virtuelle Maschine. Die Größe der neuen virtuellen Maschine wird von der Programm-PIF festgelegt. Hat das Programm keine PIF, versucht Windows/386, der virtuellen Maschine 640 KB zuzuteilen. Zur gleichen Zeit lädt Windows/386 den Inhalt der Datei WINOLDAP.MOD. Diese Datei ist vergleichbar mit der WINOLDAP.MOD-Datei von Windows 2.0: Sie enthält Code zum Laufen von Standardprogrammen in eigenen Fenstern und erlaubt das Kopieren und Einfügen von Daten aus Standardprogrammen heraus und in Standardapplikationen hinein. Bei jedem Starten eines neuen Standardprogramms erzeugt Windows/386 mit diesen Maßnahmen eine neue virtuelle Maschine. Wenn Sie also folglich fünf Standardprogramme am Laufen haben, enthält Ihr Computer eigentlich sechs virtuelle Maschinen: eine für jedes Programm und eine für Windows 2.0.

Windows/386 geht beim Starten von Windowsprogrammen völlig anders vor. Statt beim Programmaufruf neue virtuelle Maschinen zu erzeugen lädt Windows/386 die Programme in die erste virtuelle Maschine, in diejenige also, die Windows 2.0 enthält. Die Speichergröße der Maschine von 640 KB schränkt die Zahl lauffähiger Programme nicht ein, weil Windows 2.0 Windowsprogramme im Expanded Memory speichern und dadurch soviele Windowsapplikationen, wie im Expanded Memory Platz ist, laden kann. (Aus diesem Grund sollten Sie die Größe des Expanded Memorys nicht verringern oder auf Null setzen, wenn Sie häufig viele Windowsprogramme gleichzeitig laufen lassen.)

## Der Multitasking-Ansatz von Windows/386

Wie bereits in Kapitel 1 erwähnt, ist der Multitasking-Ansatz von Windows eine gemeinsame Leistung aller gerade laufenden Windowsprogramme. Bei Windows 2.0 tritt ein Programm anderen die Kontrolle nur dann ab, wenn das Programm seine Meldungsschlange abcheckt. Der Multitasking-Ansatz von Windows ist nicht-unterbrechend, da Windows niemals ein Programm unterbricht, um ein anderes laufen zu lassen. Multitasking kommt aber zum Stillstand, wenn Sie ein Standardprogramm laufen lassen, das die Kontrolle über den Bildschirm übernimmt.

Windows/386 arbeitet anders. Das Multitasking kommt nicht zum Stillstand, wenn Sie ein Standardprogramm mit voller Bildschirmkontrolle laufen lassen, es sei denn, Sie lassen das Programm im Exklusiv-Modus laufen, indem Sie seine PIF verändern oder den Einstellungsbefehl im Steuermenü verwenden, wie es später in diesem Kapitel beschrieben wird. Windows/386 teilt mit einem, am etwas mehr als 18 mal in der Sekunde erfolgenden, internen "Herzschlag" orientierten Multitasking-Taktgeber, die Computerkapazität auf alle Standardprogramme gleichmäßig auf. Ihr Computer benutzt diesen Herzschlag, der von einem Quartzkristall erzeugt wird, bei takt-intensiven Vorgängen, wie dem Auffrischen der Speicherchips - eine Aufgabe, die periodisch durchgeführt werden muß, da die Chips sonst ihren Inhalt verlieren. Alle paar "Herzschläge" unterbricht Windows/386 das gerade laufende Programm und richtet seine Aufmerksamkeit auf eine andere virtuelle Maschine, so daß deren Programm laufen kann. Die "Schlagzahl" eines Programms hängt von den für dieses Programm definierten Multitasking-Optionen und der Gesamtzahl laufender Programme ab. Der Multitasking-Ansatz von Windows/386 *ist* also unterbrechend. Sobald ein Programm seine zugeteilte Taktzahl empfängt, wird es angehalten und eine andere Applikation kommt an die Reihe.

Dieser unterbrechende Multitasking-Ansatz gilt aber nicht bei Windowsprogrammen. Da diese in einer virtuellen Maschine unter der Kontrolle von Windows 2.0 laufen, laufen sie genauso wie bei Verwendung einer echten Kopie von Windows 2.0, d.h., nicht-unterbrochen. Wenn Sie also nur Windowsprogramme einsetzen, werden die Multitasking-Talente des VDMM nicht genutzt. Umgekehrt, verwenden Sie nur Standardprogramme, bleibt das nicht-unterbrechende Multitasking-System von Windows 2.0 untätig.

Windows/386 ist im wesentlichen eine Mischform von Windows. Mit dem Einbau von Windows 2.0 in den VDMM, der eng mit MS-DOS und dem 80386 zusammenarbeitet, stellt Windows/386 das Beste aus beiden Welten dar. Es verleiht Ihnen volle Kompatibilität zu Windowsprogrammen *und* unterstützt echtes Multitasking für Standardprogramme, ohne die kleinen Schnörksel und Umwege von Windows 2.0. Es ist die beste Windowsversion - und die flexibelste MS-DOS-Oberfläche.

## Ein Standardprogramm im Fenster laufen lassen

Windows/386 nutzt die Eigenschaften des 80386, um Standardprogramme - einschließlich der Programme, die man vielleicht als "ungezogen" bezeichnen kann, weil sie MS-DOS umgehen und direkt auf die Hardware zugreifen - in ihren eigenen Fenstern laufen zu lassen. Statt daß ein Standardprogramm den Bildschirm übernehmen und ein gerade laufendes Programm anhalten muß, kann es auf dem Schirm mit anderer Standardsoftware und mit Windowsprogrammen koexistieren.

Wenn Sie ein Standardprogramm aufrufen, für das es keine PIF gibt, betreibt Windows/386 das Programm im Vollbildmodus. Dabei können Sie mit der ALT+Esc-Tastenkombination zu Windows/386 zurückschalten, und Sie können mit ALT+Leertaste das Steuermenü eröffnen und dessen Befehle zum

Markieren und Kopieren verwenden, um Information in die Zwischenablage zu kopieren. (Kapitel 9 enthält Beispiele für das Kopieren aus Standardprogrammen.)

## Ein Standardprogramm in einem Fenster darstellen

Im Gegensatz zu Windows 2.0-Anwendern können Windows/386-Anwender durch Drücken von ALT + Enter Windows/386 anweisen, ein Vollbildprogramm in einem Fenster darzustellen. Wird ein Standardprogramm im Fenstermodus gefahren, läßt sich das Fenster bewegen und wie bei einem Windowsprogramm vergrößern oder verkleinern. Haben Sie eine Maus, können Sie mit ihr Information im Fenster zum anschließenden Kopieren in die Zwischenablage auswählen. Unterstützt das Programm aber eine Maus (zur Befehlsauswahl, wie zum Beispiel Microsoft Word), können Sie mit ihr keine Befehle im Programmfenster auswählen, wenn das Fenster nicht auf Vollbild gestellt ist. Dies läßt sich nicht vermeiden, da Windows/386 jedes Mausklicken in einem Programmfenster als den Beginn einer Auswahloperation interpretiert. Wenn Sie aus Versehen in einem Fenster klicken, um einen Befehl zu geben, drücken Sie einfach Esc, um den Vorgang zu stornieren.

Ein Standardprogramm wird unter Windows/386 genauso wie bei Windows 2.0 beendet. Als erstes wählen Sie den Verlassen-Befehl des Programms aus. Dann schließen Sie, wenn die Applikation in einem Fenster lief, dieses Fenster. Wenn die Programm-PIF forderte, daß sich das Programmfenster beim Verlassen schließt, ist der zweite Schritt nicht notwendig. (Windows/386-PIFs werden später in diesem Kapitel erläutert.) In den seltenen Fällen, in denen Programme abgestürzt sind und sich nicht mehr beenden lassen, können Sie die Beendigung mit dem Einstellungen-Befehl im Steuermenü der Anwendung durch Aktivieren des Beenden-Schalters erzwingen. Aus Gründen, die kurz beschrieben werden, sollten Sie den Beenden-Schalter aber nur als allerletzten Ausweg benutzen.

## Der Einstellungen-Befehl im Steuermenü

Über grundlegende Dinge hinaus, wie das Laufenlassen eines Standardprogramms in einem Fenster, stellt Windows/386 zusätzliche Optionen bereit, mit denen Sie seine erweiterten Multitasking-Eigenschaften anzapfen können. Der Schlüssel für diese Optionen ist der Einstellungen-Befehl, der im Steuermenü eines Standardprogramms erscheint. Wenn Sie ihn auswählen, erscheint ein Dialogfeld mit mehreren Optionsbereichen.

Der Optionsbereich Darstellen erlaubt die Angabe, ob das Standardprogramm in einem Fenster oder als Vollbild läuft. Sie können die jeweiligen Schalter direkt ansteuern; bequemer ist es aber, wenn Sie mit der Kombination ALT + Enter zwischen den Darstellungsmodi Vollbild und Fenster hin- und herschalten.

Der Optionsbereich Tasking dient zur Festlegung, wie (und ob) Windows/386 die Rechenzeit Ihres Computers zwischen dem Standardprogramm und anderen gegebenenfalls laufenden Standardapplikationen aufteilt. Mit den Optionen dieses Bereichs können Sie exakt definieren, wieviel Aufmerksamkeit Windows/386 jedem laufenden Programm schenken soll, um so die optimale Leistung aus Ihrem System herauszuholen. Folgende Einstellungen sind möglich:

**Vordergrund.** Im Vordergrundmodus läuft das Standardprogramm nur, wenn es als Vollbild dargestellt wird oder wenn sein Fenster das aktive Fenster ist. Sonst wird das Programm angehalten. Starten Sie ein Standardprogramm, für das es keine PIF gibt, betreibt Windows/386 das Programm im Vordergrundmodus.

**Hintergrund.** Mit dieser Option weisen Sie Windows/386 an, das Programm im Hintergrund laufen zu lassen, wenn es nicht aktiv ist. Die Hintergrundoption ist besonders bei Programmen nützlich, die zeitintensive Operationen durchführen. Zum Beispiel kann ein im Hintergrund laufendes Telekommunikationsprogramm in regelmäßigen Abständen nach Ihrer elektronischen Post schauen, während Sie sich mit anderen Aufgaben beschäftigen. Ein Datenbankprogramm kann eine große Datei sortieren. Ein Textprogramm kann eine Datei an einen Drucker senden oder eine langdauernde Suchen-und-Ersetzen-Operation durchführen. Beim Auswählen der Hintergrundoption teilt Windows/386 zwei Drittel der Prozessorzeit dem Vordergrundprogramm (dem aktiven Programm) zu und verteilt das restliche Drittel auf alle geladenen Hintergrundprogramme. Da dem aktiven Programm Rechenzeit verloren geht, läuft es langsamer, als wenn es alleine laufen würde.

**Exklusiv.** Diese Option bewirkt, daß Windows/386 die gesamte Rechenzeit und alle Ressourcen Ihres Computers dem Programm verfügbar macht. Läuft ein Programm im Exklusiv-Modus, werden alle anderen Anwendungen angehalten, einschließlich den Windowsprogrammen. (Der Exklusiv-Modus ähnelt in dieser Hinsicht der Art und Weise, wie Windows 2.0 ein Standardprogramm laufen läßt, das nicht in einem Fenster laufen kann.) Der Exklusiv-Modus ist am besten, wenn Sie die maximale Leistung für eine Applikation brauchen und keine anderen Programme im Hintergrund laufen lassen müssen. Sie können nichtsdestotrotz mit ALT+Tab oder ALT+Esc zu anderen Programmen umschalten; dabei hält Windows/386 das exklusive Programm an und stellt es als Sinnbild dar. Sind mehrere exklusive Programme geladen, hält Windows/386 alle Programme außer dem aktiven an.

Der Abschnitt Ausführung im Einstellungsdialogfeld enthält Schalter zum Anhalten und Wiederaufnehmen eines Programms. Der Anhalten-Schalter ermöglicht das Anhalten eines Hintergrundprogramms, um mehr Prozessorzeit für andere Hintergrundprogramme zu gewinnen.

Der letzte Abschnitt des Einstellungsdialogfeldes, Besonderes, enthält nur einen Schalter mit dem Namen Beenden. Wie in diesem Kapitel bereits erwähnt, ist dieser Schalter eine letzte Zuflucht, wenn Sie in Panik sind; mit ihm erlangen

Sie wieder die Kontrolle über den Computer, wenn ein Standardprogramm abgestürzt ist und Ihre Tastatureingaben ignoriert, so daß Sie das Programm nicht auf dem normalen Weg verlassen können. Wenn Sie Beenden auswählen, erscheint ein Dialogfeld mit der Warnung, daß MS-DOS dadurch unter Umständen in einen instabilen Zustand versetzt wird. Beachten Sie die Warnung: Nach Verwenden des Beenden-Schalters sollten Sie ungesicherte Dokumente, die von anderen Programmen geladen wurden, abspeichern, Windows/386 verlassen und Ihren Computer neu starten.

## Verwendung von PIFs bei Windows/386

PIFs spielen bei Windows/386 keine so lebenswichtige Rolle wie unter Windows 2.0. Dort braucht man eine PIF, wenn man zwischen einem Standardprogramm und Windows umschalten können oder ein Standardprogramm in einem Fenster laufen lassen will. Windows/386 besitzt diese Eigenschaften auch ohne PIFs. Man kann aber mit einer PIF im Detail die Art und Weise verbessern, wie Windows/386 ein Standardprogramm betreibt. Insbesondere läßt sich steuern, wieviel Speicher Windows/386 einem Standardprogramm zuteilt und ob Windows/386 das Programm im Exklusiv- oder Hintergrundmodus laufen läßt.

Der Windows/386-PIF-Editor ähnelt sehr stark seinem Windows-2.0-Gegenstück. Die Funktionsweisen der Einträge Programmname, Programmtitel, Programmparameter und Anfangsverzeichnis sind identisch. (Sie werden detailiert in Kapitel 9 beschrieben.) Die Speicherbedarfeinträge sind auch ähnlich; man muß sich aber über zwei feine Unterschiede bewußt sein, wenn man von Windows 2.0 auf Windows/386 umsteigt. Erstens kann Windows/386 sich nicht selbst auf die Festplatte auslagern, wenn ein Standardprogramm aktiv ist. Deshalb hat die Eingabe von -1 im Feld "KB erwünscht" keine Wirkung. Zweitens weist Windows/386 dem Standardprogramm 640 KB zu, wenn Sie die Felder "KB benötigt" und "KB erwünscht" leer lassen. Bei Windows 2.0 bedeutet ein leerer Eintrag im Feld "KB benötigt", daß Windows den gesamten zur Verfügung stehenden Speicher dem Programm zuweist.

Ein einzigartiger Aspekt der Windows/386-PIF sind ihre Programmsteuerungsoptionen. Die Vollbild-Einstellung steuert, ob ein Programm den Bildschirm übernimmt oder ob es in einem Fenster läuft. Die Einstellungen Hintergrund und Exklusiv legen fest, ob Windows/386 das Programm im Hintergrund oder im Exklusiv-Modus fährt; sie entsprechen den Hintergrund- und Exklusiv-Schaltern im Einstellungsdialogfeld.

Unter den Programmsteuerungsoptionen befinden sich die Einstellungen Programmwechsel, Bildschirmdatenaustausch und "Beim Beenden Fenster schließen". Da man unter Windows/386 immer zwischen Standardprogrammen wechseln kann, können Sie den Programmwechselschalter ignorieren.

Die Option Bildschirmdatenaustausch arbeitet wie ihr Windows 2.0-Gegenstück und ermöglicht die Vorgabe, wieviel Speicher Windows/386 zum Abspeichern von Bildschirminhalten reservieren soll, wenn Sie mit der Kombination ALT+Druck einen Bildschirminhalt festhalten und in der Zwischenablage abspeichern. Im allgemeinen müssen Sie die Bildschirmdatenaustauschoption nicht spezifizieren; Windows/386 teilt soviel Speicher zu, wie notwendig ist, um ein Bild abzuspeichern. Wenn Sie aber schon knapp bei Speicher sind, können Sie mit der Text-Einstellung etwas Speicher einsparen.

Beachten Sie: Eine andere Windows/386-Eigenschaft, die unter Windows 2.0 nicht verfügbar ist, ist die Fähigkeit, Bitmaps in Standardprogramme einzufügen. Bei Windows/386 können Sie jede Bitmap, die sich in die Zwischenablage laden läßt, in ein beliebiges Standardprogramm einfügen, das Bitmaps akzeptiert. Wie in Kapitel 9 bereits erwähnt, kann Windows 2.0 nur Text und OEM-Text in Standardprogramme einschleusen.

Die Einstellung "Beim Beenden Fenster schließen" arbeitet mit einer Ausnahme identisch wie ihre 2.0-Schwester. Wenn Sie diese Option nicht aktivieren, wird ein Vollbildprogramm zu einem Fensterprogramm, sobald Sie den Befehl zum Verlassen geben. Dabei wird das Programm inaktiv, sein aktueller Bildschirminhalt bleibt aber hinten im Fenster erhalten, das Sie mit dem entsprechenden Befehl im Steuermenü schließen können.

Obwohl Windows/386 mit Standardprogrammen auch ohne PIFs gut klar kommt, wollen Sie vielleicht eine solche verwenden, wenn Sie für ein Programm bestimmte Einsatzvorstellungen haben. Wenn Sie zum Beispiel ein Programm immer im Hintergrund laufen lassen, erzeugen Sie dafür eine PIF und wählen Sie die Option Hintergrund. Dadurch müssen Sie nicht jedes mal den Einstellungen-Befehl verwenden, wenn Sie das Programm starten. Oder vielleicht wollen Sie den Speicher Ihres Computers effizienter nutzen. Benötigt ein Programm nur 320 KB, verschwenden Sie Speicher, wenn Sie zulassen, daß Windows/386 seinen voreingestellten Wert von 640 KB zuteilt. Erstellen Sie für das Programm eine PIF und spezifizieren Sie den Speicherbedarf in den Feldern "KB benötigt" und "KB erwünscht".

Sie wollen vielleicht sogar mehrere PIFs für ein einziges Programm erstellen, von denen jede für eine ganz bestimmte Aufgabe zugeschnitten ist. Wenn Sie zum Beispiel gigantische Dateien mit einem Datenbankprogramm sortieren, wollen Sie vielleicht eine PIF erzeugen, die das Programm im Hintergrund laufen läßt. Bei Dateneingabesitzungen, wo Ihr Computer schnell auf die Eingabe reagieren soll, erzeugen Sie eine PIF, die das Programm im Exklusiv-Modus fährt.

## Verwendung eines speicherresidenten Programms unter Windows/386

Zusätzlich zur Unterstützung von Standardprogrammen und seinen einzigartigen PIF-Optionen unterscheidet sich Windows/386 in anderen Bereichen von Windows 2.0. Ein Unterschied betrifft speicherresidente Programme oder Pop-up-Software, wie Borlands Sidekick. Bei Windows müssen Sie jedes Pop-up-Programm, das Sie einsetzen wollen, vor dem Windowsaufruf laden. Microsoft rät vom Einsatz von Pop-up-Programmen ab, weil sie die Tastatur oft auf konventionelle Weise ansteuern, die sie zu Windows inkompatibel macht, es sei dann, es läuft ein Standardprogramm, das den Bildschirm übernommen hat.

Bei Windows/386 müssen Sie speicherresidente Programme *nach* dem Starten von Windows laden. Wenn Sie sie vor dem Start von Windows/386 starten, laufen Sie unter Windows/386 nicht verläßlich. Um ein solches Programm nach dem Starten von Windows zu laden, starten Sie COMMAND.COM und laden Sie dann das residente Programm vom MS-DOS-Prompt aus. Sie können das Pop-up-Programm jederzeit einsetzen, wenn das COMMAND.COM-Fenster auf dem Schirm erscheint. Verwenden Sie ein bestimmtes Set von Pop-up-Programmen mit einem bestimmten Programm, erstellen Sie eine Stapeldatei, das die residenten Programme und anschließend die Applikation lädt.

## Verwendung von WIN.INI unter Windows/386

Windows 2.0 und Windows/386 unterscheiden sich auch in ihren WIN.INI-Konfigurationsdateien. Eine Windows/386-WIN.INI-Datei enthält einen *[win386]*-Abschnitt mit Einträgen, die steuern, wie Windows/386 Speicher und Tastatur Ihres Systems verwendet. Der Eintrag *windowmemsize* legt fest, wieviel Speicher Windows/386 laufenden Windowsprogrammen zuteilt. (Genauer gesagt, legt *windowmemsize* die Größe der virtuellen Maschine fest, die Windowsprogramme enthält.) Der voreingestellte *windowmemsize*-Wert beträgt 640 KB; wenn Sie aber Windows/386 nur mit Standardprogrammen einsetzen, können Sie Speicherplatz sparen, indem Sie den Wert auf nur mehr 420 KB reduzieren.

Der *[win386]*-Abschnitt kann auch einen optionalen Eintrag enthalten: *emmsize*. Der *emmsize*-Eintrag definiert, wieviel Speicher Windows/386 als Expanded Memory behandelt. (Die Grundlagen über Expanded Memory werden in Kapitel 10 behandelt.) Ohne einen *emmsize*-Eintrag reserviert Windows/386, falls notwendig, bis zur Hälfte des verfügbaren Speichers. Je nach dem, was für Programme Sie benutzen, ist das vielleicht zuviel. Viele Standardprogramme reservieren zum Beispiel ein festes Ausmaß an Expanded Memory zur Aufnahme von Daten, stellen den Speicher aber anderen Programmen auch dann nicht zur Verfügung, wenn sie ihn nicht brauchen. Sie sind wie ein egoistisches Kind, das ein Spielzeug nimmt, nur weil ein anderes Kind es haben will. In solchen Fällen können Sie den Umfang an Expanded Memory, der einem Programm verfügbar sein soll, mit dem Eintrag *emmsize* beschränken. Um zum Beispiel 384 KB Speicher als Expanded Memory bereit zu stellen, fügen Sie folgende Zeile:

```
emmsize=384
```

in den *[win386]*-Abschnitt ein. Sie können auch die Unterstützung von Windows/386 für Expanded Memory mit folgender Zeile ausschalten:

```
emmsize=0
```

Da Windows/386 aber Expanded Memory zum Speichern von Windowsprogrammen verwenden kann, schränkt dieser drastische Schritt die Zahl an gleichzeitig einsetzbaren Windowsprogrammen ein.

Der *[win386]*-Abschnitt schließt auch fünf Einträge ein, mit denen Sie spezielle ALT-Kombinationen von Windows/386 aufheben können. Es sind *altescape*, *altenter*, *altspace*, *alttab* und *altprintscn*. In den meisten Fällen sollten diese Kombinationen eingeschaltet sein, so daß sie Windows finden und verwenden kann. Ist eine Kombination bei einem häufig verwendeten Programm wichtig, schalten Sie sie aus, so daß sie Windows ignoriert und an das Programm weitergibt.

# Anhang

## Einige verbreitete Dateiformate

Bei Mikrocomputern gibt es wenig Standards. Dennoch gibt es einige verbreitete Formate für Dokumentdateien. Viele Programme können Dokumente in einem oder mehreren dieser Formate laden und erzeugen; sie sind daher für Sie vielleicht wichtig, um Dateien zwischen Programmen zu übertragen. Auf die angeführten Dateiformate treffen Sie sehr wahrscheinlich bei Ihrer Arbei mit Windows.

Format: DCA

Steht für: Document Content Architecture

Entwickelt von: IBM

Anwendung: Textverarbeitung

Beschreibung: Das DCA-Format, auch Revisable Form Text (RFT)-Format genannt, wurde entwickelt, um formatierte Textverarbeitungsdokumente zwischen unterschiedlichen Textverarbeitungs- und Bürokommunikationssystemen auszutauschen. In der Mikrocomputerwelt wird es von IBMs Textprogramm Display Write 3 und vielen anderen Textverarbeitungsprogrammen, wie Samna Word III, Volkswriter 3 und Wordstar 2000, unterstützt. Sie können auch Microsoft Word-Dateien mit dem Dateiübersetzungsprogramm Word Exchange der Systems Compatibility Corporation in das DCA-Format konvertieren.

Format: DIF

Steht für: Data Interchange Format

Entwickelt von: VisiCorp.

Anwendungen: Tabellenkalkulation, Datenbankverwaltung

Beschreibung: Das DIF-Dateiformat erblickte mit VisiCorps Pionier-Tabellenkalkulationsprogramm Visicalc das Licht der Welt. Es wird noch heute von den meisten Tabellenkalkulationsprogrammen und vielen Datenbankprogrammen unterstützt. Eine DIF-Datei besteht aus ASCII-Text-Datensätzen, die ein Spalten-und-Zeilen-Gitter aus unformatierten numerischen und alphanumerischen Werten repräsentieren.


Format: EPS

Steht für: Encapsulated Postscript

Entwickelt von: Altsys Corporation, dem Entwickler von Schriftartprogrammen und einem Postscript-Zeichenprogramm für den Apple Macintosh.

Anwendungen: Illustration, Bilder scannen, Desktop Publishing, wo das Endprodukt auf einem Postscript-Drucker ausgedruckt wird

Beschreibung: EPS-Dateien enthalten Programme in der Seitenbeschreibungssprache Postscript und werden normalerweise eingesetzt, um Illustrationen oder Spezial-Texteffekte in Desktop-Veröffentlichungen einzubauen. Viele Programme, die mit Scannern ausgeliefert werden, können Bilder im EPS-Format abspeichern. Eine volle EPS-Datei enthält nicht nur den Postscript-Code, der ein gegebenes Bild erzeugt, sondern eine Windowsmetadatei, die es einem Desktop Publishing-Programm erlaubt, eine Annäherung des Effektes auf dem Bildschirm zu zeigen. Ob eine EPS-Datei eine Metadatei enthält, hängt vom Programm ab, das sie erzeugt hat. Enthält sie keine Metadatei, stellt Ihr Desktop Publishing-Programm stattdessen wahrscheinlich ein Feld dar, das die Grenzen des Postscript-Bildes anzeigt.


Format: SYLK

Steht für: Symbolic Link

Entwickelt von: Microsoft

Anwendungen: Tabellenkalkulation, Datenbankverwaltung

Beschreibung: Wie DIF-Dateien, dienen SYLK-Dateien primär dem Austausch von Zeilen-und-Spalten-orientierten Daten, wie Tabellen und Datenbanken. Im Gegensatz zu DIF-Dateien komprimieren SYLK-Dateien aber die Daten und können auch einige Formatierungsinformationen, wie Ausrichtung, Kommas und Spaltenbreiten, enthalten.


Format: TIFF

Steht für: Tagged-Image File Format

Entwickelt von: Aldus, mit Unterstützung von führenden Scanner-Anbietern, vor allem HP. Die Verantwortung für die Aufrechterhaltung des Standard wurde 1987 an Microsoft übertragen.

Anwendungen: Desktop Publishing, Bilder scannen und verarbeiten.

Beschreibung: TIFF-Dateien werden vorwiegend zum Speichern von Grafiken, die von Bildscannern erzeugt wurden, benutzt. Sie enthalten Informationen, die

die Höhe und Breite eines Bildes, seine Auflösung, Grauschattierung oder
Farbe, und den verwendeten Datenkompressionstyp beschreiben. TIFF ermöglicht auch, daß hochauflösende Grafiken über ein spezielles Kompressionsver-
fahren effizienter gespeichert werden. Dieses Verfahren ersetzt Gruppen identi-
scher (aller weißen oder schwarzen) Pixel durch einen Code, der weniger Platz
auf der Platte verbraucht. Man verwendet in gewisser Weise eine ähnliche Methode bei der Beschreibung, wieviele Eier in einer Schachtel sind: Statt "Ei"
zwölf mal zu sagen, spricht man von "einem Dutzend Eiern". TIFF-Dateien
verwenden einen geringfügig modifizierten Kompressionsstandard mit dem
schwierigen Namen CCITT Gruppe 3. TIFF ist nicht an eine Computermarke
oder einen Prozessortyp gebunden; es ist für viele verschiedene Bilder konzipiert, von Linienkunst bis zu Halbtönen und Farbe, in einer Vielzahl von Auflösungen.


Format: RTF

Steht für: Rich-Text Format

Entwickelt von: Microsoft

Anwendungen: Textverarbeitung, Desktop Publishing

Beschreibung: Wie DCA-Dateien dienen RTF-Files dem Austausch von forma-
tiertem Text zwischen Textprogrammen oder anderen Applikationen, die Text
verarbeiten. RTF enthält aber viel mehr Formatierungsinformationen. Eine
DCA-Datei kann zum Beispiel keine Punktgrößeninformation enthalten. RTF
funktioniert über Steuerwörter, Zeichenketten wie \margl für linken Rand und
\plain für nackter Text. RTF kann auch Farbe und Grafik vercoden und unterstützt hochauflösende Drucker. (Das Maßsystem von RTF ist ein "Twip"; ein
Twip entspricht einem Zwanzigstel Punkt bzw. 1/440-Zoll.) RTF ist ein Stan-
dardwindows-Zwischenablageformat; Programme, die RTF unterstützen, können formatierten Text austauschen.

# Sachwortverzeichnis